U0556403

王逢振　主编

詹姆逊作品系列

文化转向

[美]弗雷德里克·詹姆逊（Fredric Jameson）著

胡亚敏　等 译

中国人民大学出版社

·北京·

总　序

众所周知，弗雷德里克·詹姆逊（Fredric Jameson，1934— ）是当代著名的思想家和批评家，也是公认的、仍然活跃在西方学界的马克思主义者。其作品已经被翻译成十多种文字，产生了广泛的影响。因此，在“詹姆逊作品系列”出版之际，对詹姆逊及其作品做一简要介绍，不仅必要，而且也不乏现实意义。

一、弗雷德里克·詹姆逊其人

20 多年前，我写过弗雷德里克·詹姆逊，当时心里主要是敬佩；今天再写，这种心情仍在，且增添了深厚的友情。自从 1983 年 2 月与他相识，至今已经 35 年多，这中间交往不仅没有中断，而且日益密切，彼此在各方面有了更多的了解，因此我称他为老友。他也把我作为老朋友，对我非常随便。例如，2000 年 5 月，他和我同时参加卡尔加里大学的一个小型专题研讨会，会后帕米拉·麦考勒姆（Pamela Maccllum）教授和谢少波带我们去班夫国家公园游览，途中他的香烟没有了（当时他还抽烟），不问我一声，便从我的口袋里掏出我的烟抽起来。此事被帕米拉·麦考勒姆和谢少波看在眼里，他们有些惊讶地说：“看来你们的关系真不一般，这种事在北美是难以想象的。”

其实，我和他说来也是缘分。1982 年秋季我到加州大学洛杉矶分校作访问学者，正好 1983 年 2 月詹姆逊应邀到那里讲学，大概因为他是马克思主义批评家，想了解中国，便主动与我联系，通过该校的罗伯特·马尼吉斯教授约我一起吃饭，并送给我他的两本书：《马克思主义与形式》（*Marxism and Form*，1970）和《政治无意识》（*The Political Unconscious*：*Narrative as a Socially Symbolic Act*，1981），还邀请我春天到他当时任教的加州大学圣克鲁兹分校访问。

说实在的，他送的那两本书我当时读不懂，只好硬着头皮读。我想，读了，总会知道一点，交流起来也有话说，读不懂的地方还可以问。4月，我应邀去了圣克鲁兹。我对他说，有些东西读不懂。他表示理解，并耐心地向我解释。我们在一起待了一个星期，我住在他家里，并通过他的安排，会见了著名学者海登·怀特和诺曼·布朗等人，还做了两次演讲——当时我在《世界文学》编辑部工作，主要是介绍中国翻译外国文学的情况。

1983年夏天，我们一起参加了在伊利诺伊大学厄本那-香槟分校召开的“对马克思主义和文化的重新阐释”的国际会议。正是在这次会议上，我认识了一些著名学者，如佩里·安德森（Perry Anderson，英）、G. 佩特洛维奇（G. Petrovic，南斯拉夫）、亨利·列斐伏尔（Henri Lefebvre，法）和弗朗哥·莫雷蒂（Franco Moretti，意）等人（我在会议上的发言与他们的发言后来一起被收入了《马克思主义和文化阐释》[*Marxism and the Interpretation of Culture*] 一书）。此后，1985年，我通过当时在北京大学国政系工作的校友龚文庠（后任北京大学传播学院副院长）的帮助和安排，由北京大学邀请詹姆逊做了颇有影响的关于后现代文化的系列演讲。詹姆逊在北京四个月期间，常到我家做客。后来我到杜克大学访问，也住在他家里。

詹姆逊生于美国的克里夫兰，家境比较富裕，自幼受到良好的教育，幼年还学过钢琴，对音乐颇有悟性。他聪明好学，博闻强记，20岁（1954年）在哈弗福德学院获学士学位，22岁

(1956 年) 获耶鲁大学硕士学位，接着在著名理论家埃里希·奥尔巴赫的指导下，于 25 岁 (1959 年) 获耶鲁大学法国文学和比较文学博士学位；其间获富布赖特基金资助在德国留学一年 (1956—1957 年)，先后就读于慕尼黑大学和柏林大学。1959 年至 1967 年在哈佛大学任教，1967 年到新建的加州大学圣地亚哥分校任教，在那里，他遇到了一度是法兰克福学派的重要人物和激进学生领袖的赫伯特·马尔库塞。此后，从 1976 年到 1983 年，他任耶鲁大学法文系教授，1983 年转至加州大学圣克鲁兹分校。1985 年夏天，杜克大学为了充实和发展批评理论，高薪聘请他任该校讲座教授，专门为他设立了文学系 (Graduate Program in Literature)，由他当系主任，并决定该系只招收博士研究生，以区别于英文系。记得当时还聘请了斯坦利·菲什 (Stanley Fish)、简·汤姆金斯 (Jane Tomkins)，以及年轻有为的弗兰克·兰垂契亚 (Frank Lentricchia) 和乔纳森·阿拉克 (Jonathan Arac，后来没去)。从那时至今，他一直在杜克大学，2003 年辞去系主任职务，不过仍担任批评理论研究所所长和人文学科教授委员会主任。2014 年才辞去所有职务。

1985 年他刚到杜克大学时，该校给了他一些特殊待遇。正是这些特殊待遇，使他得以在 1985 年秋到中国讲学一个学期 (他的系列演讲即后来国内出版的《后现代主义和文化》)，并从中国招收了两名博士研究生：唐小兵和李黎。唐小兵现在是南加州大学教授，李黎是中美文化交流基金会董事长。由于詹姆逊对中国情有独钟，后来又从中国招收过三名博士研究生，并给予全额奖学金，他们分别是张旭东、王一蔓和蒋洪生。张旭东现在已是纽约大学教授，蒋洪生任教于北京大学中文系。

虽然詹姆逊出身于富裕之家，但因为马克思主义的影响，生活上并不讲究。也许是为了有更多的时间读书，他几乎从不注意衣着，在我与他的交往中，只见他打过一次旧的、过时的领带。他总是随身带着一个小本子，每当谈话中涉及他感兴趣的问题，他就会随手记下来，过后再进行思考——这也许是值得我们学习的方法。在我看来，他除了读书写作和关注社会之外，几乎没有什么业余爱好——当然，他喜欢喝酒，也会关注某些体育比赛(我记得他很关注世界杯足球赛的结果)。他并不像某些人讲的那样，旅行讲学必须住五星级宾馆，至少我知道他来中国旅行讲学时，大多住在学校的招待所里。1985 年他第一次来中国时，当时交通条件还不像现在这么便利舒适，我和他曾一起坐过没有空调的硬卧火车，在小饭馆里喝过二锅头。他与许多衣着讲究的教授形成鲜明的对照。可能由于他住在乡间的房子里，加上不注意衣着，张旭东在杜克大学读书时，他的儿子曾把詹姆逊称作“农民伯伯”。詹姆逊妻子苏珊也是杜克大学教授，是个典型的环保主义者，自己养了许多鸡，还养羊（当然詹姆逊有时也得帮忙），鸡蛋和羊奶吃不完就送给学生。因此，在不甚确切的意义上，有人说詹姆逊的生活也体现了他的马克思主义情怀。

二、詹姆逊的学术成就

到 20 世纪 70 年代中期，詹姆逊已被公认是最重要的马克思主义批评理论家。但直到《政治无意识》出版之后，他的独创性才清晰地显现出来。他在该书的一开始就鲜明地提出自己的主张:“总是要历史化!”并以此为根据，开始了对他称之为“元评论”的方法论的探讨，对于长期存在的美学和社会历史的关系问题，从理论上给出了一种自己的回答。与传统的历史批评形式相对，詹姆逊不仅把文化文本置于它们与历史语境的直接关系之中，而且从解释学的角度对它们进行探讨，探讨解释的策略如何影响我们对个体文本的理解。但与其他现代解释理论不同（例如罗伯特·姚斯［H. R. Jauss］的接受理论），詹姆逊强调其目标是一种马克思主义的意识形态分析，并认为马克思主义包含所有其他的解释策略，而其他的解释策略都是片面的。

《政治无意识》奠定了詹姆逊在学术界的地位。有人说，詹姆逊是“第二次世界大战以来美国最重要的马克思主义文学批评家。只有英国的雷蒙德·威廉斯写出过和他同样重要的作品”[①]。“詹姆逊是当前文坛上最富挑战性的美国马克思主义思想家。他对法兰克福学派主要人物的解释，他对俄国形式主义、法国结构主义、后结构主义的解释，以及他对卢卡奇、萨特、阿尔都塞、马克斯·韦伯和路易斯·马丁的解释，都对20世纪马克思主义和欧洲思想历史做出了重大贡献。詹姆逊对小说发展的论述，对超现实主义运动的论述，对巴尔扎克、普鲁斯特、阿尔桑德洛·曼佐尼（Alessandro Manzon）和阿兰·罗伯-格里耶（Alain Robbe-Grillet）这些欧洲作家的论述，以及他对包括海明威、肯尼思·勃克（Kenneth Burke）和厄休拉·勒奎恩（Ursula Le Guin）在内的各类美国作家的论述，构成了强有力的政治的理解。”[②]“詹姆逊是当前杰出的马克思主义批评家，很可能是我们这个时代最重要的以社会历史为导向的批评家……他的《政治无意识》是一部重要著作，不仅文学家要读，历史学家、社会学家以及哲学家都应该读它。”[③]“在大量的批评看法当中，詹姆逊坚持自己的观点，写出了最动人的谐谑曲式的著作。”[④]

---

① *Contemporary Literary Criticism*（University of Oklahoma Press，1986），p. 111.

② *Postmodernism and Politics*（University of Minnesota Press，1986），p. 123.

③ Hayden White 写的短评，见 *The Political Unconscious*（Cornell University Press，1981）封底。

④ *New Orleans Review*（Spring，1984），p. 66.

詹姆逊的理论和学术贡献是多方面的。就文学批评而言，主要表现在历史主义和辩证法方面。他是一个卢卡奇式的马克思主义者，但超越了卢卡奇的怀旧历史主义和高雅人道主义。他所关心的是，在后结构主义对唯我论的笛卡尔主义、超验的康德主义、目的论的黑格尔主义、原始的马克思主义和复归的人道主义进行深刻的解构之后，人们如何严肃地对待历史、阶级斗争和资本主义非人化的问题，也就是说，“面对讽刺的无能，怀疑的瘫痪，人们如何生活和行动的问题”①。詹姆逊认为非常迫切的问题是：对“总体化”（totalization）进行马克思主义的探讨，包括与之相关的整体性的概念、媒体、历史叙事、部分与整体的关系、本质与表面的区分、主体与客体的对立等等，是不是要预先构想一种理想的哲学形式？是否这种形式必然是无视差别、发展、传播和变异的某种神秘化的后果？他大胆而认真地探讨这些问题，但他尽量避免唯心主义的设想，排除神秘化的后果。

在詹姆逊的第一部作品《萨特：一种风格的始源》（*Sartre: The Origins of a Style*，1961）里，他分析了萨特的文学理论和创作。该著作原是他在耶鲁大学的博士论文，由于受他的导师埃里希·奥尔巴赫以及与列奥·斯皮泽相关的文体学的影响，作品集中论述了萨特的风格、叙事结构、价值和世界观。这部著作虽然缺少他后来作品中那种典型的马克思主义范畴和政治理解，但由于20世纪50年代刻板的因循守旧语境和陈腐的商业社会传统，其主题萨特和复杂难懂的文学理论写作风格（那种以长句子著称的风格已经出现），却可以视为詹姆逊反对当时的守旧思潮，力图使自己成为一个批判型的知识分子。如果考察一下他当时的作品，联想当时的社会环境，人们不难看出他那时就已经在反对文学常

---

① *Postmodernism and Politics*, p. 124.

规，反对居支配地位的文学批评模式。可以说，詹姆逊的所有作品构成了他对文学批评中的霸权形式和思想统治模式的干预。

20 世纪 60 年代，受到新左派运动和反战运动的影响，詹姆逊集中研究马克思主义，出版了《马克思主义与形式》，介绍新马克思主义文学理论的辩证传统。自从在《语言的牢笼》（*The Prison-House of Language*，1972）里对结构主义进行阐述和批判以后，詹姆逊集中精力发展他自己的文学和文化理论，先后出版了《侵略的寓言：温德姆·路易斯，作为法西斯主义的现代主义者》（*Fables of Aggression*：*Wyndham Lewis*，*the Modernist as Fascist*，1979）、《政治无意识》和《后现代主义，或晚期资本主义的文化逻辑》（*Postmodernism*，*or*，*the Cultural Logic of Late Capitalism*，1991），同时出版了两卷本的论文集《理论的意识形态》（*The Ideologies of Theory*，第一卷副标题为“理论的境遇”，第二卷副标题为“历史的句法”，两卷均于 1988 年出版）。随着文化研究的发展，他还出版了《可见的签名》（*Signatures of the Visible*，1991）和《地缘政治美学》（*The Geopolitical Aesthetic*，1992），收集了他研究电影和视觉文化的文章。此后他出版了《时间的种子》（*The Seeds of Time*，1994）和《文化转向》（*The Cultural Turn*，1998）两部论述后现代主义的著作。这期间，他仍然继续研究和阐释马克思主义理论和马克思主义美学，出版了《晚期马克思主义》（*Late Marxism*，1990）、《布莱希特与方法》（*Brecht and Method*，2000）和《单一的现代性》（*A Singular Modernity*，2003）。最近一个时期，他从乌托邦的角度探索文化的干预功能，出版了《未来的考古学》（*Archaeologies of the Future*，2005）。

在詹姆逊的作品里，除了《萨特：一种风格的始源》一书之外，他一直坚持两分法或辩证法的解释方法。应该说，他的著作具有明显的连续性。人们不难发现，从 20 世纪 70 年代初到 80 年代后期，随便他的哪一篇文章或哪一本书，在风格、政治和关注的问题方面，都存在着某种明显的相似性。实际上，今天阅读他的《理论的意识形态》里的文章，仍然会觉得这些文章像昨天刚写的一样。然而，正如詹姆逊在论文集的前言里所说，在他的著作里，重点已经发生了根本变化："从经转到了纬：从对文本的多维度和多层面的兴趣，转到了只是适当地可读（或可写）的叙事的多重交织状况；从解释的问题转到了编史问题；从谈论句子的努力转到（同样不可能的）谈论生产方式的努力。"换句话说，詹姆逊把聚焦点从强调文本的多维度，如它的意识形态、精神分析、形式、神话-象征的层面（这些需要复杂的、多种方式的阅读实践），转向强调如何把文本纳入历史序列，以及历史如何进入文本并促使文本的构成。但这种重点的转变同样也表明詹姆逊著作的连续性，因为从 20 世纪 60 年代后期到 90 年代，他一直优先考虑文本的历史维度和政治解读，从而使他的批评实践进入历史的竞技场，把批评话语从学院的象牙塔和语言的牢笼里解放出来，转移到以历史为标志的那些领域的变化。

因此，人们认为詹姆逊的作品具有一种开放的总体性，是一种相对统一的理论构架，其中不同的文本构成他的整体的组成部分。从结构主义到后结构主义，从精神分析到后现代主义，许多不同的观点都被他挪用到自己的理论当中，通过消化融合，形成他独创性的马克思主义文学理论和文化理论。马克思主义一直是詹姆逊著作的主线，以马克思主义为主导，他利用对意识形态和乌托邦的双重阐释，对文化文本中意识形态的构成因素进行分析和批判，并指出它们的乌托邦内涵，这使他不仅对现行社会进行批评，而且展现对一个更美好的世界的看法。可以说，在马克思主义理论家恩斯特·布洛赫（Ernst Bloch）的影响下，詹姆逊发展了一种阐释的、乌托邦的马克思主义文化理论观。

詹姆逊早期的三部主要著作及其大部分文章，旨在发展一种反主流的文学批评，也就是反对当时仍然居统治地位的形式主义和保守的新批评模式，以及英美学术界的既定机制。20 世纪 60 年代末和 70 年代初，黑格尔式的马克思主义在欧洲和美国出现，《马克思主义与形式》可以说是对这一思想的介绍和阐释。在这部著作中，詹姆逊还提供了其他一些马克思主义者的基本观点，如阿多诺、本雅明、马尔库塞、布洛赫、卢卡奇和萨特等，并通过对他们的分析形成了自己的观点和立场。他偏爱卢卡奇的文学理论，但坚持自己独特的黑格尔式的马克思主义，并在他后来的作品里一直保持下来。

卢卡奇论现实主义和历史小说的著作，对詹姆逊观察文学和文学定位方面都产生了相当大的影响。但詹姆逊一直不赞同卢卡奇对现代主义的批判。不过，他挪用了卢卡奇的一些关键的概念范畴，例如物化，并以此来说明当代资本主义的文化命运。在詹姆逊的著作里，黑格尔式的马克思主义的标志包括：把文化文本置于历史语境，进行广义的历史断代，以及对黑格尔的范畴的运用。他的辩证批评主要是综合不同的立场、观点和方法，把它们融合成一种更全面的理论，例如在《语言的牢笼》里，他的理论融合了结构主义和符号学，以及俄国形式主义。在《政治无意识》里，他广泛汲取其他理论，如弗洛伊德的精神分析、拉康的心理学、德里达的解构主义、萨特的存在主义等等，把它们用于具体的解读，在解读中把文本与其历史和文化语境相联系，分析文本的“政治无意识”，描述文本的意识形态和乌托邦的时刻。

对詹姆逊来说，辩证的批评还包含这样的内容：在进行具体分析的同时，以反思或内省的方式分析范畴和方法。范畴连接历史内容，因此应该根据它产生的历史环境来解读。在进行特定的、具体的研究时，辩证批评应该考虑对范畴和过程的反思；应该考虑相关的历史观照，使研究的客体在其历史环境中语境化；应该考虑乌托邦的想象，把当前的现实与可能的选择替代相对照，从而在文学、哲学和其他文化文本中发现乌托邦的希望；还应该考虑总体化的综合，提供一种系统的文化研究的框架和一种历史的理论，使辩证批评可以运作。所有这些方面都贯穿着詹姆逊的作品，而总体化的因素随着他的批评理论的发展更加突出。

20 世纪 70 年代，詹姆逊发表了一系列的理论探索文章和许多文化研究的作品。这一时期，人们会发现他的研究兴趣非常广泛，而且因其理论功底具有相当的洞察力。他的研究范围包括科幻小说、电影、绘画、魔幻叙事和现实主义与现代主义文学，也包括马克思主义文化政治、帝国主义、巴勒斯坦民族解放问题、马克思主义的教学方法，以及如何使左派充满活力。这些文章有许多收入《理论的意识形态》里，因此这部论文集可以说是他在《政治无意识》里所形成的理论的实践。这些文章，以及《后现代主义，或晚期资本主义的文化逻辑》里的文章，可以联系起来阅读，它们是他的多层次理论的不可分割的部分，表明了文学形式的历史、主体性的方式和资本主义不同阶段的相互联系。

三、政治无意识

应该说，《政治无意识》是詹姆逊的最重要的作品。在这部著作里，詹姆逊认为，批评家若想解释文本的意义，就必须经历一系列不同的阶段，这些阶段体现在文本之中，通过系统地解码揭示出来。为了做到这点，他汲取 20 世纪各种理论资源，从诺斯罗普·弗莱（Northrop Frye）的四个解释层面到拉康的无意识理论，从俄国形式主义到后结构主义，从德里达的解构主义到阿尔都塞的意识形态论述，几乎无一不被加以创造性地利用。在他看来，马克思主义批评不是排他性的或分离主义的，而是包容性的和综合性的，它融合各种资源的精华，因此可以获得更大的“语义的丰富性”。批评家应该考察文本指涉的政治历史、社会历史（按照传统马克思主义也就是阶级斗争的历史）和生产方式的历史。但这些方式不是互相取代，而是互相交叠融合，达至更高层次的普适性和更深层次的历史因果关系。

詹姆逊一向注重对总体化的探讨，包括伴随它的总体性概念、媒介、叙事、部分和整体的关系、本质和表面的区分、主体与客体的对立等等。他认为，总体性是在对矛盾的各阶级和对抗的生产方式的综合的、连贯性的叙事中表现出来的，对这种总体性的观察构成现时“真正欲望的形象”，而这种欲望既能够也确实对现时进行否定。但这种概念的作用不同于后结构主义的欲望概念，它是一种自由意志的结构，而不是存在意志的结果。

詹姆逊对总体性的设想，在他对欲望、自由和叙事等概念之间的联系中，清晰地展现了出来。他在讨论安德烈·布勒东（André Breton）的《超现实主义宣言》（*Premier manifeste du surréalisme*）时写道：

> 如果说超现实主义认为，一个真实的情节，一个真实的叙事，代表了欲望本身的真正形象，这并不过分；这不仅按照弗洛伊德的看法纯心理的欲望本身是意识不到的，而且还因为在社会经济关系里，真正的欲望很可能融化或消失在形成市场体系的那种虚假满足的大网之中。在那种意义上说，欲望就是自由在新的商业语境中所采取的形式，除非我们以一般欲望的方式来考虑自由，我们甚至认识不到自己已经失去了自由。①

① *Marxism and Form* (Princeton University Press, 1970), pp. 100-101.

詹姆逊认为，当代批评的主要范畴不是认识论而是道德论。因此他不是构成某种抽象的存在，而是积极否定现时，并说明这种否定会导向一种自由的社会。例如，德里达虽然揭示了当代思想中的二元对立（如言语与写作，存在与虚无，等等），但他却没有注意善与恶这种类似的道德上的二元对立。对此詹姆逊写道：

> 从德里达回到尼采，就是要看到可能存在一种迥然不同的二元对立的解释，按照这种解释，它的肯定和否定的关系最终被思想吸收为一种善恶的区分。表示二元对立思想意识的不是形而上的玄学而是道德；如果我们不能理解为什么道德本身是思想的载体，是权力和控制结构的具体证明，那么我们就忘记了尼采思想的力量，就看不到关于道德的丑陋恶毒的东西。①

詹姆逊把西方哲学和批评从认识论和形而上学转向道德的这种观点，给人们留下了深刻的印象。他对欲望概念的政治化的阐述，在西方具有重要的意义，因而也比后结构主义的欲望概念更多地为人们接受。

大体上说，詹姆逊在《政治无意识》里所展现的理论思想有四个层次。第一，他坚持对各种事物的历史参照，比如人类的痛苦、人类所受的控制以及人类的斗争等；同时他也坚持对著作文本的参照，比如文本中充满对抗的历史语境，充满阶级和阶级矛盾的社会条件以及自相矛盾的思想意识的结构等。采用这种方式，他既接受后结构主义的反现实主义的论述，同时又否定其文本的唯心主义；他承认历史要通过语言和文本的解释进行思考，

① *The Political Unconscious*, p. 114.

但他仍然坚持历史的本体存在。第二，他坚持自己的解释规则，即资本主义社会物化过程的协调规则。这种协调采取谱系的结构形式，既不是遗传的连续性，也不是目的的一致性，而是一种“非共时性的发展”（nonsynchronous development）。按照这种观点，历史和文本可以看作一种共时性的统一，由结构上矛盾或变异的因素、原生的模式和语言等组成。因此詹姆逊可以把过去的某些方面看作现时物化因素的先决条件。第三，他坚持一种道德或精神的理解，遵循阿尔都塞的意识形态概念，认为再现的结构可以使个人主体想象他们所经历的那些与超个人现实的关系，例如人类的命运或者社会的结构等。第四，詹姆逊坚持对集体历史意义的政治理解，这一层次与第三个层次密不可分，主要论述超个人现实的特征，因为正是这种超个人的现实，把个人与某个阶级、集团或社会的命运联系在了一起。

实际上，《政治无意识》包含着他对文学方法的阐述，对文学形式历史的系统创见，以及对主体性的形式和方式的隐在历史的描述，跨越了整个文化和经验领域。詹姆逊大胆地建构他的马克思主义文学批评，他认为这是广阔的、最富包容性的理论框架，可以使他把各种不同的方法融入他自己的方法之中。他在从总体上考察了文学形式的发展历史之后，通过对意识形态和乌托邦的“双重阐释”（坚持乌托邦的同时对意识形态进行批判）的论述，确立了真正的马克思主义的解释方法。受卢卡奇启发，詹姆逊利用历史叙事说明文化文本何以包含着一种“政治无意识”，或被埋藏的叙事和社会经验，以及如何以复杂的文学阐释来说明它们。在《政治无意识》里，詹姆逊还明确谈到了资本主义初期资产阶级主体的构成，以及在当前资本主义社会里资产阶级主体的分裂。这种主体分裂的关键阶段，在他对吉辛、康拉德和温德姆·路易斯的作品的分析中得到了充分表现，并在他对后现代主义的描述里得到了进一步深化。

《政治无意识》是理解詹姆逊著作的基础。要了解他的理论，必须读这本著作，或者说读懂了这本著作，就克服了他的著作晦涩难懂的问题，就容易理解他所有的其他著作。

四、后现代主义文化研究

詹姆逊对后现代主义的研究，实际上是他的理论计划的合乎逻辑的后果。他最初对后现代文化特征的分析见于《后现代主义和消费社会》一文，而他的综合思考则见于他的《后现代主义，或晚期资本主义的文化逻辑》。根据马克思主义关于资本主义的理论，他对作为一种新的"文化要素"的后现代主义进行了系统的解释。

詹姆逊根据新马克思主义的资本主义发展阶段论的模式，把后现代文化置于社会阶段论的理论框架之内，指出后现代主义是资本主义新阶段的组成部分。他宣称，后现代主义的每一种理论，都隐含着一种历史的断代，以及一种隐蔽或公开的对当前多国资本主义的立场。依照厄尔奈斯特·曼德尔（Ernest Mandel）在其著作《晚期资本主义》（*Late Capitlism*）中的断代方式，詹姆逊提出，资本主义有三个基本阶段，每一个阶段都标志着对前一个阶段的辩证的发展。它们分别是市场资本主义阶段，垄断资本主义阶段或帝国主义阶段，以及当前这个时代的资本主义（通常人们错误地称作后工业资本主义，但最好称作多国资本的资本主义）阶段。他认为，与这些社会形式相对应的是现实主义、现代主义和后现代主义等文化形式，它们分别反映了一种心理结构，标志着某种本质的变化，因而分别代表着一个阶段的文化风格和文化逻辑。后现代主义的主要特点是商品化的思想渗透到各个文化领域，取消了高雅文化和通俗文化的界限；同时，由于现代传媒和电子计算机的广泛应用，模仿和复制也广泛流行。与这两种情况相关，人们开始产生一种怀旧情绪，出现了怀旧文化。詹姆逊指出，后现代主义还是一个时间概念，在后现代社会里，时间的连续性打破了，新的时间体验完全集中于“现时”，似乎“现时”之外一无所有。在理论方面，后现代主义主要表现为跨学科和注重“现时”的倾向。

在《后现代主义，或晚期资本主义的文化逻辑》、《可见的签名》和《文化转向》里，詹姆逊进一步发展了他的主张，从而使他成为著名的马克思主义文化理论家：他一方面保持和发展马克思主义的理论，另一方面对极不相同的文化文本所包含的政治、意识形态和乌托邦思想进行分析。他的著作把文学分析扩展到通俗文化、建筑、理论和其他文本，因此可以看作从经典文学研究到文化研究这一运动的组成部分。

《时间的种子》是詹姆逊论后现代主义的一部力作，是他根据在加州大学欧文分校一年一度的韦勒克系列学术演讲改写而成的。虽然篇幅不长，但因那种学术演讲十分重要，他做了精心准备，此后还用了两年多的时间修改补充。在这部作品里，詹姆逊以他惯有的马克思主义辩证观点和总体性，提出了后现代性和后现代主义的种种内在矛盾：二律背反或悖论。他关心整个社会制度或生产方式的命运，心里充满了焦虑，却又找不到任何可行的、合理的方案，于是便发出了这样的哀叹：“今天，我们似乎更容易想象土地和自然的彻底破坏，而不那么容易想象后期资本主义的瓦解，也许那是因为我们的想象力有某种弱点。”然而他并不甘心，仍然试图在种种矛盾中找到某种办法。出于这种心理，詹姆逊在《时间的种子》里再次提出乌托邦的问题，试图通过剖析文化的现状，打开关于未来世界的景观。确实，在《时间的种子》里，每一部分都试图分析判断文化的现状，展望其未来的前景；或者说，在后现代的混沌之中，探索社会的出路。

詹姆逊对后现代性和后现代主义的理论阐述，其基本出发点是对美国后期资本主义文化的反思和批判，是对后现代之后社会形态的思考。这在《时间的种子》的最后一节表现得非常清楚。他这样写道："另一方面，在各种形式的文化民族主义当中，仍然有一种潜在的理想主义的危险，这种文化民族主义倾向于过高地估计文化和意识的有效性，而忽视与之同在的经济独立的需要。可是，在一种真正全球性的后期资本主义的后现代性里，恰恰是经济独立才在各个地方又成了问题。"

从总体关怀出发，詹姆逊认为，现在流行的文化多元主义应该慎重地加以考虑。他以后福特主义为例指出，后福特主义是后现代性或后期资本主义的变体之一，它们基本上是同义词，只是前者强调了跨国资本主义的一种独特的性质。后福特主义运用新的计算机技术，通过定制的方式为个人市场设计产品，表面上似乎是在尊重各地居民的价值和文化，适应当地的风俗，但正是这种做法，使福特公司浸透到地方文化的内心深处，传播其消费主义的意识形态，从而难以再确定地方文化的真正意义。詹姆逊还通过对建筑的分析指出，跨国公司会"重新装饰你们自己本地的建筑，甚至比你们自己做得更好"。但这并不是为了保持自己已有的文化，而主要是为了攫取高额的利润。因此詹姆逊忍不住问道："今天，全球的差异性难道会与全球的同一性一致?"显然，詹姆逊认为，美国所谓的多元文化主义只不过是一种策略，其目的是推行消费主义的文化意识形态，因此必须把它与社会生产关系联系起来加以审慎的考虑。

詹姆逊的所有著作都贯穿着他的辩证思想。但他只能比较客观地面对后现代资本主义的现实，而没有提出解决现实社会问题的办法——这也是当前普遍关注的一个问题。尽管如此，詹姆逊的探索精神仍然是值得尊敬的。也许，一切都只能在实践中求取。

进入古稀之年以后，詹姆逊仍然孜孜不倦，从理论上对资本主义及其文化和意识形态进行探索。在全球化的形势下，他关注世界经济的发展变化，关注全球化与政治、科技、文化、社会的关系，揭露资本主义的内在矛盾，并力图从理论上阐述这些矛盾。在他看来，资本的全球化和高科技的发展可能会导致新的社会和文化革命，出现新的政治和文化形态，但马克思主义的原理并不会过时，而是应该在新的条件下进行新的解释和运用。他仍然坚持乌托邦的想象，认为随着全球化的发展，可能会出现新的世界范围的"工人运动"，产生新的文化意识，而知识分子的任务就是要从理论上对这些新的情况进行描述和解释，提出相应的策略，否则谈论文化研究和文学研究就像空中楼阁，既不实用也没有基础。《未来的考古学》，就是他的一部论述乌托邦的力作。而《辩证法的效价》（*Valences of the Dialectic*，2009）则是他对自己所依托的理论的进一步阐述，该书根据辩证法的三个阶段（黑格尔、马克思，以及最近一些后结构主义者对辩证法的攻击），对从中产生的问题进行理论探讨，把它们置于商品化和全球化的语境之中，借鉴卢梭、卢卡奇、海德格尔、萨特、德里达和阿尔都塞等思想家的著作，通过论述辩证法从黑格尔到今天的发展变化，尤其是通过论述"空间辩证法"的形成，对辩证法提出了一种新的综合的看法，有力地驳斥了德勒兹、拉克劳和穆夫等人对辩证法的攻击。詹姆逊自己认为，这本书是他近年来最重要的作品。（原来他想用的书名是《拯救辩证法》，后改为现在的名字。）

随着年事增高，詹姆逊开始以不同的方式与读者分享他的知识积累，近年来先后出版了《黑格尔的变奏》(*The Hegel Variations*，2010)、《重读〈资本论〉》(*Representing Capital*，2011)、《现实主义的二律背反》(*The Antinomies of Realism*，2013) 和《古代与后现代》(*The Ancients and the Postmoderns*，2015)。这些著作虽然不像《政治无意识》或《后现代主义，或晚期资本主义的文化逻辑》那样富于理论创新，但他以自己深厚的知识积累和独特的视角，对不同的理论和文学及艺术问题所做的理论阐发，仍然对我们具有明显的启示意义。

五、詹姆逊的历史化

在某种意义上，文学批评与现实世界的关系取决于文学作品的价值。因此，爱德华·萨伊德不止一次说过，这种关系贯穿着从文本价值到批评家的价值的整个过程。在体现批评家的价值方面，詹姆逊的批评著作可以说是当代的典范。2003 年 4 月，佩里·安德森在一次和我的谈话中也说，在 20 世纪后期和 21 世纪初期，詹姆逊的著作非常重要，不论是赞成还是反对，都不可能忽视，因为他以重笔重新勾画了后现代的整个景观——带有宏大的、原创的、统观整个领域的气势。这里安德森强调的是詹姆逊的大胆创新，而这点对理解詹姆逊的著作以及他的学术经历至关重要。

如果全面审视詹姆逊的著作，人们肯定会对他的著作所涉的广阔领域表示赞叹。他的著作运用多种语言的素材，依据多国的民族历史，展示出丰富的文化知识——从城市规划和建筑到电影和文学，从音乐和绘画到当代的视觉艺术，几乎无不涉及。他最突出的地方是把多种不同的思想汇聚在一起，使它们形成一个整体。这种总体化的做法既使他受到赞赏也使他受到批评，但不论是赞赏还是批评，都使他的作品充满了活力。由于他的大胆而广泛的融合，在某种意义上他成了当代设定批评讨论日程的人文学者之一。

因此，有人说，詹姆逊的著作历史体现了对一系列时代精神的论述，而对他的著作的接受历史则体现了对这些论述的一系列反应。对詹姆逊著作的接受大致可分为两类人：一类根据他对批评景观的一系列的测绘图，重新调整自己的方向；另一类继续使用现存的测绘图或提出自己的测绘图。第一类并不一定是不加批判地完全接受詹姆逊的著作；相反，他们常常采取质疑的态度。例如，在《后现代性的起源》里，佩里·安德森虽然基本上同意詹姆逊关于后现代主义的看法，但对他的阐述方式还是提出了批评。第二类基本上拒绝詹姆逊总体化的历史观，因此不赞成他的范式转换的主张。这一类的批评家认为詹姆逊论后现代主义的著作只不过是一种风格的批评，因为它们无视后现代主义更大的世界历史的含义。换句话说，他们忽视了詹姆逊的主要论点：后现代主义是深层的历史潜流的征象，需要探索它所体现的新的社会和政治组织的状况。

对这两种不同的态度的思考可能使我们想到詹姆逊著作的另一个重要方面。也就是说，几乎他每一本新的著作都介入一个新的领域，面对一些新的读者。这并不是说他无视过去的读者，而是他不愿意老调重弹，总是希望提出一些新的问题和论点。就此而言，这与他在《文化转向》里对齐美尔的评论有些相似："齐美尔对20世纪各种思潮的潜在影响是无法估量的，这在一定程度上是因为他拒绝将他的复杂思想整合到一个单一的系统之中；同时，那些非黑格尔派的或去中心的辩证法式的复杂表述经常由于他那冗长乏味的文体而难以卒读。"当然，詹姆逊因袭了黑格尔的辩证法，除此之外，就拒绝铸造特定体系和以沉重的散文隐含思想观念而言，他对齐美尔的评价显然也适合他自己。此外，在某种意义上，詹姆逊的影响也常常是潜在的。

总的来说，詹姆逊的影响主要在方法论方面。在他第一部作品《萨特：一种风格的始源》里，他的一些解读方法就已经出现。该书出版时正值冷战时期高峰，单是论述一个马克思主义者本身就具有挑战性，但今天的读者似乎已经没有那种感觉。因此一些批评家认为那本书缺乏政治性，至少不像它的主题那样明显地具有政治性。确实，詹姆逊没有论述萨特哲学的政治内容，而是重点强调他的风格。不过，他实际上强调的是风格中的“无意识的”政治，这点在他第二部作品《马克思主义与形式》里得到进一步发展。无论是其目的还是内容，《马克思主义与形式》都具有明显的政治性，而且改变了政治问题的范围。这两部作品预示了他后来著作发展的某些方面，他对风格的分析不是作为内容问题，而是作为形式问题。

对形式的强调是詹姆逊把非政治的事物政治化的主要方法。正如他自己所说：“艺术作品的形式——包括大众文化产品的形式——是人们可以观察社会制约的地方，因此也是可以观察社会境遇的地方。有时形式也是人们可以观察具体社会语境的地方，甚至比通过流动的日常生活事件和直接的历史事件的观察更加充分。”① 在这种意义上，形式批评为詹姆逊独特的辩证批评提供了基础。在构成这种方法的过程中，他融合了许多人的思想，如萨特、阿多诺、本雅明和卢卡奇等等，但很难说其中某个人对他有直接影响，然而他的著作中又都有这些人的影子。可以说，他的著作既是萨特式的、阿多诺式的、本雅明式的或者卢卡奇式

① Fredric Jameson，“Marxism and the Historicity of Theory：An Interview with Fredric Jameson，” *New Literary History* 29（3），1998：360.

的，但同时也不是他们任何人的。有人简单地说他是黑格尔式的马克思主义者，但这种说法也不够确切，因为他的立场更多的是挑战性的综合。1971 年，他的获奖演讲“元评论”（Metacommentary）所提出的“元评论”的概念，实际上就表明了他的方法。虽然最近这个术语用得不那么多了，但它一直没有消失。“元评论”的基本活动是把理论构想为一种符码，具有它自己话语生产的规律，以及它自己的主题范围的逻辑。通过这种符码逻辑的作用，詹姆逊寻求揭示在这种文本和文本性的概念中发生作用的意识形态力量。

在《马克思主义与形式》之后，詹姆逊出版了他的最重要的著作《政治无意识》。这是一部真正具有国际影响的著作，据我所知，至少已有十种语言的译本。该书刚一出版，就在大西洋两岸引起了强烈反响，受众超出了传统的英文系统和比较文学系，被称为一本多学科交叉的著作。当时多种杂志出版专号讨论他的作品。《政治无意识》产生了多方面的影响，对当时新出现的文化研究领域影响尤其明显。它通过综合多种理论概念，如黑格尔、马克思、康德、弗洛伊德、阿尔都塞、德里达、福柯、拉康等人的，为文化研究的实践者提供了一种有效的方法，使他们可以探索和阐述流行文化和大众文化文本的意识形态基础。

就在詹姆逊写《政治无意识》之时，他已经开始构想另一部重要著作，也就是后来出版的那本被誉为具有划时代意义的论后现代主义的作品——《后现代主义，或晚期资本主义的文化逻辑》。《政治无意识》出版于 1981 年，同一年，他在纽约惠特尼现代艺术博物馆发表了“后现代主义，或晚期资本主义的文化逻辑”演讲。正是以这次演讲为基础，他写出了那本重要著作。在他出版这两部重要著作之间，詹姆逊在许多方面处于“动荡”状态，1983 年他离开了耶鲁大学法文系，转到加州大学圣克鲁兹分校思想史系，1985 年又转到杜克大学文学系，其间于 1985 年下半年还到北京大学做了一个学期的系列讲座。这种“动荡”也反映在他的著作当中。这一时期，他的写作富于实验性，触及一些新的领域和新的主题，而最突出的是论述电影的作品。在此之前，他只写过两篇评论电影的文章，但到 20 世纪 80 年代末，他完成了两本专门论述电影的著作：一本是根据他在英国电影学院的系列演讲整理而成，题名《地缘政治美学》；另一本是以他陆续发表的与电影相关的文章为基础，补充了一篇很长的论装饰艺术的文章，合成为《可见的签名》。与此同时，他至少一直思考着其他四个未完成的项目。

有些人可能不太知道，詹姆逊对科幻小说很感兴趣，早在《政治无意识》的结论里，他对科幻小说和乌托邦的偏好已初见端倪，而且在 20 世纪 80 年代确实也写了不少有关科幻小说的文章。后来由于其他更迫切的项目，他搁置了一段时间，直到 2005 年才出版了专门研究乌托邦和科幻小说的著作《未来的考古学》。当时他想写一本关于 20 世纪 60 年代的文化史，虽然已经开始，但由于种种原因而未能完成，只是写了三篇文章：《六十年代断代》（“Periodizing the 1960s”）、《多国资本主义时期的第三世界文学》（“Third-World Literature in the Era of Multinational Capitalism”）和《华莱士·史蒂文斯》（“Wallance Stevens”）。尽管他说前两篇文章与他论后现代主义的著作相关，但他从未对它们之间的联系进行充分说明。关于华莱士·史蒂文斯的文章是他的“理论话语的产生和消亡”计划的部分初稿，但这项计划也一直没有完成，只是写了一篇《理论留下了什么?》（“What's Left of Theory?”）的文章。

在探索后现代主义的同时，詹姆逊对重新思考现代主义文本仍然充满兴趣，尤其是与后殖民主义文化相关的文本，如乔伊斯、福楼拜和兰波等人的作品。2003 年他出版了《单一的现代性》，以独特的视角对这些作家进行了深入探讨。随后，他将陆续写的有关现代主义的文章整合、修改、补充，于 2007 年出版了《现代主义论文集》（*The Modernist Papers*，该书由中国人民大学出版社以《论现代主义文学》为名于 2010 年出版）。这些著作仿佛是对现代主义和后现代主义之间的过渡进行理论阐述，但奇怪的是它们出现在他的论后现代主义重要著作之后。关于这一点，也许我们可以认为，他试图围绕后现代主义从各种不同的角度进行验证。

20 世纪 90 年代中期以后，以他的《文化转向》为始，詹姆逊开始从文化理论方面阐述新出现的世界历史现象——全球化。简单说，詹姆逊认为，全球化的概念是“对市场的性欲化”（libidinalization of the market），就是说，今天的文化生产越来越使市场本身变成了人们欲求的东西；在今天的世界上，再没有任何地方不受商品和资本的统治，甚至美学或文化的其他方面也概莫能外。由于苏联的解体和东欧的剧变以及社会主义遇到的困难，资本主义觉得再没有能替代它的制度，甚至出现了“历史的终结”的论调。实际上，詹姆逊所担心的正是这种观念，就是说，那种认为存在或可能存在某种取代资本主义的社会制度的看法，已经萎缩或正在消亡。正如他自己所说，今天更容易想象世界的末日而不是对资本主义的替代。因此他认为当前最迫切的任务是揭露资本主义的内在矛盾以及掩饰这些矛盾所用的意识形态方法。就此而言，詹姆逊的项目可能是他一生都完不成的项目；而我们对他的探讨，同样也难有止境。

此次“詹姆逊作品系列”包括十五卷，分别是：《新马克思主义》《批评理论和叙事阐释》《文化研究和政治意识》《现代性、后现代性和全球化》《论现代主义文学》《马克思主义与形式》

《语言的牢笼》《政治无意识》《时间的种子》《文化转向》《黑格尔的变奏》《重读〈资本论〉》《侵略的寓言》《萨特：一种风格的始源》《古代与后现代》。这些作品基本上涵盖了詹姆逊从 1961 年至 2015 年的主要著作，其中前四卷是文章汇编，后十一卷都是独立出版的著作。考虑到某些著作篇幅较短，我们以附录的方式补充了一些独立成篇的文章。略感遗憾的是，有些作品虽然已在中国出版，但未能收入文集，如《可见的签名》、《未来的考古学》和《辩证法的效价》等，主要是因其他出版社已经购买中文版权且刚出版不久，好在这些书已有中文版，读者可以自己另外去找。

对于“詹姆逊作品系列”的出版，首先要感谢中国人民大学出版社，在几乎一切都变得商品化的今天，仍以学术关怀为主，委实令人感动。其次要感谢学术出版中心的杨宗元主任和她领导下的诸位编辑，感谢他们的细心编辑和校对，他们对译文提出了许多建议并做了相应的修改。当然，也要感谢诸位译者的支持，他们不计报酬，首肯将译作收入作品系列再版。最后，更要感谢作者詹姆逊，没有他的合作，没有他在版权方面的帮助，这套作品系列也难以顺利出版。

毫无疑问，“詹姆逊作品系列”同样存在所有翻译面临的两难问题：忠实便不漂亮，漂亮便不忠实。虽然译者们做了最大努力，但恐怕仍然存在不少问题。我们期望读者能理解翻译的难处，同时真诚欢迎读者提出批评和建议，以便今后再版时改进。

王逢振

2018 年 5 月

译者前言

1998年，詹姆逊出版了他的又一本著作——《文化转向》，该书收录了詹姆逊1983年至1998年写作的八篇论文，这些文章揭示了西方当代社会和文化转向的轨迹，提出了很多有价值的问题，被佩里·安德森称为“至今詹姆逊在研究后现代的著作中最好的一本”。据说安德森起初只是为这本书作序，后来却越写越长，竟写成了一本书，即《后现代性的来源》（*The Origins of Postmodernity*，Verso，1998），詹姆逊这本书的丰富性由此可见一斑。

全书主要围绕后现代问题展开论述。第一篇《后现代主义与消费社会》最初收入《后现代主义，晚期资本主义的文化逻辑》一书，这次辑入又稍加变动。该文在归纳了后现代主义的几个显著特点后，明确指出后现代主义与“晚期的、消费的或跨国的资本主义的新时期息息相关”，这一观点构成了詹姆逊整个后现代思想的基石。在接下来的《后现代的诸种理论》一文中，詹姆逊对后现代的理论作了梳理和辨析，给人印象最深的是他所列出的后现代理论分类表。在纵向的后现代理论与现代主义的关系栏中，利奥塔和哈贝马斯均被列为前现代主义者，即对传统的资产阶级启蒙运动表示赞同，而塔夫里等人则属于反现代主义之列；而在横向的这些理论与后现代主义的关系栏中，利奥塔被定为前后现代主义者，哈贝马斯则被定为反后现代主义者。其中就政治倾向而言，詹姆逊认为哈贝马斯具有进步性，而利奥塔则兼具进步和反动两个方面。詹姆逊的划分并非率性而为，而是基于马克思主义立场，他坚持用历史的辩证的方法分析这些后现代理论的特点和产生的原因，并在综合中表述自己的观点。第三篇《马克思主义与后现代主义》是詹姆逊为回答某些人的责难和质疑而写的。詹姆逊始终认为，马克思主义与后现代主义并不相悖，他本人对后现代的分析正是对马克思主义理论的贡献，并且，他正是采用马克思主义的总体化、系统、社会决定等基本理论和方法来研究后现代和命名后现代的。在《后现代性的二律背反》中，詹姆逊展示了作为后现代表征的时间和空间的悖论状态，他告诉我们，它们的对立不再是从前的二元对立及同一和差异，而是表明自身正以和过去完全不同的方式与它的另一极相一致。在后现代中，主体性的命题因背景的改变而成为客观的东西，同质性中孕育着异质性，绝对的变化等于停滞，时间因此转换成空间。

后面四篇文章则是詹姆逊在后现代研究领域的拓展和深入。在《"艺术的终结"还是"历史的终结"?》一文中，詹姆逊对黑格尔的终结理论作出了新的阐释。在他看来，"艺术的终结"不是变成无，而是一种实现，是旧有艺术被新的艺术取代。就后现代艺术而论，则是崇高的位置被充满快感的美所替代。同时他指出福山提出的"历史的终结"理论的根源在于对全球化发展极限的焦虑。在《后现代性中形象的转变》一文中，詹姆逊揭示了后现代社会的一个突出特征，即形象社会时期，并通过引证几部有代表性的影片充分说明了这一点，同时论证形象本身就是商品具体化的形式。本书最后两篇文章论述了后现代与当代经济的关系。詹姆逊从阿里吉的《漫长的 20 世纪》谈起，探讨了作为晚期资本主义区别性特征之一的金融资本的问题，在今天，金融系统的运作是通过计算机控制的，是一种电子化空间，它的抽象性和去领土化，使其形式与内容失去了关联，而后现代的影视艺术与金融资本的这些特点有着某种对应关系。最后，詹姆逊通过引证和研究一系列与建筑相关的论文，考察了房地产投机和作为美学和文化产品的城市建筑的关系，并巧妙地回到马克思的地租理论和后现代的美学形式问题。

应该说，要准确地把握詹姆逊的思路是困难的，这不仅因为他在文中旁征博引，恣意生发，而且还在于他涉猎的领域非常广泛，对社会文化中各个领域都有兴趣，从历史到哲学，从文学到绘画、音乐，从影视到广告、MTV，从房地产、股票市场到洛克菲勒中心，他为我们展现了一个令人眼花缭乱的后现代景观。在某种意义上说，詹姆逊的文章本身就具有后现代的性质，他是以综合的方式进入后现代的，他的研究不仅有比较明显的拼贴感，而且其研究领域也在拓展中接壤和互渗。

然而，这本书毕竟集中了詹姆逊20世纪80年代和90年代两个十年对后现代问题的认真卓越的思考。在汇集当今后现代的研究中，詹姆逊本人提出了一些颇有启发性的思想和睿智之语，对于我们研究后现代有许多借鉴意义。

詹姆逊对后现代的态度持一种清醒的马克思主义立场，这是他与其他后现代理论家的重要区别之一。他十分关注后现代产生的现实根源，坚持将后现代置于晚期资本主义社会的全面更新中加以评价，认为后现代“只有作为我们社会及其整个文化或者说生产方式的更深层的结构改变的表征才能得到更好的理解”。詹姆逊是从资本主义的发展历史，更具体地说，是从生产方式变革的层面来阐述后现代的。他认为，现实主义、现代主义和后现代主义这些在历史上性质截然不同的，并且似乎是不相容的模式，实际上是具体化的辩证法的多个阶段，后现代不过是早已存在的资本主义制度的某种辩证的转换。从文化上看，大部分后现代主义都是对各种高级现代主义的刻意反动，“有多少不同形式的高级现代主义就会有多少相应的后现代主义”。后现代作为对现代的反动和发展，不可能与现代有一个截然的分界，它必然会留存一些现代的成分。换句话说，现代的某些特征作为后现代的某些部分或碎片仍保留在后现代中。

詹姆逊在《文化转向》中最有启发性的是对后现代特征的深入阐发，而这些论述又多是与现代主义相区别而展开的。詹姆逊认为，现代艺术的一个典型特性就在于与商品形式的对抗，在现代主义那里，艺术从现实世界里退出而进入一个自主的艺术空间，它正是依赖所谓高雅文化和大众文化的区别以寻求其独特性和乌托邦功能，表现出对商业文化的抵制和对权威与经典的维护的。而后现代文化，特别是当今的大众文化则与市场体系和商品形式具有同谋关系，它们把艺术包装成商品（如后现代的怀旧电影），作为纯粹审美消费的实物提供给观众。并且，后现代通过合成的方式使高雅艺术与商业文化之间的界限难以厘定，如音乐中“古典”和“通俗”的消融，理论在长时期的广泛去差异化和不断开拓中抹去了各自的边界等。因此，后现代表现的是一个新的文化领域或层面，它充盈于现实世界之中，将现实殖民化，以致它几乎没有外部可言。詹姆逊还谈到了现代性与后现代性在美学上的区别，他认为，如果说崇高属于现代性的话，那么后现代性则是一种美的回归。不过，这里美的内涵发生了变化，美不再处于自律的状态，而是被定义为快感和满足，是沉浸在灯红酒绿中的文化消费和放纵。后现代性使用的语言与现代性的语言也有很大区别。现代性的语言是私人化的，它沉溺于单一和癖好之中，它的流行和社会化是通过注解和经典化的过程实现的，而后现代性的语言是通用的、套话式的，具有非个人化的特征，在某种意义上说它可以称为媒体语言。并且，与现代艺术关注语言和技巧相比，语言在后现代中不再具有特权的位置，后现代更关注装饰性的实践，推崇视像作品。

在《文化转向》中，詹姆逊还为我们揭示了后现代社会的两个新层面，一是视像文化盛行，二是空间优位。当今，文化生产领域发生了深刻的变革，传统形式让位于各种综合的媒体实验，电视的普及使整个人类生活视像化，形象取代语言成为文化转型的典型标志。詹姆逊与其他理论家一样，敏锐地感受到这一转变，他指出，当代社会空间浸透了影像文化，“所有这些，真实的，未说的，没有看见的，没有描述的，不可表达的，相似的，都已经成功地被渗透和殖民化，统统转换成可视物和惯常的文化现象”（《后现代性中形象的转变》）。形象正以其优越的可视性表现出对文字的压制，它所具有的套话和碎片的形式不仅削弱了叙述，而且表现出与纯粹叙述的不相容性。詹姆逊在形象研究上的主要贡献是他提出的“形象就是商品”的观点，这一思想是与他一贯坚持的马克思主义的经济理论分不开的。他认为，在当今时代，文化逐渐与经济重叠，通常被视觉形式殖民化的现实与全球规模的同样强大的商品殖民化的现实一致和同步。形象这种文化生产“不再局限于它早期的、传统的或实验性的形式，而且在整个日常生活中被消费，在购物中、在职业工作里、在各种休闲的电视节目形式里、在为市场生产和对这些产品的消费中，甚至在每天最隐秘的皱褶和角落里被消费，通过这些途径，文化逐渐与市场社会相联系”（《后现代性中形象的转变》）。文化领域中后现代性的特征就是伴随形象生产，吸收所有高雅或低俗的艺术形式，抛弃一切外在于商业文化的东西。由此，今天的人们已处于一个与过去完全不同的存在经验和文化消费的关系中，每天面对数以千计的形象轰炸，“幻象”（simulacrum）取代了真实的生活。与形象转换相关的是后现代的空间性特征。在詹姆逊看来，当今世界已经从由时间定义走向由空间定义。在后现代社会中，空间具有主宰的地位，“变化”这个概念遭到怀疑，由此承继变化的时间也成了一个可疑的概念，“过去”开始像一个交替的世界而不是这个世界某一不完善的、早期的阶段。不仅时间具有空间性特征，而且一切都空间化了，市场的货币形式和商品逻辑也转换为空间形式，成为结构性要素。而后现代的空间又绝不是一个可以用透视和体积去测量的东西，这个空间已经“超出单个的人类身体去确定自身位置的能力”。这个空间是异质的，它在多种多样的层面上同时展开，那种认为全球空间的同质性必然要胜过空间的异质性的看法也是一种幻觉。

詹姆逊进而指出了这些变化后面的技术背景和美学转向。无论是形象转换还是空间优位，都与现代技术密切相关。在我们这个时代，高科技和传媒真正承担着认识论的功能。我们看到，当今世界正被高科技的狂欢所占据，后现代艺术家正充分利用新的技术手段来制作各种视像制品，并且随着电子媒介和机械复制的急剧发展，视像文化已不再限于艺术领域，而成为公共领域的基本存在形态。电子空间延伸了空间的概念，“在这个空间中，货币资本已经接近了它的最终的去领土化，作为信息它将瞬间从一个节点到另一个节点，穿越有形的地球、有形的物质世界”（《文化与金融资本》）。同时，在后现代社会中，美学也发现自身已转移到感知领域，并开始转向以感觉为核心的生产，追求视觉快感成为人们的基本需求。

总的来看，詹姆逊的文化批评是清醒的、开放的，并且是指向未来的。面对后现代社会的各种景观，詹姆逊既反对将它们作为社会式微的最后征兆加以指责，也反对将它们作为新的工业技术和专家政治的乌托邦预兆加以欢呼。他相信只要我们对现在的社会矛盾、文化状况有深刻的认识，就能对将来产生比较强的影响。也正是在这个意义上，詹姆逊将“历史的终结”这一口号解释为一个崭新的前所未有的时代的开始。

胡亚敏

目　录

前　言

詹姆逊的著作，犹如夜晚天空中升起的镁光照明弹，照亮了后现代被遮蔽的风景。后现代的阴暗和朦胧霎时变成一片奇异和灿烂。这一被照亮的风景的轮廓将在下面展示。《文化转向》这本书为我们提供了詹姆逊对后现代问题的最严谨复杂的思路历程，从他早期的观点到近期的评价，跨越了两个十年认真而富有成效的思考。同时，作为引论和概说，这本书也是至今詹姆逊在研究后现代的著作中最好的一本。

这本书与后现代的各种理论的关系——这是一个包含着前瞻、置换和转化的复杂叙述，时常显得含混或不可思议，却又拥有其自身的内在逻辑——以特有的风格形成了鲜明的主题。然而，在这个领域，要把这样一个系谱学弄清楚，则非詹姆逊莫属。没有哪个作者像詹姆逊那样深入探讨或全面研究后现代的文化、社会经济和地域政治层面的理论。这本书就是这一发展历程的记载。

前面三篇概说性的论文写于20世纪80年代。《后现代主义与消费社会》最初是1982年秋詹姆逊在惠特尼当代艺术博物馆的演讲稿，随后扩展成一篇著名的论文，发表于1984年的《新左派评论》，文中提出了詹姆逊理论的核心论题，即现代主义的消逝和作为晚期资本主义文化逻辑表现的新形式的后现代的到来。这一颇具创见的思想一直贯穿于詹姆逊后来的著作中，构成了詹姆逊所有著作的基石。差不多与此同时的《后现代的诸种理论》（实际上还早几个月，写于1982年春，后发表于1983年《新德国批评》），勾画出各种后现代理论的关系图——知识的和政治的——詹姆逊在吸收这些理论的同时，自己也以一种综合的形式进入了后现代领域。而在写作过程中，詹姆逊始终坚持一种非常明确的立场，即一种马克思主义的立场，他避免任何简单的道德说教，而是对重要文化转变的历史基础进行认真的唯物主义分析。这曾是使一些左翼读者感到困惑的观点。第三篇论文《马克思主义与后现代主义》，写于 1989 年初，是詹姆逊对这些批评的冷静的回答，他坚持在马克思主义传统的经典立场上制定自己的规划。

所有这些文本都是在里根时期写成的，这是一个讲究实效的时期，一个突然发生变化，共产主义遭到接二连三的打击的时期，同时也是一个在美国，或更普遍地说，在西方，巨额收入在富人之间重新分配的时期。那些年美国国内的“欣快症”为詹姆逊对后现代主义逻辑的诊断提供了现实背景。当世界进入 20 世纪 90 年代，这一语境突然转向了。随着苏联的解体，资本主义加快了全球化进程，并成为今后经济和政治生活的模式。在它那雄心勃勃的阐释中，任何选择对象的消除都被说成是一种终结：从范畴的角度而不是从历时的意义上看的话，那就是历史本身的终结。这是后现代性在新的意义上的二律背反。关于时间的取消和空间的整体化，詹姆逊在本书第四篇文章专门讨论这一问题。《后现代性的二律背反》，最初于 1991 年作为韦勒克图书馆讲座的演讲，扩展后作为 1994 年出版的《时间的种子》一书的第一章。二律背反是一种令人生畏的能量。

后面的四篇文章是一组迄今未发表的论文，它们标志着詹姆逊在批评领域的新阶段。《“艺术的终结”还是“历史的终结”?》写于 1994 年，是对当今重新盛行的两个黑格尔式的命题的综合性反思。它既对这些复活的概念的保守转义作了犀利的分析，同时又对它们作了富有创见的激进的重新阐释——以一种新的眼光观察弗朗西斯·福山（Francis Fukuyama）的著名理论。这种坚定的不妥协的语气也出现在紧接着的下一篇文章《后现代性中形象的转变》中，该文最初为1995年向委内瑞拉会议提交的论文，它以记录后现代主义本身向其曾经排斥的理性或美学立场的演变的某种退化开始，然后，詹姆逊描述了一个特殊的这样的抛物线轨迹，“观看”（look）的变体相继为萨特（Sartre）、法农（Fanon）和罗伯一格里耶（Robbe-Grillet）所理解，最后，居伊·德波（Guy Debord）的理论把我们引入当代世界，在这个世界中，现代主义者所迷恋的崇高已在更新的对美的崇拜面前退去。而在詹姆逊看来，现在所有这些只剩下俗气。

最后两篇论文是必然的一对，詹姆逊论后现代的著作总是与伴随并形成它的经济上的变革密切相关的。他最初关于后现代的理论就是受到20世纪70年代欧内斯特·曼德尔（Ernest Mandel）的《晚期资本主义》这部经典著作的启发。现在他在《文化与金融资本》（1996）一文中又巧妙地利用了乔万尼·阿里吉（Giovanni Arrighi）于20世纪90年代写成的里程碑式的著作《漫长的20世纪》，创造了一种新的看待当代电影典型机制——甚至包括该行业富于想象的副产品预告片——的途径和方式。同样，在《砖头和气球》（1997）一文中，他从罗伯特·菲奇（Robert Fitch）最近在曼哈顿的地产投机的调查《纽约的暗杀》一书入手，并运用马克思有关“虚假资本”的理论，全面地反思了地租和建筑之间的关系，最后，以他特有的突然而巧妙的转折转向香港的幽灵而结束了该文。

简言之，《文化转向》在跟踪后现代世界中变化不定的各种形式时，为我们绘制了这个时代一种主导的文化运动的轨迹。这一成果将是非同一般的。

佩里·安德森

1998年4月

后现代主义与消费社会

今天，后现代主义的概念并没有被广泛接受甚至没有被理解。对它的某些抵制也许来自人们对它所涵盖的作品不熟悉，这些作品可见于各类艺术中，例如，约翰·阿什伯里（John Ashbery）的诗，以及更浅显的口占诗（talk poetry），它们的出现是对20世纪60年代那种复杂的、反讽式的、学院派的现代诗的反动；建筑方面，则表现出对现代建筑特别是对"国际风格"的纪念碑式的建筑的反动，罗伯特·文图里（Robert Venturi）在他的宣言《向拉斯维加斯学习》中赞美的流行建筑和装饰棚架，安迪·沃霍尔（Andy Warhol）的流行艺术以及最近的照相写实主义；音乐方面，与约翰·凯奇（John Cage）同时的还有在作曲家菲利普·格拉斯（Philip Glass）和特里·瑞里（Terry Riley）那里发现的古典风格和流行风格的后期合成，以及诸如"碰镲"（Clash）、"叽喳头"（Talking Head）、"四人帮"（the Gang of Four）等乐队组合而成的"朋克"和新浪潮摇滚；电影方面，所有出自戈达尔（Godard）的影片——当代的前卫电影和电视——以及整个新型的商业或虚构电影；它们在当代小说中也有伙伴，一方面是威廉姆·巴勒斯（Williams Burroughs）、托马斯·品钦（Thomas Pynchon）和伊什梅尔·里德（Ishmael Reed）的作品，另一方面是法国新小说。这些都可归入我们所称的各种各样的后现代主义之中。

这个名单似乎马上表明了两个特征。第一个特征是，上面提到的大部分后现代主义都是作为对高级现代主义的既有形式，对占据大学、博物馆、美术馆以及基金会等这样或那样的主导性的高级现代主义的刻意反动。那些一度曾是颠覆性的论战性的风格——抽象表现主义，庞德（Pound）、艾略特（Eliot）或华莱士·史蒂文斯（Wallace Stevens）的伟大现代主义诗篇，国际风格（勒·柯布西耶［Le Corbusier］、格罗皮乌斯［Gropius］、密斯·范·德·罗［Mies van der Rohe］），斯特拉文斯基（Stravinsky），乔伊斯（Joyce）、普鲁斯特（Proust）和曼（Mann）——在我们的前辈看来，他们的作品是令人厌恶或感到震惊的，而对于20世纪60年代前后的一代人来说，他们又成了代表死亡、窒息、套话的既成体制和敌人，成为要创新就必须摧毁的具体化的标志。这意味着，有多少不同形式的高级现代主义，就会有多少相应的后现代主义，因为后者至少最初是针对那些现代主义模式的特定的和局部的反动。这显然会使把后现代主义描述成前后连贯的体系的工作变得困难，因为这一新的冲动的统一性——如果有的话——不是既成于后现代主义自身，而是存在于它要取代的现代主义之中。

这个后现代主义名单的第二个特征是，一些主要边界或分野的消失，最值得注意的是传统的高雅文化和所谓的大众或通俗文化之间的区别的消失。这在学院派看来也许是最令人沮丧的发展。学院派向来极力维护高雅或精英文化领域，以对抗周围的庸俗、廉价和媚俗，对抗电视连续剧和《读者文摘》的文化，同时向初学者传授读、听、看的一些复杂的技巧。然而，许多新的后现代主义却热衷于广告、汽车旅馆、拉斯维加斯的脱衣舞、午夜场和好莱坞的B级片，以及机场旅行类的准文学，包括哥特式小说和传奇故事、通俗传记、推理探案和科幻小说等。他们不再像乔伊斯或马勒（Mahler）那样“引用”这类“文本”，而是吸收了它们，以致高雅艺术与商业形式之间的界限似乎越来越难以划清。

旧的文类和话语范畴的消除的一个颇为不同的迹象可以在有时被称为当代理论的东西中发现。在上一代，还存在着专业哲学的专门话语——萨特或现象学家们的庞大体系，维特根斯坦（Wittgenstein）或分析哲学或普通语言哲学的著作——可以与其他学科，例如政治科学、社会学或文学批评这些相当不同的话语区别开来。现在，我们渐渐有了一种直接叫作“理论”的书写，它同时都是或都不是那些东西。这种新的话语，通常与法国有关，而且被称作法国理论，正在逐渐扩展并标志着哲学本身的终结。例如，米歇尔·福柯（Michel Foucault）的作品是否应被称为哲学、历史学、社会理论或政治科学？正如他们现在所言，这是难以定夺的；我将建议把这类“理论话语”也归入后现代主义现象之列。

现在我必须就这个概念的恰当用法说句话：它并不只是用来描述一种特定风格的另一个词语。至少在我的用法里，它也是一个时期的概念，它的作用是把文化上出现的新的形式特点与一种新型社会生活和新的经济秩序的出现联系起来——这种新型社会生活和新的经济秩序经常被委婉地称为现代化、后工业或消费社会、媒体或景观（spectacle）社会，或跨国资本主义。这一资本主义的新时期在美国开始于20世纪40年代后期和50年代初期的战后繁荣年代，在法国则开始于1958年第五共和国的成立。20世纪60年代在很多方面都是重要的过渡时期，在这个时期，新的国际秩序（新殖民主义、绿色革命、计算机和电子资讯）同时确定下来，并且遭到内在矛盾和外来反抗的冲击和震荡。在这里我希望勾勒出一些方面，在这些方面，新的后现代主义表现了晚期资本主义中新出现的社会秩序的内在真相，但我将只描述其中两个显著的特征，我把它们称为拼贴和精神分裂症，它们将分别让我们有机会感受到后现代体验中的空间和时间的独特之处。

拼贴遮蔽戏仿

后现代主义目前最显著的特点或手法之一便是拼贴。我必须首先解释这个术语（从视觉艺术的语言上），人们总是倾向于把它与所谓戏仿的相关语言现象混淆或等同起来。拼贴和戏仿都涉及模仿，或进一步说，涉及对其他风格特别是对其在手法和文体上的特点的模仿。很明显，现代文学总体来说为戏仿提供了十分肥沃的土壤，因为伟大的现代作家早已被定义为相当独特风格的发明者或生产者：想想福克纳（Faulkner）式的长句或者劳伦斯（Lawrence）别具特色的自然意象，想想史蒂文斯运用抽象手法的特别方式，想想哲学家例如海德格尔（Heidegger）或萨特的癖性；想想马勒或普罗科菲耶夫（Prokofiev）的音乐风格。所有这些，无论他们有多大的区别，但在这一点上是相通的：每一个都不会被误认，一旦了解了他们中的一个，便不可能与其他人的作品混淆。

现在，戏仿利用这些风格的独特性，抓住它们的独特和怪异之处，制造一种嘲弄原作的模仿。我并不是说在各种形式的戏仿中讽刺的冲动都是有意识的：在任何情况下，一个好的或者伟大的戏仿者都必须对原作有某种隐秘的感应，犹如一个伟大的滑稽演员必须有能力将他/她自身带入所模仿的人物之中。还有，戏仿通常的效果——无论是同情的还是恶意的——都是对人们通常说话或写作的方式中的文体癖性以及过分和怪异之处的私人性质报以嘲笑。所以，在所有戏仿背后的某处存在着这样一种感觉，即有一种语言规范，它与被嘲弄的伟大的现代主义者的风格大不相同。

但是，如果人们不再相信标准语言、日常说话、语言规范

（如奥威尔［Orwell］在他的著名论文《政治与英语》中所颂扬的明晰性和交流的能力）的存在，情况会怎样呢？人们可以这样来思考：也许现代文学的巨大断裂和私人化——粉碎成许许多多互相区别的私人风格和癖性——预示着社会生活在整体上更为深刻和广泛的趋势。假设现代艺术和现代主义——远不只是一种专门的审美趣味——真的预告了这些轨迹的社会发展趋势；假设在这几十年由于伟大的现代风格的出现，社会本身开始以这种方式变成碎片，每个群体说着属于他们自己的古怪的私人语言，每种专业形成自身的私人代码或个人习语，而最后每个个体变成一个语言孤岛，与所有其他人隔绝，那将是一种怎样的情景呢？在那样的情况下，人们能够借以嘲笑私人语言和独异风格的任何语言规范的可能性都会消失，而我们除了文体的差异性和异质性外，将一无所有。

那正是拼贴出现而戏仿变得不可能的时期。拼贴，像戏仿一样，是对一种特殊或独特风格的模仿，戴着文体的面具，说着已死的语言；但它是一种中性的模仿方式，没有戏仿的隐秘动机，没有讽刺的冲动，没有笑声，甚至没有那种潜在的可与很滑稽的模仿对象相对照的某些**标准**东西存在的感觉。拼贴是空洞的戏仿，是失去了幽默感的戏仿：拼贴就是戏仿那些古怪的东西，一种空洞反讽的现代实践，就是韦恩·布斯（Wayne Booth）所说的 18 世纪那种稳重而可笑的反讽。[1]

主体的死亡

但是，现在我们需要将一块新东西并入这个拼图中，它可能有助于解释为什么经典现代主义是一种过去的东西，为什么后现代主义应该取而代之。这个新的组成部分就是通常所说的“主体的死亡”，或者用较为传统的说法，是个人主义本身的终结。正如我们曾经说过的那样，伟大的现代主义是以个人、私人风格的创造为基础的，它如同你的指纹一般不会雷同，或如同你的身体一般独一无二。而这意味着现代主义美学以某种方式与独特的自我和私人身份、独特的人格和个性的概念有机地联系在一起，这些概念被期待产生出它自身对世界的独特看法，并铸就它自身独特的、毫无雷同之处的风格。

然而在今天，从一些截然不同的观点看，那些社会理论家、精神分析学家，甚至语言学家，更不用说我们这些工作在文化以及文化与形式发生变迁的领域的人，全都在考察这样一种观点，即个人主义和个人身份是过去的东西，旧的个体或个人主体已经“死亡”，人们甚至可能要把独特个体和个人主义的理论基础描述成意识形态的。事实上，对于所有这些有两种立场，其中一种比另一种更激进。第一种立场赞同这样说：是的，从前，在自由竞争的资本主义古典时期，在核心家庭和资产阶级作为社会支配阶级出现的全盛期，曾经有过个人主义、个人主体这样一种东西；但是在今天，在资本主义共同体和所谓组织化的人的时代，在商业乃至国家的官僚化和人口爆炸的时代——今天，过去的资产阶级个人主体不再存在了。

还有第二种立场，是更为激进的一种——可以称为后结构主义的立场。它补充道：资产阶级的个人主体不仅是过去的东西，它还是一个神话，它从未真正存在过，那种自主的主体从来就没有存在过。相反，这种建构仅仅是哲学和文化的神秘化，它企图使人们相信，他们“具有”个人主体并且拥有独特的个人身份。

确定哪一种立场正确（或更准确地说，哪一种更有趣和更有成效）对我们来说并不特别重要。我们从中必须记住的反而是一个美学上的两难困境：因为如果独特自我的经验和意识形态，即一种形成经典现代主义的文体实践的经验和意识形态已经结束，那么，现在这个时代的艺术家和作家应该做些什么就不再清楚了。清楚的仅仅是过去的楷模——毕加索（Picasso）、普鲁斯特、艾略特——不再可行（或肯定有害）了，因为人们不再拥有那种独特的私人世界和风格去表现了。而这也许不仅仅是一个“心理”问题：我们还必须考虑 20 世纪 70 年代或 80 年代经典现代主义的巨大影响。现今的作家和艺术家不再能够创造新风格和新世界还有另一层意思——它们已经被创造出来了，可能的仅仅是有限的组合，独特的东西都已被考虑过了。所以整个现代主义美学传统的影响——现在已经死去——正如马克思在另一个语境中指出的，也“像梦魇般压在活人的头上”。

由此，再一次，拼贴：在一个文体创新不再可能的世界里，留下的只有模仿已死的风格，戴着面具，用幻象博物馆里各种风格的调子说话。但这意味着当代或后现代主义艺术将准备用一种新的方式成就艺术本身；甚至这意味着它的基本寓意之一将包括艺术和美学的必然失败，新事物的失败，囚禁于过去之中。

怀旧模式

由于这看起来十分抽象，我想举些例子，其中的一个非常常见，以致我们很少把它和我们这里讨论的高雅艺术联系起来。这种特殊的拼贴手法并不属于高雅文化，而是大量存在于大众文化中，它通常被称为“怀旧电影”（法国人称它为回溯风格）。我们必须从最广泛的意义上理解这个范畴。从狭义上讲，它无疑只是关于过去以及关于过去特定年代的一些电影。这个新“文类”（如果这就是它的类别的话）的开山之作中的一部是卢卡斯（Lucas）的《美国风情画》，它于 1973 年试图重新捕捉 20 世纪 50 年代艾森豪威尔时代的美国的整体氛围和风格特点。波兰斯基（Polanski）的伟大电影《唐人街》（1974）所再现的20世纪30年代，贝托鲁奇（Bertolucci）的《顺民》（1969）对于意大利和欧洲的20世纪30年代，即法西斯时代的意大利的情境的再现，所做的都非常相似。如此等等，不一而足。我们还可以继续列举这些电影。但是，为什么称它们为拼贴呢？难道它们不是属于传统文类中的所谓历史电影的作品——通过外推其他众所周知的形式如历史小说而得以较容易地从理论上说明的作品吗？

我认为我们在研究这些电影时需要新的范畴是有我的理由的。但是让我首先补充一些异常的例子：假设我说《星球大战》（乔治·卢卡斯，1977）也是一部怀旧电影，那意味着什么呢？我假定我们一致同意这不是一部关于我们星际过去的历史电影。让我们换一种说法：在20世纪30年代到50年代成长起来的人们，他们最重要的文化经验之一便是周末下午的罗杰斯（Buck Rogers）式的系列剧——异土的恶棍、真正的美国英雄、陷入困境的女主角、死亡射线或者末日的匣子，最后时刻更是紧张惊险，而神奇的解救则留待下回分解。《星球大战》以拼贴的方式再现了这种经验。也就是说，对这样的系列剧的戏仿已毫无意义，因为它们早已过时。《星球大战》远非对那些死亡形式的言之无物的讽刺作品，它满足了一种深深的（甚至可以说是被压抑了的）重温它们的期望：它是一个复合的对象，一些一年级的孩子和青少年可以直接从中历险，而成年大众则可以沉浸在一种更深的和更适宜的怀旧欲望之中，回到过去的时代并且再次体验怪异的审美制品。因此，这部电影从**转喻**的意义上说是一部历史电影或怀旧电影，不同于《美国风情画》，它没有重新创造一个关于过去的逼真的整体画面；相反，它通过重新创造一个过去时代特有的艺术对象（系列剧）的感觉和形态，尝试唤醒一种和这些对象相联系的昨日之感。同时，《夺宝奇兵》(1981) 在这里占据一个中间位置：在某个层面上，它是关于20世纪30年代和40年代的，但它实际上也通过其独特的冒险故事（不再是我们的）用转喻的方式表现了那个时代。

现在，让我讨论另一个有趣的例外，它使我们进一步从特殊的角度了解怀旧电影和从一般的意义上了解拼贴。这个例子就是近期一部叫《体热》（劳伦斯·卡斯丹［Lawrence Kasdan］，1981）的电影，正如很多评论所指出的，它是《双重赔偿》(1944) 的某种隐约的重造（自然，对旧情节的暗指或闪避性的抄袭也是拼贴的一个特点）。《体热》从严格意义上说不是怀旧电影，因为它的背景发生在当代，在迈阿密附近佛罗里达州的一个小村庄里。另一方面，这个当代性从严格的意义上讲又是最含混的：影片上的名单——往往是对我们的第一个暗示——都是用20世纪30年代装饰艺术的风格刻印出来的，这不由得引起怀旧的反应（首先无疑是对《唐人街》，然后是其他的一些更具有历史性的事物）。而主人公本身的风格也是含混的：威廉·赫特 (William Hurt) 是一颗新星，但却完全没有前一代男性巨星如史蒂夫·麦奎因 (Steve McQueen) 或杰克·尼科尔森 (Jack Nicholson) 那样鲜明的风格，或更确切地说，他在这里的性格是他们两个的特点与更老的通常跟克拉克·盖博 (Clark Gable) 有关的角色类型的融合。因此，这里也隐约露出往昔的感觉。观众开始感到奇怪，撇开其中和当前有关的东西，这个可以发生在任何地方的故事，为什么被安排在佛罗里达州的一个小镇里。很快我们就开始意识到，小镇的背景有关键的策略作用：它允许电影去掉那些可能令我们联想到当今世界和消费社会的大多数符号和参照——各种器械和制品、高楼大厦、晚期资本主义的对象世界。然而，它的一些物品（如汽车）严格地说是20世纪80年代的产品，但是电影中所有东西都巧妙地模糊了与当前的直接参照，使人可以将其当作怀旧作品——当作某个无法确定的令人缅怀的过去（例如超越历史的永恒的30年代）的叙述。在我看来，找出怀旧电影所采用的侵入和殖民化具有当代背景的电影的方式是极富说明意义的：基于某些理由，我们今天似乎不能聚焦于我们生活的现在，似乎已经变得不可能获得我们自己当下经验的审美表现。但倘若是这样的话，这就是对消费资本主义的一种严厉的控诉——或者至少，是一个已变得无力处理时间和历史的社会的一种令人惊恐的和病理学上的征兆。

我们现在回到为什么认为怀旧电影或拼贴与过去的历史小说或历史电影不同的问题。我应该将我认为重要的文学例子——多克特罗（E. L. Doctorow）具有世纪转折氛围的小说《拉格泰姆时代》和大部分围绕20世纪30年代展开的《鱼鹰湖》——也纳入这个讨论。但在我看来，这些还只是表面上的历史小说。多克特罗是现在仍继续从事创作的一位严肃艺术家和少数真正的左翼或激进小说家之一，不过，认为他的故事与其说表现我们过去的历史倒不如说表现的是关于过去的理念或文化刻板印象，这并不是对他的贬损。文化生产已经被逐回内在的心灵，存留在单一的主体中：它不再能够用它的眼睛直接观看现实世界，寻找指涉之物，而必须像在柏拉图的洞穴里那样，在局狭的墙壁间追寻世界的心像。如果这里还剩下一点现实主义的话，那么，这种“现实主义”就来自对所理解和认识到的限制的震撼，无论基于何种特殊的原因，我们都注定要通过我们自己的流行形象和关于往昔的刻板印象寻找过去的历史，而过去本身则是永远不可企及的。

后现代主义与城市

现在，在我试图提供某种更肯定的结论之前，我打算对一个充分的后现代建筑作一个大致的分析——这是一个在许多方面都无特征性的后现代建筑作品，后现代建筑的主要代表是罗伯特·文图里、查尔斯·穆尔（Charles Moore）、迈克尔·格雷夫斯（Michael Graves）和最近的弗兰克·盖里（Frank Gehry），但是，在我的印象中，这个作品却提供了有关后现代主义空间的原创性的生动的教程。请允许我细致地考察这种形象，它贯穿于前面的评论中，这里将使之更加明确：我要提出这样一种观点，即当下我们正处于建筑空间发生变化的情境中。我所暗示的是，我们自身，这个处于变化着的新空间的人类主体，却未能与这一发展同步；客体已发生了变化，而主体到现在为止还没有发生相应的变化。我们尚未拥有感觉上的装备去对付这个新的超空间（这是我所运用的一个术语），部分是因为我们的感觉习惯是在我所称为高级现代主义的这个旧空间中形成的。因此，这些新的建筑——像我先前评论的其他文化产品一样——代表着某种像不可缺少的正在生长的新器官一样的东西，这种新器官将我们的感觉和身体扩展到新的维度，目前这是难以想象的，也许最终也不可能想象。

波拿文都拉宾馆

我在这里列举的这个建筑的例子是威斯汀·波拿文都拉宾馆，它位于新洛杉矶商业区，由约翰·波特曼（John Portman）设计和建造，他的作品还包括各种风格的凯悦酒店，亚特兰大的桃树中心（the Peachtree Center），底特律的复兴中心（the Renaissance Center）。我必须提到的是，相对于伟大的建筑上的现代主义的精英式（和乌托邦）的严肃，后现代主义表现出从修辞上为通俗性的辩护：通常认为，一方面这些新的大楼都是大众的作品，另一方面它们又重视美国城市建筑的地方特色。这就是说，它们不再企图像高级现代主义的杰作和纪念碑那样，将一种奇异的、与众不同的、高高在上的、新的乌托邦的语言插入周围城市的俗气的商业化的符号系统中，而是相反，试图使用那种词汇和句法，讲那种典型的“向拉斯维加斯学习”式的语言。

这些建筑中的第一座，波特曼的波拿文都拉宾馆充分显示出这一宣言：它是一个大众建筑，当地人和旅游者都兴致勃勃地去参观（尽管波特曼的其他建筑在这方面更为成功）。然而，耸立在这些城市建筑物中的这一大众建筑则是另一回事，这正是我们研究的起点。进入波拿文都拉宾馆有三个入口：一个是从费格罗拉街（Figueroa）进入，另两个则通过宾馆另一侧建在高处的花园进入，花园位于以前灯塔山的斜坡上。这三个入口中没有一个像以往的豪华宾馆那样，门口有遮檐或纪念碑式的带有顶棚的车辆出入道，以便将客人从大街上一直迎接到宾馆里。波拿文都拉宾馆的入口通道就好像是侧门，或更确切地说是后门：你从后面的花园走进去，就到了塔楼的六层，但即使在那里，你也必须下一层楼梯才能找到电梯，乘电梯你才能找到大堂。而那个位于费格罗拉街的被认为是前厅的入口，又将你、行李和所有东西引入到二楼的阳台，在那里，你必须乘自动扶梯下到总服务台。稍后我将谈及这些电梯和自动扶梯。我首先想说的是，这些奇特的无标志的进口似乎被赋予某种新的封闭范畴，该范畴支配宾馆本身的内部空间（此外还包括波特曼必须考虑的材料上的限制）。我相信，与那些具有后现代特色的建筑如巴黎的博布格或多伦多的伊顿中心一样，波拿文都拉宾馆也在追求成为一个总体的空间，一个完整的世界，一种微型城市（我要补充的是，这个新的总体空间相当于一种新的集体的实践、一种个人活动和集中的新方式，有点像一种新的在历史上具有原创性的超大众［hyper-crowd］的实践）。在这个意义上，理想的波特曼的波拿文都拉宾馆根本就不应该有入口（因为入口总是大楼与它所处的城市的其他部分连接的接缝），因为这座大楼并不希望成为城市的一部分，而是想成为城市的对等物、替代物或备用品。然而，这显然是不可能或不实际的，因此就特意对入口的功能作低调处理，使其简约到最低程度。但是，这种与环绕它的城市脱离的方式完全不同于那些"国际风格"的伟大作品：在那些作品中，分离的行为是暴力的、可见的，并表现出真正的象征意义——如勒·柯布西耶的著名的"多层住宅"，它的底层架空所表现出的激进姿态将现代的新乌托邦空间与退化堕落的城市建筑结构分隔开来，由此明确表示与城市断绝关系（尽管现代主义的赌注是，在新观念的毒力下，这种新的乌托邦空间向周围扩散，最终由这种新的空间语言的力量来改变城市）。然而，波拿文都拉宾馆却满足于"让堕落的城市建筑结构继续保持原样"（戏仿海德格尔语），更进一步的效果——更大的原始政治的乌托邦的改变——它既不期待也不奢望。

这种判断，在我看来，被波拿文都拉宾馆巨大的反射玻璃外墙所证实，玻璃外墙的功能最初也许被解释为用来形成复制技术的主题。现在，在再次解读中，我们要强调的是玻璃墙抵制外部城市的方式。我们可以用太阳镜作类比来说明这种拒斥作用，太阳镜可以使你的对话者看不见你的眼睛，由此你获得某种攻击和控制他者的能力。同样，玻璃墙也使波拿文都拉宾馆获得了一种特有的无固定地点的与周围邻居的隔离：玻璃墙甚至不是宾馆的外层，因为当你试图凝视宾馆的外墙时，你看不见宾馆本身，而看见的只是它所映照的周围一切的扭曲的形象。

现在，我要谈一谈自动扶梯和电梯。考虑到在波特曼的建筑中它们所给予人们的愉悦——特别是最近的建筑中它们被波特曼称为“巨大的活动雕塑”，因此也自然说明了宾馆内部的壮观和刺激，尤其是凯悦酒店的电梯，就像日本灯笼或吊篮一样不停地上下起伏——并且考虑到它们特意的标志和突显，我相信我们应该把这种“人的移动器”（波特曼的术语，改编自迪斯尼）视为更有意义的东西而不仅仅作为功能性的和工程部件。总之，我们知道近来的建筑理论已经开始借鉴其他领域的叙述分析，并试图通过这些建筑把我们身体的轨迹看作实质上的叙述或故事，看作动态的路径和叙述范例，而身为造访者的我们则被要求用我们的身体和活动来实现和完成它们。可是，在波拿文都拉宾馆，我们发现了这一过程的辩证的加强。在我看来，不仅自动扶梯和电梯自此代替了运动，而且特别表明它们本身就是运动的新的反身符号和标志（当我们论及这个大楼以往的运动形式还剩下什么时，这个问题显而易见，最明显的就是步行）。这里，具有叙述意义的散步被一种运输机器所强调、象征、具体化和取代，这种机器成为如今不再由我们自己完成的过去的步行的寓言性能指。这是对所有现代文化的自我指涉的辩证强化，它倾向于关注自身并指定自身的文化产品为其内容。

当谈到这个建筑本身，谈到所经受的空间感觉时，我有点茫然不知所措。当你走下这个寓言性的装置，进入大堂或中庭，中间是巨大的圆柱，围绕它的是一个微型湖，整个位置处于四座对称并配有电梯的居民塔楼和向上环绕的阳台之间，这些阳台被第六层的玻璃暖房顶棚所罩盖。我不由得说，对于这样的空间，我们不可能再使用体积或容量这类术语去衡量，因为它们无法把握。悬挂的饰带充斥这个空旷的空间，用这种方式蓄意地分散你的注意力，使你难以想象空间可能具有怎样的形式；而这里经营的繁忙景象则又使你感到这个空间已被塞满了，你自己置身于这个氛围中，完全没有先前那种能够从透视或体积的角度观察的距离感。你全身心地沉浸在这个超空间中；如果以前你曾感到在后现代绘画或文学中所观察到的深度的压抑必定难以在建筑本身实现的话，也许现在你会愿意将这种令人困惑的沉浸作为其在这种新的媒介形式上的对等物。

然而，自动扶梯和电梯在这种情况下也是辩证的对立。我们可以说，吊篮式的电梯那令人惬意的运动对于拥挤的正厅来说也是一个辩证的补偿——它使我们有机会获得一个根本不同但又互补的空间经验：它沿着四座对称的塔楼中的一个，快速急升，穿过顶棚，来到外面，面对展现在我们眼底的洛杉矶这个参照物，不由得涌起激动不已又惊讶万分的感觉。但是，即使这个垂直运动也是被包含在内部的：电梯把你带到一个旋转的鸡尾酒吧，你在那里坐下，重新被动地旋转，透过玻璃窗你所观察到的城市本身的景观现在已变成了玻璃窗里的形象。

现在让我们返回大堂的中心空间以尽快结束这一讨论（顺便看到的是，宾馆的客房处于边缘：客房区的走廊天花板很低，光线很暗，确实使人感到很压抑，而正如人们所了解的，客房——尽管经常重新装修——是最少情趣的）。乘电梯下降很富有戏剧性，垂直下落，穿过屋顶，落入湖中。当你落到那里时会发生什么事又另当别论，我只能用晕头转向来形容，这就像空间对那些试图走出去的人们所采取的报复手段。由于周围是完全对称的四座塔楼，想要在大堂找到方向几乎是不可能的。近来增加了一些带有色彩的符号和表示方向的标志，企图恢复以往的空间坐标，这是一种可怜的，或确切地说绝望的努力。在各个楼厅里经营的店主们的窘境已是远近闻名了的，我认为这正是空间变化所带来的最富戏剧性的实际结果：显然，自 1977 年宾馆开张以来，没有人能够找到这些店中的任何一家，即使你发现了一家合适的时装小商店，你也很可能没有机会逛第二次了。结果，这些商店的承租人都陷入绝望之中，所有的商品都被降价处理。当你想起波特曼既是一个商人，又是一个建筑师，一个富有的开发商，并集艺术家和资本家于一身时，你就不得不感到这里含有"被压抑者的回归"的意味。

最后，回到我的主要论点，空间——后现代的超空间——的这种最新变化最终成功地超越了人类个体确定自身位置的能力，人们不可能从感知上组织周围的环境并通过认知测绘在可绘制的外部世界找到自己的位置。我已经指出，在身体与它所建构的环境之间令人吃惊的分离——它相对于老的现代主义最初的困惑，就像宇宙飞船相对于汽车的速度一样——本身可作为更为突出的窘境的象征和类比，即我们的头脑，至少在当今，没有能力测绘出整个全球的、多国的和非中心的交流网络系统，而作为个体，我们又发现我们自身陷在这个网络之中。

新机器

但是，我要强调的是，波特曼的空间不能被视为例外，也不能被视为与迪斯尼乐园相似的边缘性的专用于休闲的东西，我想顺便将这个自鸣得意的、娱乐性的（尽管也是令人困惑的）休闲空间与一个完全不同的地区的相似物并置，那就是后现代战争的空间，特别是迈克尔·赫尔（Michael Herr）在那本名叫《快件》的伟大作品中所描写的越战经历。这部作品语言上的超常创新被认为是后现代的，它采用了折中的方式，它的语言融合了当代各种集体的习语，最突出的是摇滚语言和黑人语言，从而具有非个人化的特征，但是这种融合又受到作品内容的支配。这个初次的可怕的后现代战争不能用任何传统的战争小说或电影的范例来讲述——的确，以往所有叙述范例的解体，包括所共享的语言（老兵在表达这种经历时所采用的语言）的解体，是这本书的主题之一，这也许可以说开辟了一个全新的反思天地。本雅明（Benjamin）从超越所有身体感觉的旧习惯的一种城市技术新体验的角度阐述了波德莱尔（Baudelaire）和现代主义的出现，不过，从技术异化的这一新的根本上难以想象的量的飞跃来看，它在这里既直接相关，又完全过时了：

> 他曾是一个活动靶幸存者的订户，一个真正的战争之子，因为除很少几次你被某事缠住或无法动弹外，一旦开动起来的系统就会促使你不停地行动，如果那就是你认为你想要的的话。自然地考虑到你开始时就身在其中，并且希望看到战争结束，那么，作为延续生命的技巧，它就似乎像任何事情一样具有重要的意义。战争起初还合理，并且顺利，但在进行过程中却形成一个锥体，因为你行动的越多，看到的就越多，你看到的越多，所冒的死亡和残废的危险就越多，你所经历的这种事情越多，就会越来越强烈地抛开某一天当“幸存者”的念头。我们中的一些人像疯子般地围着战争运动，直到有一天我们看不见我们到底跑向何方，到处都是战火，偶尔有一点意想不到的突破。只要我们还拥有像出租车一样多的直升机，我们就会被折腾得筋疲力尽，消沉得发疯，非得抽上几袋鸦片才能使我们得到表面上的安静。但我们的内心深处仍在不停地奔跑，仿佛有什么东西正在背后追逐我们。哈，哈，看哪！在我返回后的几个月里，我曾驾驶

> 过的数百架直升机开始汇集在一起，形成一个集合的超级直升机。在我的脑海里，它就是最性感的活动的东西。拯救者—毁灭者、供给者—浪费者、左手—右手、灵巧、流畅、狡猾和人性；热铁、硝酸甘油、充满丛林气味的帆布吊带，一会儿冷一会儿热，一只耳朵里听到的是录音机里的摇滚乐，另一只耳朵则灌入门口的枪声，燃料、热浪、生命与死亡，死亡本身，几乎算不上入侵者。[2]

这个新机器，不像火车头或飞机这类老的现代主义机器那样表现运动，而是只能在**运动中**得到表现，新的后现代主义空间的某种神秘的东西就被浓缩在其中。

消费社会的美学

现在，我必须试图加以总结，指出这类文化产品和这个国家今天的社会生活之间关系的特征。这也是对我在这里勾勒的后现代主义概念提出异议的时机，即我所列举的所有特征都不是新鲜玩意儿，而是充分地描述了现代主义本身或我所称的高级现代主义。托马斯·曼对于拼贴的观点难道没有兴趣吗？《尤利西斯》中的“太阳神的牛”一节不是拼贴的最明显的体现吗？在对后现代主义的时间性的说明中，能不提到福楼拜（Flaubert）、马拉美（Mallarmé）和格特鲁德·斯泰因（Gertrude Stein）吗？所有这些东西难道都是新的吗？我们是否真的需要一个后现代主义的概念呢？

对这类问题的回答将引起关于历史分期和历史学家（文学家或其他人）怎样在两个不同时期之间作出截然划分的整个问题。我必须对我的回答作出限定，即两个时期之间的截然断裂一般并不关系到内容的完全改变，而只是某些既有因素的重构：在较早的时期或体系里作为从属的一些特征现在成为主导因素，而曾经是主导的特征则变成次要因素。在这个意义上，我们在这里描述的所有东西都能够在较早的时期中看到，并且最显著的是在现代主义中看到。我的观点是，直到今天，这些东西还是现代艺术中次要的或微不足道的特征，是边缘的而不是中心的，当它们成为文化产品的中心特征时，我们便有了一些新的东西。

不过，我可以通过从总体上转向文化产品和社会生活之间的关系将这个问题论证得更加具体。老的或者经典的现代主义是一种反抗的艺术，它出现于商业社会的浮华时期，作为对中产阶级人士的揭露和攻击——丑陋、不协调的刺耳之音、放荡不羁，以及性丑闻。用开玩笑的方式做一些事情（只要警察没有把书收掉或者把展览关闭）：攻击雅致的品位和常识，或者，如弗洛伊德（Freud）和马尔库塞（Marcuse）所说的那样，是对20世纪初期中产阶级社会占支配地位的现实与行为准则的挑衅。总体说来，现代主义与维多利亚时期的繁文缛节、道德禁忌或上流社会的习俗格格不入。这就是说，不论伟大的高级现代主义的公开的政治内容是什么，它总是以最隐蔽的方式，在既有秩序中起危险的、爆炸性的颠覆作用。

倘若我们再回到现在，我们便可以衡量出已经发生的巨大的文化变迁。乔伊斯和毕加索不仅不再怪异和令人厌恶，甚至已成为经典，而且现在在我们看来他们是相当现实的。同时，在当代艺术的形式或内容中，都鲜有为当代社会所不能容忍和反感的东西。这种艺术最具挑衅性的形式——例如朋克摇滚或色情内容——都被社会从容应付过去了，并且与以往的高级现代主义的产品不一样，它们在商业上是成功的。而这就意味着，即使当代艺术具备像以往现代主义那样的相同的形式特征，它也在我们的文化中从根本上改变了它的地位。一则商品生产特别是我们的服装、家具、建筑物和其他手工制品，现在都与来自艺术实验的风格的变化紧密相关，例如，在现代主义中孕育的广告就采用了各种艺术手段，没有了它们广告便不可理解。二则高级现代主义的经典现在已成为所谓的经典书目的组成部分，在学校和大学里讲授——这同时掏空了它们以往的那种颠覆力量。实际上，标志时期断裂和确定后现代主义出现的时间的方法之一正好可以在那里找到：在那一时期（有人会认为是20世纪60年代初），高级现代主义的立场及其占支配地位的美学成为学术机构中的建制，从而使整个新一代的诗人、画家和音乐家感到那是学术。

不过，也可以从另一个方面，根据当代社会生活的时期来看待和描述这个断裂。正如我所提出的，马克思主义者和非马克思主义者都有同样的感觉，即在第二次世界大战后的某个时期，一种新型的社会开始出现（被冠以后工业社会、跨国资本主义、消费社会、媒体社会等种种名称）。新的消费类型，有计划的商品废弃，时尚和风格的急速变化，广告、电视和媒体以迄今为止无与伦比的程度对社会的全面渗透，城市与乡村、中央与地方的旧有的紧张关系被市郊和普遍的标准化所取代，超级公路庞大网络的发展和驾驶文化的来临——这些特征似乎都可以标志一种与战前社会的根本断裂，而在战前，高级现代主义还是一种地下的力量。

我相信，后现代主义的出现与这个晚期的、消费的或跨国的资本主义的新时期息息相关。我也相信，它的形式特征在许多方面都表现出这种社会体系的更深层的逻辑。然而，我只能展示其中的一个重要主题，即历史感的消失。在这种状态下，我们整个当代社会体系逐渐开始丧失保存它过去历史的能力，开始生活在一个永恒的现在和永恒的变化之中，而抹去了以往社会信息曾以这种或那种方式保留的种种传统。只要想想媒体对新闻的穷追不舍就够了：尼克松是怎样成为一个离现在已经很遥远的人物的，肯尼迪更是如此。有人企图说，新闻媒体的真正作用就是把这新近的历史经验尽可能快地放逐到过去。于是，媒体的资讯功能将是帮助我们遗忘，并为我们的历史遗忘症充当代理人和机构。

但是，这样一来，我在这里阐述的后现代主义的两个特征——现实转化为影像，时间断裂为一系列永恒的现在——便都和这个过程惊人地吻合。在这里，我的结论必须以一个问题的形式表达出来，即这种新艺术的批判价值。对于以往现代主义在对抗社会中所起的作用，已有一些共同的看法，这些作用被描述成批判、否定、质疑、颠覆、反抗等等。后现代主义及其社会阶段是否也有某种东西可以确立？我们已经看到了后现代主义复制或再造——强化——消费资本主义逻辑的方式，而更为有意义的问题是：它是否也有某种反抗那个逻辑的方式？不过，这是一个有待继续探讨的问题。

【注释】

[1] Wayne C. Booth，*The Rhetoric of Irony*，Chicago，1975.

[2] Michael Herr，*Dispatches*，New York，1977，8-9.

（胡亚敏　译）

后现代的诸种理论

后现代主义的问题——它的基本特征如何描述，它是否早先就存在，这个**概念**是否真的有用，或相反，只是一个骗人的把戏——这些问题实际上是同一个问题，同时也是一个美学和政治问题。无论人们采用何种术语，他们所必然持有的各种立场都总是能够被清楚地表现为一种历史的视野。在这种视野中，对我们今天所处的社会阶段的评价实质上是一种政治上的肯定或否定的问题。当然，使争论成为可能的前提依赖于对我们这个社会体制的最初的、战略上的预先设定：赋予后现代主义文化以某种历史的原创性，而这样一来，就暗含着承认在我们有时所称的消费社会与孕育它的资本主义的早期阶段之间存在着某种根本的结构差异。

然而，各种逻辑的可能性都必须与所采用的标明后现代主义自身的另一问题的立场联系起来，即如何评价现在所说的高级或古典现代主义。的确，当我们最初列出各种似乎具有后现代特征的文化制品的初级清单时，我们感到一种强烈的诱惑，极力想寻求这些异质的风格和产品的“家族相似”，但这种相似不在它们自身，而在它们以这种或那种方式反对的高级现代主义的冲动和审美中。

然而，起初将后现代主义作为一种风格来讨论的建筑上的争论，在一些似乎只关涉美学的问题上显示出政治上的回响，并使那些在其他艺术中有时更隐蔽或被遮蔽的东西得以发现。总的来说，从近来各种关于后现代主义的观点中可以梳理出四种基本的立场，然而，即使这一相当简洁的组合也会被人们这样的印象弄得复杂化：这些立场中的每一种可能都易于受到政治上的进步或反动力量的表达的影响（这是就马克思主义者或更一般的左派观点而言的）。

例如，我们可以从一个实质上是反现代主义的立场来迎接后现代主义的到来。[1]当一些早期的理论家（最著名的要算伊哈布·哈桑［Ihab Hassan］）用一些具有后结构主义性质的主题（《泰凯尔》对表现的意识形态的抨击，海德格尔和德里达［Derrida］的“西方形而上学的终结”）来研究后现代主义美学时，似乎已经做了一些事情。在那里，那些还没有被称作后现代主义的东西（参见福柯《词与物》的结尾中关于乌托邦的预言）是被作为一种正在出现的关于世界的新的思维方式和存在方式来迎接的。但是哈桑的赞美也包括了高级现代主义的一些非常极端的经典（如乔伊斯、马拉美），如果它不是用于对标志着“后工业社会”的兴起和政治论题之间的亲和力的新的高科技信息的赞美的话，这将是一个相对更含混的姿态。

所有这些在汤姆·沃尔夫（Tom Wolfe）的《从鲍豪斯到我们的房子》中很大程度上都是清楚的，这是由一位属于新新闻主义的作者在最近的建筑论争中写的一本不起眼的书，而新新闻主义也是后现代主义的一种。不过，这本书令人感兴趣的和有代表性的东西是后现代中乌托邦赞美的缺席，更引人注目的是，它借助其他强制性阵营的修辞性嘲讽以体现对现代的强烈憎恨；这并不是新东西，而是一种过时的陈旧的情感。这仿佛就是在现代主义出现之时最早的中产阶级所表现出的最初的恐惧——第一个柯布西耶设计的教堂，像12世纪新建的大教堂一样白；又如最初的毕加索的画，像比目鱼一样两只眼睛长在人脸的同一侧，以致有些人反感之极；还有《尤利西斯》和《荒原》的第一版，晦涩得令人晕倒——对最初的无教养的人、市民、资产阶级，或者《大街》中的巴比特（Babbitry）[①] 的厌恶突然又回来了，只不过是注入了完全不同的意识形态精神的更加新型的现代主义批评而已。总体来说，这种精神重新唤起了读者对原始政治、乌托邦和一种现已过时的高级现代主义的反中产阶级的冲动的那种古老的共鸣。于是沃尔夫的讥讽提供了一个教科书式的例子，其中对现代的理性的和当代理论的否定——其中的许多进步力量是从一种新的城市意义和以正统的高级现代主义者的名义解构公社和城市生活的旧有形式的现时的大量经验中产生的——被方便地暂时借用并且服务于明显的反动文化政治。

于是，这些立场——反现代、前后现代——在一组反陈述的人群中找到了它们的对立面和结构上的颠倒，那些人的目标是通过重申仍被认为具有活力的高级现代主义传统的可靠的冲动来质疑后现代的低劣和不可靠性。希尔顿·克雷默（Hilton Kramer）在《新标准》杂志的创刊号上发表了两篇类似的宣言，通过将古典现代主义的"杰作"和经典的道德责任感与后现代主义所主要表现的不可靠和浅薄相对照，与之相关还将沃尔夫文体的忸怩和滑稽作为一个极好的例子，从而强有力地表述了这些观点。

颇有悖论意味的是，在政治上沃尔夫与克雷默有很多共同点，同时也似乎有一些不一致的地方。克雷默努力根除现代经典的"高度的严肃性"中的反中产阶级的基本姿态和原始政治激情，这种原始的政治激情形成了对维多利亚时期的禁忌和家庭生活、对商品化、对日益令人窒息的去神圣化的资本主义的否定。它们是通过一些伟大的现代主义者，从易卜生（Ibsen）到劳伦

---

① 辛克莱·刘易斯（Sinclair Lewis）同名小说的主人公，指标准的美国商人。——译者注

斯，从梵·高（Van Gogh）到杰克逊·波洛克（Jackson Pollock）等表现出来的。克雷默的独创的试图把这些伟大的现代主义者的公开的反资产阶级的姿态吸收到暗中滋长的“忠诚的反对派”之中的努力，通过基础和保证，通过资产阶级本身，尽管显然不可信，借助现代主义的文化政治的矛盾成为可能。而现代主义的否定又依赖于它们对所否定的东西的坚持，和它们所持有的——当它们不打算（如在布莱希特［Brecht］的作品里，但这非常少见）获得一些真正的政治上的自我意识时——一种与资本的共生关系。

不过，当《新标准》的政治规划被阐明后，这里要理解克雷默的行为就不是一件难事了。因为杂志的任务很明确，即在清除20世纪60年代的同时保留它的遗产，把那一整个时期置于被忘却的状态，犹如50年代忘却30年代，或20年代忘却第一次世界大战前的丰富的政治文化。因此，《新标准》努力突出自己，在今天的每一个方面展开活动并发挥作用，建构一些新的保守的反革命文化。它们的术语涵盖从美学到家庭和宗教的最后防线。由此自相矛盾的是，这一政治目的的实质很清楚：它哀叹当代文化中政治的无处不在——这一状况在20世纪60年代到处蔓延，而克雷默认为必须对我们自己时代中后现代主义的道德的沦丧负起责任。

运作的问题——从保守派的观点看是一个必不可少的问题——无论出于什么理由，其纸币的发行似乎未得到由黄金代表的国家权力的支持，就像在麦卡锡时代或帕尔默搜捕时期一样。至少现在看来，越战的失败似乎给了我们一种武力压制是行不通的直接的教训[2]，并赋予20世纪60年代一种持续的集体记忆和经历，而这种记忆和经历是20世纪30年代或第一次世界大战以前的传统中所没有的。因此，克雷默的“文化革命”最常见的是陷入一种对20世纪50年代和艾森豪威尔时期的无力的伤感的怀旧之中。

从已经论及的一批早期的关于现代主义和后现代主义的立场来看，毫不奇怪的是，对当代文化景观的第二次评价中明显存在着保守主义的意识形态，前者仍可被用于这一主题更为进步的内容。我们把这一戏剧性转变归功于尤尔根·哈贝马斯（Jürgen Habermas）[3]，他重新表述了他所坚持的对现代的最大价值的肯定和对后现代主义的理论和实践的否定。然而，在哈贝马斯看来，后现代主义的缺陷主要集中在政治上的反动作用，由于试图从各个方面质疑现代主义的冲动，哈贝马斯赞同资产阶级启蒙运动和它所具有的普遍主义和乌托邦精神。用阿多诺（Adorno）的话说，哈贝马斯寻求的是挽救和缅怀伟大的高级现代主义所具有的本质上的否定、批判和乌托邦的力量。另一方面，哈贝马斯也试图将这些特征与18世纪启蒙运动的精神联系起来，而这显然标志着与阿多诺和霍克海默（Horkheimer）的忧郁的《启蒙的辩证法》的决裂，因为在他们的书中，哲学的科学成分被戏剧化为一种误入歧途的权力意志以支配自然，他们的去神圣化项目的第一步就是揭露这种十足的工具主义世界观的发展将直接导致奥斯威辛。这一明显的分歧可以由哈贝马斯的历史观来说明，哈贝马斯追求的是坚持"自由主义"、真正的乌托邦的内涵和普遍主义的资产阶级意识形态（平等、公民权、人道主义、言论自由和新闻公开），虽然这些理想未能在资本主义的发展中实现。

然而，至于美学问题上的论争，单是证明现代经验的消失还不足以回应哈贝马斯的现代的复兴。我们需要考虑哈贝马斯思考和写作的国家的环境，这一环境与我们的有很大差异。例如，麦卡锡主义和压制是今天联邦德国的现实，对左派知识分子的威胁和左派文化的沉默（主要与联邦德国的右翼"恐怖主义"有关）

从整体上讲远甚于西方其他国家。[4]新麦卡锡主义和庸俗市侩文化的胜利暗示了这样一种可能性，在这样一个特殊的国家环境中，哈贝马斯也许是对的，原有的高级现代主义的形式也许还保留着某些在别的地方已经失去了的颠覆性的力量。如果是这样的话，那么，后现代主义所寻求的削弱和暗中破坏这种力量的做法在局部也值得受到他的意识形态的考察，尽管这种评价不具有普遍性。

前面的两种立场——反现代/前后现代和前现代/反后现代——都接受了这个新的术语，而这样一来，无论人们怎样评价，实际上都等于认可了现代和后现代运动之间在基本性质上有一个明显的断裂。然而，还有两种最终的逻辑上的可能性，它们都依赖于对这样一个历史断裂的任何概念的否定，因此它们或明或暗地对后现代主义范畴的用处产生怀疑。至于与之相关的著作，则都被吸收到古典现代主义之中，结果"后现代"几乎与我们时代的那种权威的现代所采用的形式并无二致，只不过是原有的现代主义者革新冲动的辩证的强化。（这里我还必须省去另外一系列的论争，主要是学院派的。在那些论争中，所重申的现代主义的连续性本身受到更广泛意义上的浪漫主义的深远的连续性的质疑，从18世纪后期开始，现代和后现代都被视为仅仅是浪漫主义的有机阶段。）

这样一来，关于这个论题的两种最终立场被逻辑地证明为分别是对后现代主义被同化于高级现代主义传统的肯定或否定的评价。让-弗朗索瓦·利奥塔（Jean-François Lyotard）[5]提出了一个十分重要的观点，他认为这些新的、刚出现的、具有广泛的后现代特征的当代或后当代的文化产品可以被理解为那种阿多诺所心仪的重新肯定的权威的高级现代主义的重要组成部分。这种巧妙的扭转或转向在他的提议中含有这样的命题：一些被称为后现代主义的东西并不完全**追随**高级现代主义，成为它的废品，而恰恰是它的**前奏**和准备，以至于我们所看到的当代的后现代主义可以被看成是既具有传统的力量又被赋予新鲜生机的新的高级现代主义的回返、再创造和重现的辉煌。这是一个带有前瞻性的姿态，它的分析是对现代主义和后现代主义的反表现性的一击。然而，利奥塔的美学立场却不能用美学术语作恰当的评价，因为形成这些观点的条件是超越古典资本主义的一种新的社会制度（我们的老朋友"后工业社会"）的社会和政治概念：在这个意义上，再生的现代主义的视野是与新的社会本身所充分涌现出来的可能性和期待的某种前瞻性信念分不开的。

这一立场的否定性转换清楚地包含着对某种类型的现代主义的意识形态上的否定。这种类型涉及的范围很广，从卢卡奇（Lukács）较早作出的对现代主义的形式的分析——他将现代主义当作资本主义社会生活的复制和具体化——一直到当今对高级现代主义的更明确的批评。不过，这种最终立场与以上所勾勒的反现代主义的区别在于，它不是断言某种新的后现代主义文化的可靠性，而是仅将其视为屡遭攻击的高级现代主义冲动的退化。这一特殊的立场，也许是所有理论中最黯淡、最不容调和的否定，我们能够在威尼斯建筑历史学家曼弗雷多·塔夫里（Manfredo Tafuri）的作品中强烈地感受到。他那广博的分析[6]构成了对我们在高级现代主义中称为"原始政治"的冲动的一个强有力的控诉（即用"乌托邦式"的文化政治取代政治本身，并努力通过变革世界的形式、空间或语言来变革世界）。然而，塔夫里对各种现代主义的否定、去神秘化和"批判"的剖析仍十分严厉，他认为现代主义的作用就是一种黑格尔式的"历史诡计"，通过现代运动中的思想家和艺术家的拆解工作使资本自身的工具化和非神秘化的倾向得以实现。因此，他们的"反资本主义"在结束的同时，也为晚期资本主义的“整个”官僚机构和控制打下了基础。塔夫里从逻辑上推断出在社会关系的激进变革之前，任何激进的文化变革都是不可能的。

在我看来，前两种立场所体现的政治上的矛盾心理看来仍继续存在，且正体现在这两位非常复杂的思想家的立场中。与前面提到的一些理论家不同，塔夫里和利奥塔都有明确的政治倾向，公开承认过去革命传统的价值。例如，利奥塔对美学革新的至高价值的捍卫显然可以理解为一种革命的姿态，而塔夫里的整个概念框架基本上与古典的马克思主义传统相一致。但是，他们两位也在某些特殊的情况下含蓄地，更多是公开地可用一种后马克思主义的术语来改写，而这种后马克思主义最终则很难与反马克思主义区分开来。例如，利奥塔就经常力求将他的“革命”美学与过去政治革命的理想区分开来，他认为后者要么是斯大林主义的，要么是过时的，与新的后工业社会的状况不相容。塔夫里的总体社会革命的启示录式的观点暗含了一个资本主义“总体制度”的概念，在这个去政治化和反动的时期，他的思想最终注定是令人消沉的，它往往引导马克思主义者放弃所有的政治（我想起霍克海默和梅洛－庞蒂［Merleau-Ponty］，以及 20 世纪 30—40 年代的托洛茨基分子和 60—70 年代的毛主义者）。

我们将上述的立场观点加以梳理和归纳，现列表如下，加号和减号分别代表政治上的进步作用和反动作用：

	反现代主义者	前现代主义者
前后现代主义	沃尔夫 — 詹克斯（Jencks） ＋	利奥塔 ＋ —
反后现代主义	塔夫里 ＋ —	克雷默 — 哈贝马斯 ＋

经过这一演示，我们兜了一圈现在又回到了上述第一种立场的更积极的潜在的政治内容上，特别是回到了后现代主义中某种**平民主义**的冲动问题上，这个问题是查尔斯·詹克斯（也包括文图里和其他人）曾强调的价值——同时也允许我们对塔夫里的马克思主义中的绝对悲观主义作更充分的讨论。然而，首先必须注意的是，我们发现经常被告知为美学论争的大多数的政治立场，实际上都是后现代主义现象中那种试图形成最终判断的道德化问题，无论这种现象被视为堕落，或相反，作为一种文化的、美学的、富有创造性的健康和积极的形式而受到欢迎。但是，对于这一现象的真正的历史和辩证的分析——特别是当它作为我们自身存在和奋斗于其中的现时的和历史的问题时——将不能提供对这类绝对的道德化判断的廉价的享乐。从某种易于多方面理解的意义上讲，辩证法是"超越好与坏"的，它出自冰冷的、非人的历史视野（某些东西已经干扰了当时的黑格尔的原始体系）。关键是我们处于后现代主义**之内**，不可能轻易地对它否定，就像不可能轻易地赞扬它一样，因为对它赞扬无异于自满和堕落。我们不妨想想，今天对后现代主义中的意识形态的评价，必然暗含着对我们自身的评价，以及对前面提到的艺术制品的评价。而一个完整的历史时期，例如我们所处的时代，是不可能通过全球性的道德评价或其低劣的等价物、流行的心理诊断等方式理解的。根据经典马克思主义的观点，未来的种子已经植根于现在之中且必须从概念上与现在划清，包括通过分析或通过政治上的实践（马克思曾用了一个著名的短语"理想未竟"来谈论巴黎公社的工人们，他们仅仅在寻求新的社会关系的新兴形式与旧有的资本主义社会关系的决裂，而实际上在后者中前者已经开始躁动）。取代将后现代主义的自鸣得意作为式微的最后征兆加以指责，或将这种新形式作为新的工业技术和专家政治的乌托邦的预兆加以欢呼的倾向，似乎更恰当的是，将这种新的文化产品置于与晚期资本主义作为一个系统的社会重建相联系的文化的全面更新之中加以评价。[7]

可是，至于当前出现的东西，詹克斯断言，通过平民主义的优先权[8]，后现代主义建筑有别于现代主义的建筑，这可作为讨论某些更全面的问题的起点。在这个特定的建筑语境中，真正有意义的是，科布西耶或怀特那种现在更具经典风格的高级现代主义空间，试图把它自身与它所处的堕落的城市结构彻底区分开来——它的形式依赖于彻底与其空间语境分离的行为（巨大的柱子与地面的戏剧性分离并保卫着新空间的“新”）——后现代主义的建筑恰恰相反，它们热衷于嵌入一些异质性的结构，如商业条幅、美国城市后高速公路的汽车旅馆和快餐景观等。与此同时，暗示性和形式上的呼应（“历史主义”）的运作又加强了这些新的建筑群与周围的商业符号和空间的联系，由此拒绝高级现代主义所主张的标新立异。

这种新的建筑所具有的无可置疑的重要特征是否可被描述为**平民主义**还是一个可继续讨论的问题。似乎重要的是，将一种新的商业文化的新兴形式——初始于广告，逐步扩展到各种类别的形式**包装**，从产品到建筑，包括诸如电视节目（“标志”）、畅销书和电影这些艺术化的商品——从以往农民和都市手艺人阶层尚存在时流行的那些老民歌和“通俗”文化中区分出来，后者从19世纪中叶开始就逐渐被商品化和市场机制殖民和灭绝。

至少，我们必须承认这一特征的普遍存在，它在其他艺术中更清楚地体现为对高雅文化和所谓的大众文化原有区别的消弭，而现代主义正是依赖这种区别来寻求它的独特性和它的乌托邦功能的。这种区别至少部分地构成了对中下层商业文化氛围的抵制和对权威经验领域的维护。的确，有一点可以论证，高级现代主义的出现是与公认的大众文化的首次扩展同时发生的（左拉[Zola] 可被视为最后一个使艺术小说和畅销书在同一个文本中并存的标志）。

这种基本的区别现在似乎要消失了：我们已经提到过这种情况。在音乐方面，勋伯格（Schönberg）之后甚或凯奇（Cage）之后，“古典”和“通俗”这两种对立的传统再度开始融和。在视觉艺术方面，照片以其特有的效果作为一种有意义的媒介同时也作为流行艺术或照相现实主义的“平面物体”而被重新采用，也是这一过程的突出表征。无论如何，新的艺术家不再像福楼拜开始的那样，“引用”大众或通俗文化中的一些素材、断篇和主题，而是以某种方式将它们结合到新的层面，在那里，我们的许多传统的批评和评价范畴（建立在现代主义和大众文化的根本差异基础上）似乎不再起作用。

但是，如果情况是这样的话，那么，各种后现代主义辩解和声明中的那种“平民主义”的面具和姿态有可能在实际上只不过是一个（无疑是重大的）文化变化的反映和征兆，其中，一些向来被蔑视的大众和商业文化现在被吸收为新的扩展的文化领域的一部分。无论如何，当这些术语的最初参照（即通常被称为“人民”的工人、农民和小资产阶级的阶级联盟的大众战线）已经消失时，我们将期待源自政治意识形态的类型学的术语经历一次基本语义的再调整。

然而，这终归不是一个新故事：我们记得弗洛伊德在发现某个隐蔽的部落文化时的喜悦，在释梦的众多传统中唯有这种文化可用来解释所有的梦都有隐含的性欲含义——除了性欲外，梦还意味着别的东西！这种情况也出现在后现代主义的论争中，和与之相应的去政治化的官僚社会里，其中所有表面上的文化立场都只不过是政治说教的象征形式，除了偶尔公开的政治注解外，现在都被指责为非文化或反文化的。

【注释】

[1] 下面的分析在我看来并不适用于《疆界 2》这个群体的著作，他们早期是在批评已确立的“现代主义”思想这一相当不同的意义上采用后现代主义这个术语的。

[2] 写于 1982 年春天。

[3] See “Modernity-An Incomplete Project,” in *The Anti-Aesthetic*, Hal Foster, ed., Port Townsend, 1983, 3－15.

[4] 这种与德国现实相关联的特殊政治似乎构成了对这一状况的反作用而不是被排除在外。

[5] See J. F. Lyotard, “Answering the Question, What Is Postmodernism?,” in *The Post Modern Condition*, Minneapolis, 1984, 71－82；该书主要集中讨论了科学和认识论而不是文化。

[6] See Manfredo Tafuri, *Architecture and Utopia* (Cambridge, Mass., 1976) and Francesco Dal Co, *Modern Architecture*, New York, 1979, and my “Architecture and the Critique of Ideology,” in *The Ideologies of Theory*, vol. Ⅱ, Minneapolis, 1988.

[7] 参见我所著的 *Postmodernism* 或 *The Cultural Logic of Late Capitalism*, London, 1991。

[8] 例如，参见 Charles Jencks, *Late-Modern Architecture*, New York, 1980；不过这里詹克斯将这一术语的用法从命名文化主因或时代风格转向命名其中的一种美学运动。

（胡亚敏　译）

马克思主义与后现代主义

马克思主义与后现代主义：人们往往感到这是一种罕见的或悖论的结合，是缺乏稳固基础的，以致他们中有些人认为，当我“成为”后现代主义者时，就必须不再做任何意义上（或用其他一些传统字眼）的马克思主义者了。[1] 由于这两个术语（在十足的后现代主义的意义上）承载着整个大众怀旧想象的重荷，“马克思主义”已被理解为列宁和苏维埃革命时期泛黄的老照片，而“后现代主义”产生的则是最豪华的大酒店的想象。于是，这种蓦地产生的无意识，迅速构成了这样一幅图景：一个正在艰难经营的小餐馆，里面充满一种怀旧的氛围，墙上挂着老照片，一位苏维埃的服务员懒懒地端上一盘糟糕的俄罗斯饭菜——而这个小餐馆却处在闪烁着霓虹灯的繁华的建筑群中。如果我也陷入这样一种个人的理解的话，我过去所研究的课题就显得十分奇怪和滑稽了：几年前我曾出版了一本结构主义的书，有人据此称我为结构主义的“最重要”的发言人，而另外一些人则要求我作为一个“杰出”的批评家和这一运动的反对者。而事实上我既不是前者也不是后者。不过，我不得不说，我必须在一些相当复杂和不寻常的情况下“两者都不是”，这一点有些人似乎难以理解。就后现代而论，尽管我在论及这个问题的重要论文中竭力解释从理智上或政治上简单地赞美后现代主义或“不承认”（这个词我后面还要论及）后现代主义都是不可能的，但先锋艺术批评家仍很快认定我是一个庸俗的马克思主义的御用文人；而另一些更纯真的同志则依据一些著名前辈的例子，认为我最终偏离了马克思主义的轨道而成为一个后现代马克思主义者（也就是说，是一个背叛者和变节者）。

因此，我特别感谢道格·凯尔纳（Doug Kellner）在“导言”里所作的有洞见的表达，说明这一新的课题与我早期的著作并不相悖，而是一种逻辑的发展。我本人要再次说明的是关于“生产方式”的概念，我对后现代主义的分析正是对这一理论的又一贡献。可是首先需要注意的是，我的所有这些看法——这些显然归功于（这一点我过去说得不够充分）鲍德里亚（Baudrillard），以及给他启发的一些理论家（马尔库塞、麦克卢汉［McLuhan］、亨利·列斐伏尔［Henri Lefebvre］，以及一些情境决定行为论者、萨林斯［Sahlins］等）——呈现的是一种相当复杂的结合。这不仅仅是将我从教条主义的沉睡中唤醒的新的艺术产品（尤其是在建筑领域）的体验：我在后面运用时还要继续强调，“后现代主义”这个概念不是专门的美学或风格上的术语。这种结合也提供了一种机遇，以解决长期存在的与马克思主义传统中的传统经济模式**不相适应**的问题。我们中的一些成员所感到的不适应并不是社会阶级的问题，而是媒介的问题。阶级的“消失”只有那些“自由漂浮的知识分子”才可能考虑，而媒介的冲击波对西欧的影响使一些观察者与 20 世纪 60 年代似乎逐渐处于中立的北美社会保持一种批判的和感性的距离。

资本主义的第三阶段

列宁对帝国主义的论述并不完全等同于列宁和宣传机器，用不同方式理解他的理论已逐渐成为可能。列宁提出了所谓垄断资本主义阶段或古典资本主义时期，这种关于资本主义阶段的新的分期在马克思那里并未明确地预见。这将会使你相信，或是这种新的变化已被一劳永逸地命名和阐述，或是人们可以在一定的情况下创造另一种名称。但是，马克思主义者中有很多人不愿意采取第二种方式来得出不同的结论，因为在此期间，新的媒体的和信息的社会现象已经被右翼（在我们缺席的情况下）殖民化了，在一系列有影响的研究中，最初冷战时期“意识形态的终结”的观点最终产生了后来盛行的“后工业社会”的概念。欧内斯特·曼德尔的《晚期资本主义》一书向这些思潮发起了挑战，他运用一种灵活的马克思主义的观点，第一次将资本主义的第三阶段理论化。[2]这一划分也使得我关于“后现代主义”的思想成为可能，由此，后现代主义可被理解为对第三阶段文化生产的特殊逻辑的理论化的尝试，而不是另一种脱离现实的对这一时期精神的文化批评或诊断。

引人注目的是我对后现代主义的研究采用的是总体化的方式。今天令人感兴趣的问题不是我为什么采用这一视角，而是为什么这一视角激起了这么多人的反感（或者学会了对它产生反感）。在以前，抽象化无疑是一种策略方式，在抽象化的过程中，现象，特别是历史现象，能够被疏离和陌生化。当一个人囿于眼前的事物——年复一年地经历着文化、资讯、一系列的事件和突发事变——这其间的空隙被抽象概念所掩盖，人们发现，在那些貌似自主和不相干的领域之间有着隐秘的联系，通常认为只是孤立的和依次发生的事件原来却是事物的有规律的变化，有着某种内在的关联，它们具有一种全球性的特征，这种全球性正是它们的独特资源。特别是由于刚刚过去的历史我们很难把握，于是，重建历史，提出全球性的特征和假设，将眼前的“繁芜、嘈杂的混乱”提炼成抽象的概念，这是对此时此地的一种激进的干预，同时也是对盲目性的有效抵制。

但是，如果仅仅是从正在运作的“总体战”的其他目的中分离出来，则我们必须正视表现的问题。如果历史的抽象——生产方式的概念、资本主义的概念乃至后现代主义的概念——是一些不能直接经验的东西，那么，就有理由怀疑概念与事物本身潜在的混淆，怀疑这种用抽象来“表现”现实的可能性，以及这种抽象本质如社会或阶级真实存在的可能性。不过，通常对其他人的错误的担心主要意味着对其他知识分子的错误的担心。从长远的观点看，可能没有任何方式确保再现就是再现，因为这种视觉幻象永远事先存在，同样，也没有任何方式确保唯物主义思想抵制唯心主义的回复，或者防止用形而上学的方式解读解构主义的阐释。知识分子的生活和文化手段的永远革命是不可能的事，所需要的是为警惕我们传统中所说的概念的具体化而进行的不断革命。后现代主义这个概念的非同寻常的命运无疑就是这种情况，它引起了我们中一些人的种种担心：但是这里所需要的不是划清界限和忏悔罪行（如斯大林的一个著名的提法：“不要被胜利冲昏了头脑”），而是重新运用历史分析的方法，对概念的政治和意识形态的功能性不断地加以检验和判断。在今天，这种方法将部分地在我们想象性地解决现实的矛盾中发挥意想不到的作用。

可是，目前在后现代主义名义下的周期化或总体化的抽象又重现了一个更深的悖论，在企图统一某个领域及假定这一进程中隐藏着一致性与这个领域中的冲动的逻辑之间似乎存在着矛盾，后现代主义理论本身把这种逻辑公开地描述为差异和分化的逻辑。如果后现代的特有的历史被认为全然是他律的、随机出现的，是一些不相干的子系统，那么，在这些论争中，必然有某些东西干扰了最初将它作为一个体系来理解的努力，而这种努力至少可以说显然与后现代主义本身的精神不一致。也许这种努力确实暴露了它的某些企图，它想“控制”和“支配”后现代，减少和排除它的差异的作用，甚至强制运用一些新的概念来整合多元主体。然而，如果将动词的词性忽略不计，我们要“控制”历史，无论用什么可能的方式：不论用什么语言表达，从历史的梦魇中挣脱出来，人类作为征服者将控制那些似乎是盲目的和自然的社会经济命运的“法则”，保存马克思主义的不可替代的遗产。因此，这对于无意控制自己命运的人们来说不会有很大的吸引力。

系统与变异

但是，认为变异的统一理论有一些误导和矛盾的成分的观念也建立在对不同层次的抽象的混淆之上：本质上产生差异的系统不能设想为完全类同于它试图理论化的客体的那种系统的概念，不能像狗的概念使人联想到吠叫，糖的概念使人感觉到甜味一样。人们感到，我们自身独有的某些珍贵的、存在的东西，某些脆弱的、唯一的东西，将无可挽回地失去，我们发现我们每个人都很相似：如果真是那样的话，我们将感到太糟糕了。否定是存在主义（包括现象学）的基本形式，这类事情和这种焦虑的出现需要解释。但在我看来，对后现代主义全球化概念的否定从某种意义上讲是传统的对资本主义概念的否定的重现。从现在的角度看，这并不令人吃惊，因为后现代主义作为资本主义晚期的系统转换与资本主义自身一以贯之，具有同一性。那些否定实质上只不过是随之而来的悖论的一种或另一种形式，也就是说，虽然各种前资本主义的生产方式通过各种形式的团结或内聚力获得了再生产自身的能力，资本主义的逻辑却相反，它是一个分散的、原子论的、“个人主义”的逻辑，是反社会的而不是社会的，它的系统结构，暂且不说它的再生产本身，在关系上具有某种神秘和矛盾。我们先将（市场）这个难解的问题搁置起来，这里要说的是这一悖论正是资本主义的创造力和我们必然碰到的在定义它时词不达意的矛盾状态（由此引出了特殊的新概念——辩证法）。我们在下面还有机会回头讨论这类问题，这里仅粗略地指出，变异这个概念本身就是一个系统（尼古拉斯·卢曼［Niklas Luhmann］曾作了最详尽的阐述），也就是说，如果你愿意的话，可以将差异的作用在更抽象的层面上转化成一种新的同一性（这将被理解为一个人还必须懂得区别辩证的对立与这种随意的、分散型的差异）。

“反总体战”最终具有政治的动机，这是霍恩（Horne）在他的论文中揭示出来的一个有价值的观点。[3]追随利奥塔，霍恩明确指出对乌托邦的恐惧是《1984》以来我们所面临的老问题，最好避开乌托邦和革命政治以及总体性和某种总体的“概念”的联合，因为这将不可避免地导致恐怖行动：这个概念至少在埃德蒙·伯克（Edmund Burke）时就提出来了，但是在经历了斯大林时期无数次的重申后被柬埔寨的暴行再度激活。从意识形态的意义上讲，这种对冷战的辞藻和陈词滥调的复活，出现在 20 世纪 70 年代法国的非马克思主义运动中，并被视为斯大林的清洗运动和希特勒灭绝人性的集中营的异乎寻常的证明（可参见阿诺·梅耶［Arno Mayer］的一本著名的书《天堂为什么不黑暗》，其中对“最终解决”与希特勒的反共产主义之间的结构关系有明确的论证[4]）。“后现代”除要求非政治化倾向以外，对这些灰白的梦魇般的形象的说明是不清楚的。前面所说的那种暴烈的革命历史也能被用于一种完全不同的教训，即首先来自反革命的暴力精神，实际上，反革命的最有效的形式就在于将暴力传递到革命的进程。我认为先进国家的联盟或微观政治的现状未必支持这类焦虑和幻想，至少在我看来，它们没有构成从南非的潜在革命中撤回支持和团结的根据。最后，革命、乌托邦或总体化冲动的普遍情感从一开始就受到某种程度的污染，它们注定要在具有理想色彩的思想结构面前碰得头破血流，甚至最后还在最坏的宗教意义上重述原罪的教义。在这篇论文的结尾，我将回头讨论更具体的政治问题。

社会决定论的思想

现在，我打算用另一种方式研究总体化思想的问题，即通过质问总体化的可能的历史条件而不是针对它的真实内容或有效性来研究。于是，这就不再是把它仅仅哲学化，或你是否想在**表征**的层面上哲学化。在这个研究中，我们通过询问社会决定能否使思想得以实现或停止来退出和疏离我们对既定概念的即时判断（“最前沿的当代思想不再允许我们运用总体性或周期性的概念”）。当前总体性的禁忌难道纯粹来自哲学的进步和日益增长的自我意识吗？难道因为我们今天获得了一种理论上的启蒙和概念上的精致状态，就可以帮助我们避免过去守旧的思想家（最著名的是黑格尔）的严重错误吗？也许会如此，但是还是需要某种历史的解释（其间“唯物主义”这个概念的出现无疑会发生作用）。我们不妨以稍稍不同的方式提问来拂去当代人的这种傲慢，即为什么“总体性的概念”在一定的历史时期被认为是必要的和不可避免的，而相反在另一些时期则是有害的和不必考虑的。这种追问以它自身的方式返回我们思想的外部和我们不再（或尚未）思考的基础，它在任何肯定的意义上都不可能是哲学的（尽管阿多诺在《否定的辩证法》一书中试图将它转换成一种新型的真正的哲学）。这种追问将会把我们引向一种加强的感觉，即我们的时代在各种意义上（从文化到哲学）都是一个唯名论的时代。这种唯名论可能产生数种史前史或超决定论，例如，存在主义时期孤独的个体所具有的新的社会意义（特别是在萨特的著作中所出现的对人口统计学、纯粹数字或复杂性的恐惧），使传统的“一般性”显得苍白，从而失去其概念的力量和说服力。同样，英美经验主义的传统也是在一个悖论的“理论化”和过度唯理性的时代以一种复兴的力量从概念的死亡中产生的。自然，“后现代主义”的口号也意味着这样一种意义。但从另一方面看，后现代主义不是一种解释而是有待于被解释的东西。

这种推理和假设的分析直接削弱了现存的一般的或普遍化的概念，这种分析关涉一种显得很可靠的操作，也就是对运用这样的概念的过去的时期的分析。的确，在那些时期，一般概念的形成能够被观察，从而使它似乎具有历史的特权。就总体性的概念而论，我感兴趣的是我曾谈到的阿尔都塞（Althusser）的结构概念，即关键在于，我们能够承认这样一个概念的存在，但我们知道这里提供的只是它们中的一种，另外一些东西通称“生产方式”。阿尔都塞的“结构”就是如此，“总体性”也是如此，至少在我使用时是这样。至于“总体化”的过程，通常意味着就是在各种现象之间产生一些联系：举一个在当代很有影响的例子，尽管斯皮瓦克（Gayatri Spivak）提出用她的“连续符号链”的概念来替换辩证的思想[5]，但在我看来，这个概念也可以作为特殊的（非辩证的）“总体化”的形式。

我们应当感谢罗纳德·L·米克（Ronald L. Meek）对“生产方式”这一概念的史前史的研究（这是他在研究摩根［Morgan］和马克思的著作中勾画出来的），在18世纪，这个概念是以他所称的“四阶段理论”的形式出现的。[6]这一理论汇聚了18世纪中叶法国和苏格兰启蒙运动的成果，提出了人类文化的历史变迁以其物质或生产为基础的命题，并划分出四个基本的发展阶段：狩猎和采集、游牧、农业、商业。于是，在这个历史叙述中，尤其是在亚当·斯密（Adam Smith）的思想和著作中所出现的是，现在继续研究的对象就是特定时代即资本主义的生产方式，前资本主义阶段的历史构架已经消失，但它却为亚当·斯密和马克思的资本主义模式提供了一个共时的模式。不过，米克要论证的是，历史叙述作为思考资本主义的可能性的必不可少的系统是否是共时的?[7] 像这样的问题也出现在我关于资本主义的“阶段”或时期的思考中，它被设计成我们现在称作“后现代主义”的文化逻辑。

然而，我在这里主要讨论“生产方式”这个概念的可能性的各种条件，也就是说，首先是使表达和阐述这个概念成为可能的社会历史情境的特征。总体来说，我认为思考这一特殊的新思想（或在这一新方式中揉进已有的思想）须考虑到某种特殊的“不平衡”的发展，即一些性质不同的和同时存在的生产方式都出现在上述思想家的视野中。下面是米克所描述的这一特殊概念产生的前提条件（作为它的“四阶段理论”的最初形式）：

> 我自己的看法是，思考我们所研究的这一类型——它着重强调经济技术的发展和社会经济的关系——首先，很可能是当代经济迅速发展的作用；其次，可能是经济发达地区与经济还处于“较低”阶段的地区之间的对比易于发现的作用。18 世纪 50 年代至 60 年代，在有些城市（如格拉斯哥）和地区（如法国北部的一些发达省份），公众的整个社会生活发生了迅速的可见的改变，显然这是经济技术和基础的社会经济关系深刻变革的结果。这种新的经济结构形式的出现很容易与以往的结构形式相比较和对照，如现在还继续在苏格兰高地或法国的遗民、美国的印第安部落存在的结构形式。如果生存方式的改变在同时期社会发展中具有如此重要

和“进步”的作用，那么，可以断言，它们在此前的社会中也必然具有非常重要的作用。[8]

历史的范式

首次思考生产方式这个新概念的可能性有时是作为一种新出现的历史意识或历史性的形式被自由地加以描述的。然而这不一定非要求助于具有哲学意识的话语不可，因为被描述的东西也许同样可以用一种新的推论性的范式来命名，我们可以通过文学，借助司各特（Walter Scott）小说中所呈现的另一种新的历史范式（卢卡奇曾在他的《历史小说》中作过解释[9]）来强化这一概念形成的同时代的状况。这种不平衡性由法国思想家（杜尔哥[Turgot]，包括卢梭本人）概念化为“生产方式”，并和其他事情一样参与到那一时期法国革命前的情境中。在此期间，封建形式以一种非常显著的差别来对抗新生的资产阶级的文化和阶级意识。

在许多方面，苏格兰都是一个非常复杂有趣的例子。作为第一世界国家的最后一个和第三世界国家的头一个（这里采用了汤姆·奈恩［Tom Nairn］在《不列颠的解体》一书中大胆的观点[10]），启蒙时期的苏格兰正是具有截然不同性质的生产和文化并存的空间：高地的古代经济和他们的氏族制度，低地村民的农业开发，边界上正处在工业“起飞”前夜的英格兰“伙伴”的商业活力。因此，爱丁堡的辉煌并不是盖尔人遗传物质的问题，而是苏格兰中心城市和知识分子的策略性但奇怪的立场，而这实质上又是由同时并存的性质不同的生产方式决定的。这一问题现在仍然是苏格兰启蒙运动要思考或概念化的任务。这绝不仅仅是一个经济问题：司各特，与晚近的福克纳相似，将社会和历史的原始材料、民间记忆吸收到文学中来，用一种栩栩如生的叙述形式，将并存的各种生产方式通过狂热的革命、内战和宗教战争深刻地表现出来。为此，思考新的现实和表述新的范式的条件似乎要求一种特殊的关联，并与这种新的现实保持一定的策略距离，因为这种新的现实可能会将沉浸其间的东西覆盖（这一点很像科学发现中作为认识论变体的著名的“局外人”原则）。

可是，所有这些带来的一个副产品在这里却对我们有着更为重大的意义，它直接关涉到对这种概念化过程的逐渐上升的压制。后现代运动作为古典资本主义扩展的第三阶段的文化逻辑，在许多方面都是资本主义晚期的更纯粹更同质的表现。因为在这一时期，迄今残存的具有社会经济差异的飞地都已消除（包括借助商品形式殖民化和同化的）。如果是这样的话，那么，可以合理地认为，我们历史感的衰退，特别是对生产方式的全球化和总体化的概念的抵制，正是资本主义普遍化的作用。今后所谓每一件事都是系统中的有机概念的看法似乎失去了存在的理由，它只有在韦伯（Weber）、福柯或《1984》中的人们所幻化的梦魇般的“总体系统”的形式中通过“被压制的恢复”的方式才能得以再现。

但是，生产方式并不是那种令人生畏的意义上的“总体系统”，它包括种种对立的力量和在自身产生的一些新趋势，既有“残存”的成分也有“初生”的力量，而生产方式则必须力图管理或控制这些东西（葛兰西［Gramsci］的霸权的概念）：如果这些异质力量不具有自身的有效性的话，霸权的设想就是不必要的。这样，差异被模式预先设定：应将其与会使其复杂化的另一特征区分开，即资本主义将产生差异和区别作为它自身内在逻辑的一个功能。最后，又回到我们最初关于表现的讨论，显然，在概念与事物之间、在这个全球的和抽象的模式与我们个体的社会经验之间存在**差异**，从中可以提供一些解释性的区别但绝不能用于“置换”。

关于生产方式的“适当用途”的另一些提示也可以考虑：所谓的“生产方式”并不是生产者的模式，这一点似乎有必要说明。还有必要说明的是，如果这些讨论还未沦为漫无目标的攻击的话，在目前的语境下，生产方式包含的各个层次（或者说抽象的等级）必须在注意之列。我在《政治无意识》一书中勾勒了这些层面的大致框架，具体说来，要注意区别出考察历史事件、引起更广泛的阶级和意识形态的冲突、传统和关注非个人的社会经济模型系统（著名的具体化和一般化的主题就是例证）等层面。在这些论述中，经常提到的代理人的问题也必须跨越这些层面加以定位。

文化生产的位置

例如，法瑟斯托（Featherstone）认为，我所使用的“后现代主义”一词是一个特定的文化范畴[11]：它不能，更确切地说不论好坏就被赋予“生产方式”的名称，而在这个名称下，文化生产找到了一个特殊的功能位置，它的表征在我的著作中主要来自文化（这无疑是混乱的根源）。因此，他劝告我要更多地关注艺术家本身和他们的观众，以及调停和管理这种新的生产的机构：我实在不明白为什么要排除那些论题，我认为它们都是非常有趣的问题。但是，在那个层面上，要将社会学的探询变得可以**解释**是很困难的，而他所涉及的现象倾向于即刻重新组成它们自己的半自治的社会学层面，一种即刻要求历时叙述的层面。所说的艺术市场是现在，而所说的艺术家或消费者的地位则指转换之前，甚至充其量只为这些活动的可选择性留下了很有限的空间（例如，古巴通常就是这样，艺术市场、美术馆、绘画的投资人等等都不存在）。一旦你写下那种叙事，那一系列的局部的变化，那么，整个事件就加入了当时在另一空间里存在的材料，而在其中，像后现代的“伟大变革”式的某些东西就能够被看到。

的确，法瑟斯托的建议具体化了社会代理人，仿佛使这些人得以显露（这样一来，后现代主义者就是这些艺术家或音乐家，美术馆或博物馆的职员或唱片公司的董事，他们是一群特殊的资产阶级、年轻人或工人阶级的消费者），尽管如此，这里也要求必须保持抽象层面的差异。因为我们仅仅只能貌似有理地声称“后现代主义”作为一种时代精神或“生活方式”（纯粹是一种轻视的表述）是整个新的阶级分化的“意识”的表现，它大大超越了上面所列的群体的限制。这种越来越大、越来越抽象的范畴被冠以种种新的名称：新的小资产阶级、专业管理阶级，或更简单地称为“雅皮士”（这些称呼中的每一种都偷偷带有一个与之相对应的具体的社会代表）。[12]

这种后现代文化的阶级内涵的身份认同并不暗示“雅皮士”已经成为某种新的管理阶级或“历史主体”——仅仅是他们的文化实践和价值、他们的局部意识形态代表了资本主义这一阶段有效的主导意识形态和文化范式。的确，我们经常看到，一个特定时期流行的文化形式并不是由上面提到的社会结构中的主要代理人来提供的（商人无疑与这一时期有更直接的关系，他们被各种不同类型的心理学和意识形态的力量所驱动）。而问题的实质是上述的文化意识形态正以最有效的方式作用于对世界的表达，或者说，在这些方式中世界能够被重新划分。为什么某个阶层可以提供这些意识形态的表述，这是一个令人感兴趣的历史问题，就像某个作家或某种文体突然获得主导地位一样。但可以肯定地说，这些历史的转变事先并没有既定的模式或公式；然而同样肯定的是，我们也没有给正在盛行的后现代主义制定什么框架。同时，在这一论题上，我的著作的另一局限（这一点没有被任何撰稿人提到）现在已日益清楚了，即用文化术语来描述的策略决定造成了一个相当大的疏忽——未论及后现代“意识形态”的身份认同。由于我特别关注我所说的新的“理论话语”的形式问题，同时也因为全球性的去中心和小团体制度化之间的悖论的结合在我看来是后现代倾向性结构的一个重要特征，因此我给别人的印象是主要挑选了知识分子和社会现象，如“后结构主义”和“新社会运动”；这样一来，与我所持的根深蒂固的政治信念相反，所有的“敌人”似乎都站在左翼的立场上，下面我将力图纠正这一印象。

但是我们所说的后现代主义的阶级身份进而又要求我们现在指定另一种比以上所列举的更高（或更抽象和全球性的）的代理人。显然，这就是多国资本本身：它也许被作为某种“非人”的资本逻辑的一个过程来描述，我将用它自身的术语和它自身的标准继续为那种语言和那种描述的恰当性辩护。这一似乎抽象的力量又是一种整体的人类代理者，它遵循人类自由的创造力，沿着特殊的方式发展，并创造着最初的局部策略和实践——从另一个角度看，这也是显而易见的，关于对资本的代理人的寻求我们还想提及一个古老的格言：“人们可以创造历史，但不是在他们自己选择的环境中。”在晚期资本主义的各种可能性的条件下，人们看到了“发财的机会”，“拼命”去赚钱，用新的方式改编电影（就像艺术家、博学者、思想家或美术收藏家一样）。

这里我力图证明的是，尽管在有些读者和批评家眼中我对后现代的描述似乎“缺乏代理人”，但它仍能够被转换或解码为叙述性的描述，在这个描述中，所有规格和层面的代理人都在起作用。而在这些可用描述之间的选择——聚焦在各个不同的抽象层面上——与其说是理论的还不如说是实践的。可是，将这种代理人的描述与其他心理的和意识形态的“主体位置”的深厚的（精神分析）传统连接起来仍是一种愿望。如果它被拒绝，理由是以上所描述的代理人只不过是基础—上层建筑模式的又一个版本——后现代主义的经济基础，这是一种说法，社会或阶级基础，又是另一种说法——这样一来，提供给我们理解的“基础和上层建筑”就不是一个真正的模式，而是一个起点和问题，就像一种规则似的非教条的东西，它不仅要求同时理解文化及其自身，而且要求同时理解与之相关的它的外部、它的内容、它的语境以及它的介入空间和有效空间。然而，人们如何做从来就不是预先规定的。格罗斯（Gross）对本雅明（Benjamin）的绝妙的改编——将后现代主义作为晚期资本主义的“余像”[13]——使我们想起他在系统阐述这一关系中不仅揭示了本雅明如何具有微妙的适应性（在有些地方他说“上层建筑”是对“基础”的**表达**，从根本上修改了我们的陈规），而且展示了探索新形象的开放和承继的多种途径。余像是一种具有幻象和病态的客观现象，它们要求注意视觉作用、心理感受以及物体的眩目性质等等。我提出了一个后现代主义的“模式”，到底是否名副其实，现在只得听天由命；但是这样一个模式的构成最终是有吸引力的。我希望不要把我说的我们欢迎和期望可选择的结构看成是“多元论”的证词，因为在其中把握现在是我们的理智所面对的最成问题的任务。

重构阶级之图

当强调权力和控制以试图排除置换物时，某些东西将失去，这构成了马克思主义的原创性，诸如经济体系、生产方式的结构和剥削等。权力和控制的问题再一次从这些系统的不同层面被表述出来，而在对这些不可调和的对立进行当代分析时没有任何预定的东西可以参照，除非其动机就是产生一个新的意识形态（这在传统中有一个悠久的名称，叫**无政府主义**），在这种情况下，另一些类型的边界被划出，人们可以用不同的方式讨论这个问题。

在索·兰道（Saul Landau）看来，就当前情况而言，在资本主义的历史上还从未有过一个时期能享有如此多的活动的自由空间：过去它所产生的反对自身的所有威胁力量——劳工运动、起义、群众性的社会主义政党乃至社会主义国家——在今天当它们不再以这种或那种方式作有效的抵消时似乎都退去了，因为全球资本主义时期似乎不要传统的预警就能够遵循自身的本性和趋势发展。于是这里又有了另一个后现代主义的“定义”，一个很管用的定义，而这仅仅是一种想指责悲观主义的鸵鸟式的陶醉。这是资本主义的两个阶段的过渡时期，在这个时期，早期的经济形式正处于全球规模的重建过程中，包括劳动的原有形式和它的传统的组织机构和观念。一种新型的国际无产阶级（我们一时还未能想象出它们的面貌）将在这种激烈的变化中重新出现而不需要事先预言，然而，我们自己仍处在这一潮流中，没有人能够说清楚我们将在这里待多久。这个意义上，在我研究当前情境的历史论文中似乎出现了两种完全不同的结论（一个出现在论 20 世纪 60 年代的论文中，另一个出现在我论后现代主义的论文中）[14]，但这两者实质上是同一的：在前者中，我期待一个全球范围内的无产阶级化的过程，这一点我在上面刚提及；在后者中，我提出了较难理解的术语——“认知绘图”，作为一种新型的全球性的标志。

但是，“认知绘图”实际上只不过是“阶级意识”的符码：

它的意义仅在于提出需要一种新的和到目前为止还未想象出的阶级意识，同时它也反映了后现代中所暗含的那种新的空间性发展（这一点在爱德华·索加［Ed. Soja］的《后现代地理学》中以一种清楚时髦的方式被纳入议事日程[15]）。我偶尔也像有些人一样，对“后现代主义”的口号感到厌倦，但是当我试图对我与它的共谋关系感到懊恼，或对它的滥用和它的臭名昭著感到痛惜，且不得不说它引起的问题多于它所要解决的问题时，我发现自己颇为踌躇，怀疑是否有一些其他概念能够以非常有效和经济的方式将这一问题提得更醒目。“我们必须给这一体系命名”：20 世纪 60 年代的重要问题在后现代主义的争论中得到了意想不到的复兴。

【注释】

［1］这篇论文曾载于 *Postmodernism/Jameson/Critique*，ed. Douglas Kellner，Washington D. C.，1989，该文是对书中编入的其他 14 篇论文评价马克思主义、后结构主义和后现代主义的关系的结语和回应。

［2］Ernest Mandel，*Late Capitalism*，London，1975.

［3］Haynes Horne，“Jameson's Strategies of Containment，” in *Postmodernism/Jameson/Critique*，268 - 300.

［4］Arno J. Mayer，*Why Did the Heavens Not Darken? The “Final Solution” in History*，New York，1988.

［5］Gayatri Chakravorty Spivak，*In Other Words：Essays in Cultural Politics*，New York，1987，198.

［6］Ronald L. Meek，*Social Science and the Ignoble Savage*，Cambridge，1976.

［7］Ibid.，219 - 221.

［8］Ibid.，127 - 128.

［9］Georg Lukacs，*The Historical Novel*，Lincoln，Nebraska，1983.

［10］Tom Nairn，*The Break-up of Britain*，London，1977.

［11］Mike Featherstone，“Postmodernism，Cultural Change and Social Practice，” in *Postmodernism/Jameson/Critique*，117－138.

［12］See also Fred Pfeil，“Makin” Flippy-Floppy：Postmodernism and the Baby-Boom PMC，in *The Year Left I*，London，1985.

［13］David Gross，“Marxism and the Resistance：Fredric Jameson and the Moment of Postmodernism，” in *Postmodernism/Jameson/Critique*，96－116.

［14］“Periodizing the Sixties，” in *The Ideologies of Theory*，vol. 2，178－208；and “Postmodernism，or，The Cultural Logic of Late Capitalism，” *New Left Review* 146（July-August），1984.

［15］Edward Soja，*Postmodern Geographies*，London，1989.

（胡亚敏　译）

后现代性的二律背反

即使在“历史的终结”之后，似乎仍应坚持一种总体系统——而不只是搜集轶事——的历史探寻，不仅仅要知道下一步会发生什么，而且要有对我们的制度或生产方式的前途和命运的一种更普遍的焦虑。关于这一点，（某种后现代的）个体经验告诉我们，它必定是无休止的，而我们的智力暗示，这种感觉实际上是不可能做到的，但却没有对它的衰变或替代提供可以接受的方案。今天，我们想象地球和自然的彻底恶化似乎比想象晚期资本主义的崩溃要容易得多，也许这正是我们想象力的弱点所致。

我已经认识到**后现代**这个词应该为这类思想保留。这个概念和它的各种变体似乎已发展成各党派的价值表达，主要是对这种或那种多元主义的肯定或否定。不过，这些都是一些在具体社会关系上运作的论争（例如，各种女权主义或新的社会运动）。可是，后现代主义作为一种意识形态，只有作为我们社会及其整个文化或者说生产方式的更深层的结构变化的表征才能得到更好的理解。

不过，由于那些变化仍保持发展的态势，我们对现实性的分析将由我们认为要坚持或发展的选择所支配，后现代主义到底通向何方——简言之，要从当前最多只是一些趋势和倾向的某些比较成熟的方面来解开它的矛盾，想象它的后果（和它的后果的后果），假设它的代理人和机构的形式，还是一个未定的问题，而对后现代主义的任何描述几乎都不可能离开这个问题。因此，所有的后现代主义理论都是在一个不完美的层面上对未来的描述。

通常人们总把二律背反与矛盾区分开来，这主要是因为人们的常识暗含矛盾容易解决或消除，而二律背反不容易解决或消除。在那个意义上，二律背反是一种比矛盾更巧妙的语言形式。借助它，你知道自己所处的境地，不论接受与否，它都表明两种根本不同的和事实上绝对不可调和的命题。而矛盾则是局部的和片面的问题——只有一部分与伴随的命题不可调和——实际上，它更多地涉及力量或者事物的状态，而不是词语或逻辑的含义。归根结底，矛盾被认为是生产性的；而二律背反——如康德（Kant）的经典例子：世界有一个开端，世界没有开端——根本不提供任何解决的办法，不论你多么努力地翻来覆去地考虑。

我们的二律背反将涉及康德的“先验的表现形式”，即时间和空间，通常我们都用历史的术语将它们视为暗含的形式框架，不过这些框架会根据生产方式进行改变。于是，从倾向于思考变化和永恒、多样性和同质性的方式里——证明与空间和时间同样相关的方式里，我们可能会学到一些关于我们自身的生产方式的东西。

一

时间在今天是一种速度功能，显然只有按照它的速度或速率本身才能感受到：仿佛老伯格森的量度和生命之间的对应，或者说时钟时间和生命时间的对应，已经随着虚假的永恒性或滞缓的持久性一起消失了，而如果没有这些永恒性，瓦莱里（Valéry）认为一部艺术作品本身的真正思想很可能消亡（他似乎在思想上已认定了这些东西）。于是出现了某种没有其对立面的变化的观念；而这样说就是无助地目睹这一二律背反的两个术语互相交叠起来，因为从变化的高度不可能区分空间和时间，也不可能区分客体和主体。内在时间（以及它的器官，“内心深处”的时间感）的消失，意味着我们从外部事物读出了自己的主体性：普鲁斯特笔下的老式旅馆里的房间，像老仆人那样，每天早晨满怀敬意地使他想到他有多老，是在度假还是“在家”，或是什么地方——也就是说，这些会告诉他他的姓名，为他提供一种身份，像是银托盘里的一张名片。至于习惯、记忆、认识，都是物质的东西为我们提供的（根据维里耶·德·理斯勒·亚当［Villiers de l'Isle Adam］的看法，其方式就像仆人为我们准备生活起居）。主体性是一种客观的东西，只要改变场景和背景，重新布置房间，或在一次空袭中摧毁它们，就足以使一个新的主体、一种新的身份在旧的废墟上神奇地出现。

不过，主客体二元论的终结——长期以来许多理论家都渴望过这种终结——本身暗含着一些回复悖论，像隐蔽的炸弹似的：例如保罗·维里利奥（Paul Virilio）在《战争与电影》中显示出的所谓外部世界的速度是如何本身就成为表现各种要求的一种功能的。也许并不像古典唯心主义的套话那样，是某种新主体的速度观念将自己投射到外部无生气的事物上的结果，而是与自然相对的技术的结果。器材——尤其是照相器材和电影器材——对现实提出它自己的要求，正如在海湾战争中那样，现实勉强去实现这种要求（例如一个用慢转速拍摄然后用一般速度放映的片子，从中可以看到摄影师本人在一排已经摆好的面孔最后滑了进来）：

> 在加速移动的修复过程中，近似效果的消失使它必然通过充分恢复这一信息的三维性而创造出一个模仿得完全一样的外貌。现在，通过全息摄影所修复的一位军事指挥官的形象就会传递给观看者，通过不断闪现他的面孔，这里和那里，今天和昨天，使其在时间和空间里延伸……已在闪回中

> 显现，又在回复中再现，这种时序意义的浓缩是一种军事技术的直接效果，其间事件总是在理论化的时间中展开。[1]

这样一种“被压抑者的回归”（无疑这是一个老式的、现在相对而言是个隐喻式的名称）意味着取消主体并不会给我们留下好像曾真实存在过客体的印象，相反，它留给我们的是大量的仿真幻影。维里利奥的论点与今天其他许多人的论点相似，他认为正是电影才是真正处于中心的主体，实际上也许是唯一的一个：德勒兹（Deleuze）式的分裂症仅仅是一种伴随这种器械而产生的混乱而矛盾的观念，而这种器械将先前的主体—客体两极成功地吸收到它自身之中。但这提出了令人窘迫的第二个问题：在那种情况下，开始是否曾有一个（处于中心的）主体：我们是否曾不得不等待？厌烦是否与它的近亲——永恒一样是一种想象的虚构？是否有某种事物看似不变的时间？在机器出现之前我们做了些什么？凡有血气的，尽都如草：古代城邦里的生命给我们的感觉是它们比现代城市中的任何东西都更脆弱短暂，尽管我们应该能够记得现代城市经历了多少变化。这仿佛是对更缓慢的持久性的一种暗示，它伴随着实际经历的现在，犹如一种视觉的投影，掩饰着一种只有在时间框架之外才能看见的变化。

但是，这种方式要求测量某种断裂，并且要使我们确信，后现代体制中的一切与现代主义的形式规划和现代主义的“时间感”有根本的不同。在后现代的体制里，先前的经典本身已经被揭示为纯粹的时髦，尽管是一种更缓慢的、在更大世界范围内的时髦，它经过漫漫长道的运载，时间的累积，就像一种黏滞性的元素，一点点慢慢地流传下来，在跨越世纪的长时间的流传中获得了一种古朴的特性，从而将它们的偶然性转变成一种富有意义的传统必然性。对于全世界的人来说，伯里克利时期雅典的语言不再比其他部落的文体语言更规范（虽然很容易想象一种文化上的联合国安理会的运作，在里面“伟大的文明”集中了各种古典的传统，正试图提出某种更普遍的“人类的”经典书目）：因此时间也变得具有了多元文化的特性，而迄今封闭的人口统计学领域和工业动量领域则开始互相渗透，仿佛大量的人和令人眩晕的速率之间有某些类似之处。于是，这两者在更新的、矛盾的结合中暗示了现代的终结，就像新的文体因激增而显得枯竭一样，它们的培育者、个体创造者、预言家、天才和观看者，突然发现他们自身由于人口的密集（即使不实现民主的精神气质）而成为多余的了。

于是，这种新的绝对的时间已经和城市有了我所提及的种种联系，但它并不强调必须修正关于城市本身的传统观念，以便使它的后自然性（postnaturality）既适应通信技术又适应生产技术，并表明几乎是全球规模的关于城市安排的一贯的无中心状况。现代仍然与城市人看不起乡下人的现象有某些联系，不论是农民的地方性，其他和殖民化的文化，抑或只是前资本主义的过去本身：当现代技术无处不在，不再有什么乡下，甚至过去也开始像是另一个世界而不是这个世界某一不完善的、早期的阶段时，那种对**绝对现代**的更深层的满足也就烟消云散了。同时，几十年前那些“现代的”城市居民或大城市的人，本身也来自乡下，至少仍然会记得同时存在着不平衡的世界；他们能够用那种一旦现代化相对完成（不再是孤立的、不自然的和令人不安的、突出得刺眼的过程）就成为不可能的方式来衡量变化。这是一种也可以带着失落感记录下来的不平衡性和共生性，就像波德莱尔笔下的巴黎缓慢的局部变化和毁灭，几乎完全可以作为他对时间逝去的体验的客观对应物：在普鲁斯特的作品里，虽然这一切明显具有更强烈的挽歌色彩（总之比在波德莱尔的作品里要多得多)，却已被主观化了，仿佛真正令人感到遗憾的是自我及其过去而不是那座房子（不过，普鲁斯特的语言更清楚明白：“楼梯的侧墙，我曾靠它上面摇曳的烛光上楼，早已不存在了。”[2]他的空间情节的构成也是如此)。今天，毁坏的含义与建筑的含义一起被修改：它已变成一种普遍的“后自然”的过程，这个过程使人怀疑变化本身这个概念，以及与之相伴随的继承的时间概念。

这些悖论在哲学和批评领域也许比在美学领域里更易于突出，更不用说在城市化的生活方式中。现代知识分子的使命已经被明确限定为破坏，即从古代政体以来，他们便倾向于认为自己的任务是对既成的体制和观念提出批判和反对：从启蒙运动的哲学一直到萨特（他被称作最后一位古典式的知识分子)，即使不说更远的，还有什么更好的形象能表明文化知识分子这种有力的形式特征？正是这个形象似乎预设了一个无所不在的“错误”，它被用迷信、神秘、无知、阶级意识形态和哲学唯心主义（即“形而上学”）等各种名称加以限定。在这样的方式中，通过“去神秘化”以消除错误，并留下一个治疗焦虑的空间，在其间，这种治疗即使不与“真理”本身联结在一起，也是与高度的自我意识以及各种感觉上的反应携手并进的。沿着这种否定的传统，利科（Ricoeur）试图恢复知识分子重建意义的另一使命，他从他称作“怀疑的阐释学”的各个部分找出共同之处，从启蒙运动与宗教的关系一直到解构主义与“西方形而上学”的关系，全部鲜明地突现出来，并尤其强调马克思、尼采（Nietzsche）和弗洛伊德这三个伟大的构成时期，对于这三个时期，甚至后现代的知识分子也仍然以这种或那种方式表现出共同的拥护。

因此，已经改变的也许是执行这些运作的领域的特性：正如贵族和教士的古代政体社会与大众民主的工业资本主义社会之间的转换期远比我们试图相信的时间更长更缓慢一样（阿诺·梅耶指出，古代社会的有些残余在欧洲一直延续到第二次世界大战结束），知识分子实现现代化的文化革命的客观作用也同样长时期地保持一种进步性。但是，通过其自我延续而实际上又自我吞噬的能量，这个过程本身常常给观察者和参与者留下深刻的印象。并非只有"革命"才吞食它的孩子，任何一种纯粹否定的观点本身都是如此，从黑格尔对自由和恐怖时期的描述，到法兰克福学派把"启蒙的辩证法"作为一种恶魔似的机器的冷酷理论，都集中于灭绝所有超越的迹象（包括批判和否定本身）。

这种观点对于像我们现在这样的单向度社会似乎更为恰当，在这种单向度社会中，以其他生产方式的习惯和常规的形式出现的残余已经被有倾向地消除，因此才有可能在意识形态批判本身的真正功能中假设某种修正或替代。这至少是曼弗雷多·塔夫里的立场，他提供了一种先锋派知识分子的功能主义的分析，其"反体制的阶段"实质上包含了"对陈旧价值的批判"。[3]不过，这样一种使命的真正成功是与资本本身的现代化斗争相联系的，"努力打扫一个干净的平台，从那里出发，去发现知识分子新的'历史任务'"[4]。由此，塔夫里把这些新的"现代化"任务等同于合理性就毫不奇怪了："先锋派的意识形态作为对社会行为的一种建议，它所引导的就是将传统的意识形态转变成乌托邦，作为抽象的最后发展阶段的某种预示，与全球的合理性相一致，与辩证法的某种肯定的实现相一致。"[5]当人们知道塔夫里把凯恩斯主义理解为对未来的一种计划性、合理性时，他的系统阐述就变得不那么隐晦了。

这样看来，在当代，去神秘化具有它自身秘密的"历史诡计"，它自身内在的功能和隐蔽的世界历史使命；也就是说，通过摧毁传统的社会（不仅仅是教会和旧式的封建贵族，而且最主要的是农民和他们的农业生产方式，他们所拥有的土地和他们的村庄)，为大公司的经营把地球打扫干净：准备一种纯粹**可替代**的现在，其中空间和心智都可以随意地具有“灵活性”地加工和再造，而忙于构造新的形容词来描述“后福特主义”潜力的理论家，其才智则几乎很难跟上去。在这样的环境中，破坏开始带有新的、不祥的城市化的色彩，并开始含有开发者的思考，这种思考远远超过以往反抗型知识分子的英勇斗争；而正是这种对破坏本身的反对和批判，被降为一种令人厌倦的说教，并由于它们鲜明地突出了过时的思想而损害了它们自身，因为那种过时的思想不管怎样都是应该被废除的（“无论如何，曾出现过的东西/是有价值的，但它已经消失”）。

现在这些都是传媒的悖论，这些悖论起因于批评过程的速度和节奏，以及所有这类意识形态和哲学的观点在传媒世界如何被转换成它们自身的“表现”（像康德曾提出的那样）——换句话说，即转变成它们自己的形象和漫画，而其间公认的口号替代了传统的信仰（信仰确实已被迫将自己转变成可承认的意识形态的观点，以便在传媒市场上进行运作）。现在是这样一种情境，在其间，理解那些抵制新事物的保守的或残存的方式的进步价值，要比评价一系列明显是左翼自由主义的观点（按照塔夫里的模式，这些观点常常被功能地证明不易从系统本身的结构要求中区分出来）容易得多。这种分析判断还投射出某种可能的声音障碍的幻景，像一条指示线在茫茫的天空中模糊不清。事实上，人类机体能承受多大速度这个明显的问题在自然主义的复活中会发挥它的作用，而新的事实本身却对恩格斯从量变到质变的旧法则（或至少那种“法则”的余像）作了似乎短暂而生动的表现。

在这一形式中，我们必须提出的悖论是，社会生活所有层面的空前的变化速率是与一切事物的空前的标准化相等的——与消费品相伴的情感，与建筑空间对应的语言——而这与上述的易变性似乎并不相容。但这个悖论仍然可能被概念化，不过要采取反比的方式：例如关于模块化的概念，在那里标准化本身能够引起剧烈的变化，预制的模型，从传媒到后来标准化的个人生活，从商品的性质到设备的统一性，处处都使神奇的重建随意地互相承继，就像分段的录像似的。由此，模型在一个信息世界里将构成新的客体形式（具体化的新的结果）：这也是康德的观点，根据这种观点，素材依照范畴迅速组成一个合适的统一体。

但悖论也促使我们重新考虑我们关于变化本身的观念。如果我们社会的绝对变化在街面商店的迅速变化中得到最好的表现的话，那么，这会引起一个哲学问题：当录像机商店被 T 恤衫商店替代时，真正改变的是什么呢？巴特（Barthes）的结构主义的系统阐述在这方面有许多可取之处，就是说，关键是区分什么是系统本身固有的、由它自己设定的变化节奏，和什么是一个完整的系统全然被另一个系统替代的变化。然而，那是一种复活了的芝诺（Zeno）式的悖论的观点，它出自巴门尼德（Parmenides）关于“存在”（Being）本身的观念，这种“存在”靠解释来界定，但却不能认为它会在瞬间形成，更不用说能在最短的时间内出现了。

对这一特殊悖论的“解决”，当然在于认识（阿尔都塞和他的追随者强烈坚持这一点）每一个系统——更确切地说，每一种“生产方式”——产生一种专门对它而言的时间：只有当我们接受一种康德式的、非历史的时间观，把时间作为某种绝对的、空洞的范畴，我们系统中这种特有的重复的时间才可能变成一个困惑的客体，并导致对这些旧的逻辑的和本体论的悖论的重新阐述。

然而在一段长时期内，对被认为是巴门尼德的看法的迷恋也许不一定没有治疗效果。巴门尼德的看法也许对于我们理解自然是微不足道的，但可以认为它抓住了我们社会和历史阶段的某种真理：一种闪烁的科幻小说似的停滞，其中一些表象（仿真幻影）不断地产生和衰变，但事物的整体并没有完全被镇住，一切事物都有最短暂的一刻，甚至在它的本体论的声望中也有瞬间的摇曳。

这里，仿佛时尚的逻辑伴随着它无处不在的形象的各种渗透，已经开始与社会和心理的结构结合和认同，并企图将它改造成我们这个整体系统的逻辑。因此，不断变化的经验和价值便逐渐支配语言和情感，完全像这一特定社会的建筑和服装那样，甚至由不平衡发展（即“非共时性的共时性”）所允许的相对的含义也不再可以理解，而新颖和创新的最高价值，如同现代主义和现代化曾理解的，则在一种从外部看似乎稳定不动的势头和变化的平稳趋势面前逐渐消失。

于是开始出现这样的认识：迄今没有任何社会像这个社会这样标准化，人类、社会和历史的时间的溪流也从来没有如此同质地流动。甚至经典现代主义的巨大的厌倦和苦闷也需要系统之外的某种占优势的或幻想的主体地位；然而我们的时期具有后自然和后天文的电视或大众传媒的多样性，通过它们的“国家地理”或“天气预报”等频道的形象的力量成功地实现了人工化：于是它们的大循环——在体育运动、新型轿车、时装、电视、学年或开学等诸方面——为了商业上的便利模仿以前的自然节奏，以令人难以察觉的方式重新发明了诸如星期、月、年等旧的范畴，不过却丝毫没有法国革命历法创新的那种新颖性和狂烈性。

因此，现在我们开始感觉到的东西——和作为后现代性本身或至少在其时间维度上出现的某种更深层、更基本的构成的东西——是一切都服从于时尚和传媒形象的不断变化的东西，今后再没有任何东西能够改变。这是一种复活了的“历史的终结”的感觉，亚历山大·科耶夫（Alexandre Kojève）认为他在黑格尔和马克思的著作里能够找到这种感觉，并认为它们意味着美国资本主义和苏联共产主义两者中民主平等（及个人的经济和法律主体的价值平等）的某种最终成就，只是后来他在所谓的日本“势利主义”（Snobisme）中才辨识出一种有意义的变体，而这种变体我们今天认为是后现代性本身（随意玩弄的没有内容和实质的面具和角色）。当然，在另一种意义上，这只不过是更为彻底的旧的“意识形态的终结”，是在特别保守的市场氛围中玩世不恭地利用日益黯淡的集体的希望。但是，历史的终结也是我们试图在这里着重说明的时间悖论的最后形式：就是说，对后现代而言，一种绝对变化（或在追逐潮流和夸饰的新的意义上的“不断革命”）的修辞，不再比由大公司制造的绝对同一性和不变的标准化的语言更令人满意（基本如此）；后者关于创新的概念，通过新词和标识语与它们在建造的空间、共同文化中的“生活方式”以及精神活动等领域的对等物得到了最好的说明。在绝对“差异”中坚持的“相同”——具有不同建筑物的同一街道，经过巨大蜕变的同一文化——使变化处于令人怀疑的境地，因为今后唯一可想象的根本变化就在于使变化本身终止。但这里二律背反确实导致思想的停滞或僵化，因为除非取消这个系统，否则不可能思考另一个系统的情况，最终它将怀疑乌托邦想象本身，它被幻想成我们凭经验所知的一切事物——从我们的性欲释放到我们的心理行为，尤其是消费和时尚的人为的兴奋——的丧失。

可以肯定，巴门尼德的停滞或存在，至少知道一种无法取消的事件，即死亡和一代代人的更替：因为巴门尼德的幻影或幻觉系统是最近出现的，构成了我们所说的后现代性，一代代人因死亡中断导致的时间，除了采取回溯的方式和作为一种唯物主义的编史规则外，其结果是看不见的。然而死亡本身作为绝对变化的暴力行为，以其非形象的形式——甚至不是指肉体的腐烂和消失，而是指某种持久性的东西，犹如在这个明显不变的世界上无始无终地散播的气味——既是不可避免的也是没有意义的，因为任何用以解释和确定个体死亡（至少是为确定其幸存者）的历史框架都已遭到破坏。于是，一种绝对的暴力——抽象的死亡——就仿佛是这个没有时间或历史限制的世界的某种辩证的关联物。

但是，在结束这一部分之际，最好谈谈这种时间悖论——绝对的变化等于停滞——与新的全球体制的动力之间的关系，因为我们在这里还能够看到那种似乎支配着更早时期的现代性、现代主义和现代化的时间性的消失。因为在那个更早的时期，绝大部分第三世界社会在西方现代化的渗透中出现分裂，这种渗透又导致对它自身——以代表那些截然不同的社会形态的各种各样的文化形式——形成了一种一般可以称为传统主义的对抗立场：对一种文化的（有时是宗教的）原创性的肯定具有抵制被西方现代性同化的力量，实际上也比西方的现代性更容易接受。当然，这种传统主义有其自身的构成，因为它是根据推行现代化的人们的活动形成的（在某种比现在广泛接受的更局限、更具体的意义上，所有的传统和历史的过去本身也必然是创造和建构的）。无论如何，人们今天要肯定的是，传统和传统主义中的这第二次反抗和反现代的条件，已经全部从以前的第三世界或殖民地的社会现实中消失了；在那些地方，一种新的传统主义（如儒学的某种复兴，或宗教上的原教旨主义）现在更应被设想成一种审慎的政治和集体的选择，在其所处的境况中，过去所留下的东西已微乎其微，它们必须被加以彻底的重新创造。

这就是说，一方面，在第三世界的社会里，从此只有现代的东西存在；另一方面，也通过限定修正了这一陈述，即只有在这样的情况下，在那些只有现代存在的地方，“现代”当前必须经历后现代的重新洗礼（因为我们称为现代的东西是不完整的现代化的结果，必须对它加以限定以对抗非现代的残余，这种残余在后现代性里已不复流行——或者毋宁说，它的缺席定义了这一终结）。这里，在社会和历史的层面上，现代化（以其各种各样的资本主义和共产主义的生产者的形式）所允诺的时间性，已经被新的条件的益处所遮蔽，在新的条件下，那种旧的时间性不复存在，留下的是随意变化的表象，而这些变化又只不过是停滞，是历史终结之后的一种混乱。与此同时，通常所定义的第三世界仿佛已进入第一世界的空隙，好像后者也在非现代化和非工业化，从而为从前殖民地的“他性”提供了从前的宗主国的那种中心位置的身份。

通过把时间的悖论扩展到全球范围，另外一些事情也变得清晰起来。一种第二次的悖论或二律背反在第一次之后开始出现，也许甚至在第一次之内就可以感觉到它的存在。实际上，这里对时间性的空间特征的反复论述——从普鲁斯特到沿街商店，从城市变化到全球的“发展”——现在开始使我们认识到，如果后现代性确实具有某种基本的空间化特征的话，那么，我们这里根据时间性试图寻求的一切，必然会首先经过一种空间的基质才能得以表达。如果时间事实上已被归纳为一种抽象死亡的最准时的暴力和不可改变的最小变化，那么也许我们可以肯定，在后现代，时间不管怎样都已变成了空间。于是，后现代描述中基本的二律背反在于这样一个事实：这种对立已不再是从前的二元对立连同同一性和差异本身，它不停地揭示自身正以和过去完全不同的方式与它的另一极相一致。这种方式不同于旧的辩证法式的前后投射，也不同于经典的辩证法的变形。为了找出这种二律背反的内涵，现在我们有必要转到另一种空间的二律背反（显然我们一直在和它的时间形式一起阐述），以决定空间性是否真正具有主题上的优先性。

二

至少可以肯定，二元对立中的一面必须通过另一面的映衬来表现自己的形式，或时间的存在必须用空间的概念来表现自己的形式，这里不必重述。在这个意义上，两面对称或可颠倒的时间—空间的对立也是如此。空间似乎并不要求用时间来表达；如果空间不是绝对不需要这种时间上的借喻，那么至少可以说，空间绝对压制时间性和时间上的借喻，以维护其他形象和符码的利益。如果“差异”和“同一性”在时间和空间的二律背反中存亡攸关，那么，在空间的考虑中差异的卓越性就不是任何在对形式的时间理解中的变化的差异，而是多样性和无限性，转喻和——为了达到某种更有影响的、似乎明确并包罗万象的说法——异质性。

历史地看，同质性和异质性空间的冒险，经常根据不等的神圣数量和信徒数量来表述，不过，至于所谓与它相对的一群人，即世俗的数量，人们则认为是一种在后神圣（post-sacred）和商人时期向后的投射，旨在想象它本身是任何一种单独的事物或质量（或宁可说是非质量）。事实上，这种投射认为，像世俗和神圣这样一种简单的二元论从一开始就存在。因为可以设想神圣从一开始就已经意味着异质性和多样性：一种非价值的存在，一种超越，某些不能归纳为系统或思想及同一性的东西，它不单使自身分裂，而且也使与它相对的人群分裂，它假定空间不仅是正常的村庄与阴暗的“污秽的”（亨利·列斐伏尔在《空间的生产》[6]中所描述的）垃圾堆并存，而且假定空间是荒芜不毛的空洞之处，是分割许多自然风景的贫瘠空地。因为按照定义，一定还有与权力一样多的神圣的类型或种类，而在用神圣或权力做标志的现实面前，人们只有穷尽这些词语微妙的古代意蕴，才会认识到像**神圣**或**权力**所具有的抽象，大约与吸引我们目光的表示各种强度的抽象**色彩**一样，具有同等的表现力量。

这点也影响到风景画的意义，正如德勒兹或柄谷行人（Karatani）这些解释者常常提醒我们的那样，世俗的、色彩鲜明的风景画是晚近的发展。我不想陷入像朗格（P. O. Runge）那样的浪漫艺术家的幻想之中，包括他所运用的植物语言；但那些幻想无疑是吸引人的，至少在它们以矫揉造作的形式（以其“花的语言”）在社会上固定下来之前是如此。空间的这些概念是以某种有意义的方式安排的，而所表达的思想却未能在命题、概念或信息方面达到最终的转换，这些看法最终在列维一施特劳斯的《野性的思维》[7]对前哲学的“感性科学”的描述中，找到了它们的依据和理论辩护；同时，它们的美感至少在这位人类学家对太平洋西北岸印度的《亚斯迪瓦尔的史诗》的经典解读中达到一种高潮，因为在那里，从内陆冰冻的不毛之地到河流和海滨，不同的自然风景述说着多种多样的语言（包括经济生产方式本身的语言以及亲属结构的语言），表达出大量有明显区别的信息。

通过确定先于概念抽象的文本中的意义的原动力，这种分析有效地使过去的理性和非理性的对立（以及所有以它为基础的附属的对立——原始对文明，男对女，西方对东方，等等）中和起来：于是多种多样的层面同时展开，不再被纳入韦伯的理性化、工具论思想，以及对狭隘的理性或观念的具体化和抑制之中，因此它的特征应该是异质性的；而在《亚斯迪瓦尔的史诗》的活动的风景里，我们可以继续将客体在感觉上的连接说成是异质性的空间。正如德里达在一篇后来被称作后结构主义的开创性论文（《结构、符号和游戏》[8]）中所明确指出的，列维一施特劳斯的分析仍然以某种方式集中在同一系谱的意义上：它未能触及最终的偶然性和不可决定性；它坚持为了可爱的生活应紧紧抓住意义本身那个概念；而在应该终止那种概念的情境里，它甚至不能达到巴赫金（Bakhtin）的多声部或众声喧哗的开放性，因为仍然存在一个透过它的多样性说话的集体的代理人——部落。

但是，这样一来，就变成了列维－施特劳斯未能获得真正的异质性而不是这类概念本身的历史性欠缺的问题。关于这一点，巴塔耶（Bataille）一生的著作证明，它存在于情境之内，并且像从中产生又对其加以否认的超现实主义一样，是对抗现阶段事物的一种策略反应。这会使人们感到疑惑，在同质性历史地形成之前，异质性究竟能否意味着某种具有适当的颠覆性的东西，能否赋予它一种特定的反对策略的价值和力量。因此，必须描述的并不是多样性和超越性这类形式的声誉，因为这些形式超出并指责理性的现代精神，具有对抗它的反动的价值，而现代精神对过去的投射又至多是一个可疑和不可信的问题。确切地说，描述的首要对象是这种同质性逐步使世界殖民化的过程，而对此进行挑战则是巴塔耶（和其他许多人）的历史使命：它的征服倾向，与替代同一性形式的背景一样，只有依照事实才使不合时宜的异质性和差异性的幻觉显现出经过它们组织和展开的那些事物的逻辑。

就空间而言，那个过程无疑可以比较精确地加以确定：它是这样一个时期，其间西方关于不动产的个人财产制度，代替了在它不断扩大过程中所遇到的种种土地占有权制度（或者，在欧洲自身的形势下，它第一次自发地从中逐渐形成）。然而，一种暴力的语言——本来完全适合这些替代，并在今天以色列这样的移民者居住地仍然可以见到，在东欧各种“向资本主义的过渡”中也可以见到——并不会传达一种替代的方式，因为一种法律体制代替另一种更常见的法律体制的方式，是一个认真计划和精心构想的政治策略问题。[9]毫无疑问，这种暴力在运用于土地时总是隐含在所有制这样的观念当中；但一种特别含混的情况是，终有一死的人类，一代代消失的有机体，竟然都想象他们能以某种方式首先拥有“自己的”部分土地。土地占有权更早的形式（以及最近的社会主义的形式——同样因国而异）至少假定集体是永恒的管理者，土地的某些部分被置于集体的管理之下。同样，要解决这些社会关系问题，用表面上更明显、更易驾驭的那些以个人所有制和等同主体的司法制度为基础的社会关系代替它们，也绝不是个简单或容易的问题——在这方面，今天的民主德国更像当年美国南北战争之后北部对被征服的南部所必须做的一样；而以色列人的定居常常使人想到在美国西部对土著社会的野蛮取代。

不过，这里的要点是，在引起异质性和同质性的主题对立的地方，只能是这样一种野蛮的过程，而这个过程又是最终所指的对象：从商业的能量和接下来的资本主义本身产生的结果——就是说，纯粹的数字，现在被剥去它自己魔力般的异质性并被归为等值的数字——采用一幅风景画的方式，将它展开，重新安排成以相同方块组成的地图坐标，使它处于现在以同等价值重新安排的空间里，经受市场动态力量的影响。但资本主义的发展实际上是极不平衡地在分配这种价值，直到最后，在它的后现代时期，十足的投机，就像精神压倒物质的胜利那样，或表现为价值形式摆脱它过去的一切具体或世俗内容而获得解放，现在处于十分优越的统治地位并破坏在它早期发展过程中所创建的城市和农村。但所有这种抽象的暴力和同质性的后来的形式，都产生于最初的地块划分，这种划分将市场的货币形式和商品生产的逻辑重又转换到空间上。

我们自己的时代也教导我们，这种为摧毁旧的、习惯的、集体的土地占有形式（后来以宗教的或人类学的“神圣”或古代异质性的形式又回游到现代历史的想象之中）而重新安排空间的基本矛盾，应该被视为我们过去同样地称呼农业本身的东西，那时它与某个农民甚或某些自耕农联系在一起。在后现代的全球体制当中，以往占压倒性多数的农业人口下降为占整个国家人口的百分之七或百分之八的趋势，在现代化过程中与像在“发达”国家一样，随处都可以看见，而其中农民农业和传统文化之间的关系也变得非常清楚：后者随着前者的消失而消失，而且除了以奴隶制为基础的地方之外，所有前资本主义的伟大文化都证明曾是农民的文化。（同时，迄今一直认为是资本主义文化的东西——一种特殊的资本主义的“高级文化”——同样也可能被视为是资产阶级模仿其封建贵族前辈传统的方式，也趋向于和他们的记忆一起被遮蔽，并和旧的古典资产阶级的阶级意识一起让位于大众文化——事实上，让位于一种特定的美国的大众文化。）

但是，一种新的全球化（资本扩张超出了它在第二阶段或“帝国主义”阶段的早期限制）的真正可能性，依赖于农业的重新组织（由于农业技术尤其是农业化学和生物学的发明创新，有时也被称作绿色革命），即有效地使农民转化为农业工人，使大的种植园或庄园（以及村庄飞地）转化为农业综合企业。皮埃尔－菲利普·雷（Pierre-Philippe Rey）曾提出，我们应把生产方式彼此之间的关系理解为一种交叠或连接，而不是一种简单的替代：在这方面，他提出资本的第二时期即“现代”时期——帝国主义阶段——在农业中保留着一种更早的前资本主义的生产方式，并且不使这种方式遭到破坏，以辅助的方式对它加以利用，通过强化的劳动、不人性的工作时间和工作条件，从基本上是前资本主义的关系中获取资本。[10]因此，资本的新的多国阶段的特点是，以工资形式的劳动和工作条件清除了这样的飞地，将它们完全纳入资本主义之内：至此，农业——文化上截然不同，在上层建筑里被认同为“自然的他者”——现在变成了与其他工业一样的一种工业，农民也完全变成了工人，他们的劳动像古典资本主义那样以等价的方式被商品化了。这并不是说商品化在全球已均匀地分布，也不是说一切地区都已同样地现代化或后现代化了；而是说，全球商品化的倾向比在现代时期更清晰可见，更容易想象，因为在现代时期，顽固的前现代生活的现实仍然存在，阻碍着商品化的进程。正如马克思在《政治经济学批判大纲》中所揭示的，资本必然倾向于一种全球范围的市场，而这又是它最终的危机之所在（因为进一步的扩展不再可能）。这一学说今天对我们远不像在现代时期那么抽象，它指出了一种观念上的现实，不论是理论还是文化，都必须马上把它提到自己的日程上来。

但是，这样说会导致抹杀世界范围的差异，传播一种幻觉，即空间的同质性必然胜过根据全球空间所想象的一切异质性。我想强调的是，这是一种意识形态的发展，它包括在我们这个时期所意识到的生态学上的担忧（污染和它所带来的后果也可以作为普遍商品化和商业化的一种标志）：因为在这种境况里，意识形态不是虚假的意识，而是知识的一种可能性，而我们在想象一个超越全球标准化的世界时的基本困难，恰恰是那种标准化的现实或存在本身的标志和特征。

这样一些意识形态的界限带有某种像是非理想社会的感情恐惧，因此它们要通过其他一些意识形态的可能性来补偿，而当我们不再把乡村而是把城市和城市生活本身作为出发点时，这些其他意识形态的可能性便显现出来。当然，这是一种已经在科幻小说或乌托邦的传统中留下明显痕迹的对立：乡村乌托邦和城市乌托邦之间的对立，尤其是最近几年，农村或部落乌托邦的形象（1985 年娥苏拉·勒·瑰恩［Ursula Le Guin］的《总是回家》[11]

实质上是那些形象中的最后一个）被难以想象的（但仍以某种方式进行想象的）密集的城市现实的幻觉所代替。密集的城市现实或是公开置于乌托邦的日程之中，如像在萨缪尔·德拉尼（Samuel Delany）的《蝾螈的麻烦》[12]中那样（或像雷蒙德·威廉斯［Raymond Williams］那有先见之明的预言：社会主义如能实现，绝不会比这一切更简单，而是要复杂得多），或者掩饰在一种非乌托邦的外表之下，然而，这种外表之下更深层的力比多亢奋无疑在精神上是深刻的乌托邦（如像在最新流行的"电脑朋克"中那样）。

然而，我们必须再次讨论概念上的困难。由于失去以前发生作用的二元对立中的一元，我们被拖入这种困境之中。"自然"的消失——全世界乡村的商品化以及农业本身的资本化——现在开始削弱它的另一个条件，即以前的城市。今天世界的体制趋向于一种庞大的城市体制——倾向于更全面的现代化趋势，但它现在已被认可并以一种预料不到的方式通过通信革命及其新技术被具体化和传播：这种发展的直接的物质幻象，从波士顿到里士满"蔓延"的梦魇，或者日本城市的聚集，都是彻头彻尾的寓言——城市本身的概念和古典城市的生活失去了它的意义，似乎不再提供任何精确界定的研究客体，或任何经过特别区分的现实。相反，城市生活变成了整个社会，它们两者在全球化中都同时构成自己又失去自己，因为这个地球并不真正是它们的对立面（如在更早的旧体制中那样），而是它们外围之类的东西，是它们向一种新的无限性的延伸。

从意识形态上看，传统城市边界和古典城市生活的消解所能实现的，是旧的城市生活的意识形态和力比多内涵在新条件下的一种移动，一种替代，一种重新安排。城市似乎总是提供了自由，如像中世纪的城市生活观念那样，城市是逃离土地、摆脱封建劳动和农奴地位、摆脱封建主专权的空间：根据这种看法，对于马克思所明确指出的“农村的愚昧”、乡村风俗习惯的狭隘性、农村的地方性、农村固执的观念和迷信，以及对差异的憎恨，“城市的空气”恰恰变成了它的对立面。这里，与农村压抑的一致性相对（农村也被——虽然不正确地——幻想为性压抑的地方），城市在传统上允诺多样性和冒险，并且常常与犯罪相关，就像伴随享乐和性满足的想象不可能与越轨和违法脱离一样。那么，当那种基本上是地方性的农村现实消失和变成标准化，像以前的大城市（旧时这些乡下人像渴望完全的解放一样渴望到大城市去）那样听同样的英语，看同样的节目，消费同样的消费品时，又会出现什么样的情况呢？我认为这里正在消失的第二个条件——乡下的乏味，农村的愚昧——被保留了下来，只是被转换到一种不同的城市和一种不同的社会现实，即第二世界的城市和一种非市场或计划经济的社会现实。大家都记得冷战景象的巨大力量，在冷战结束之后，在市场宣传和言辞的猛烈攻势之下的今天，这种力量也许已经证明它现在比在恐怖想象更活跃的斗争形势下更加有力。不过，在今天，这是对想象中的传统的第二世界的城市的单调性的记忆——包括空荡荡的中心商店，没有广告色彩的装点，货架上物品匮乏，街道上没有小商店，服装的标准化（在毛主义的中国最典型）——这种回忆在私有化运动中仍然在意识形态上发生作用。简·雅各布斯（Jane Jacobs）关于真正的城市结构和有小商业的街道生活的基本看法，不断在意识形态上重演。没有任何暗示表明她认为这个判断完全适合北美或资本主义的城市，而在资本主义的城市里，大公司同样也是这样做的，只是采取了不同的方式，它们迫使小企业消失，建造起由机构大楼形成的峡谷，根本没有任何城市生活的个人特征。

不过，这种表示第一世界特征的城市的退化，已经被转变成一个被称作后现代主义的分隔的意识形态空间。在这里，后现代主义在对现代建筑及其理念的一系列攻击中适时地获得了它的地位。对于第二世界的城市，它的想象则被用于服务一种极不相同的运作，即用于对世界的视觉和经验的“类比”，这个世界完全由人的意图规划和支配，因此由这个世界产生机会的偶然性便被排除——由此冒险和现实生活以及力比多的满足等的可能性也被排除。于是，有意识的目的、计划和集体控制，都被想象成与压制和拒绝相一致，与本能的枯竭相一致：正如在后现代的有关辩论中那样，第二世界城市中装饰的消失——仿佛它不情愿地实施着阿道夫·路斯（Adolf Loos）的计划——可以作为一幅可怖的漫画，表现一个革命社会清教徒式的乌托邦的价值（正如在另一次运动中，它曾表现高级现代主义的同样的清教徒式的乌托邦价值，而在东欧某种新近的理论中[13]，它以指导和揭示的方式与这次运动有着明显的联系）。

这一特殊意识形态策略中只有空间特征才是新的：当然，是埃德蒙·伯克首先提出了伟大的反革命的形象，按照那种形象，人们有意识地、集体地做的事只能是破坏性的，是致命的傲慢的一种标志：传统和体制只有缓慢地、“自然地”发展，才能可信任地形成一种真正的人类世界（由此，一种对意志和无意识意图的深刻怀疑将在美学中演化成某种浪漫主义的传统）。但是，伯克对雅各宾派的开创性攻击，针对的是市场社会本身中产阶级的构成和形成，而对这个社会的商业主义，它基本上表现的是一个旧的社会构成在其被取代过程中的恐惧和焦虑。不过，今天市场理论家们为了维护市场社会——在某种程度上它现在被认为是“自然的”并深深扎根于人的本性之中——也会安排同样的幻想以反对人类普罗米修斯式的努力，即力图将集体的生产置于自己的手里，并通过制订计划，控制或至少影响并改变他们自己的未来（在后现代性里，这似乎不再有什么特殊的意义，因为在后现代性中，即使不能说缺少对未来本身的真正经验，这种经验也似乎已经开始衰弱）。

但确切地说，这是意识形态和想象的背景，依靠这个背景，才能把当代资本主义的城市作为一种几乎是巴赫金式的对异质性的狂欢来推销，作为对差异、力比多的亢奋和极度个性的狂欢来推销，而极度的个性通过个人的极度消费有效地消解了旧的个人主体中心。现在，关于乡间被抛弃和痛苦的联想或内涵，关于小资产阶级贫困的联想或内涵，以及关于文化和力比多亢奋的联想或内涵，在我们对第二世界城市空间的印象中被重新系统地赋予，它们被强行用作反对社会主义和制订计划的论据，用作反对集体所有制和想象中的中央集权的论据，同时，它们也作为一种强有力的刺激促使东欧人民投入西方消费的自由中去。考虑到一些先在的困难，这是不可小视的意识形态上的成就，它以否定的方式展示出由社会团体集体控制他们的命运，并赋予那些自律的形式以所有的担心和焦虑、厌恶和力比多恐惧，亦即弗洛伊德所说的逆投入或反净化，而这必然对任何成功的反乌托邦思想产生重要影响。

因此，也正是在这一点上，这里讨论的二律背反的空间形式的一切最自相矛盾的事物都变得非常生动且无法避免。当我们开始问自己，历史上最标准化的、最一致的社会现实，通过纯粹的意识形态的闪现，或者是最不易觉察的替代，如何才能以绝对多样性和人类自由最难以想象与分类的形式光辉地出现，我们的概念的展现更清晰地进入我们的视野。这里同质性已变成异质性，在一种互补的运动中，绝对的变化转化成绝对的停滞，而真实的历史没有丝毫改变，虽然这一历史曾被认为就要终结，但在这里它却似乎要最终实现它自身。

【注释】

［1］Paul Virilio，*War and Cinema*，London，1989，59－60.

［2］Marcel Proust，*A la recherché du temps perdu*，vol. I，Paris，1987，36.

［3］Tafuri，*Architecture and Utopia*，70.

［4］Ibid.

［5］Ibid.，62.

［6］Henri Lefebvre，*The Production of Space*，Oxford，1991.

［7］Claude Lévi-Strauss，translated as *The Savage Mind*，Chicago，1966.

［8］See Jacques Derrida，*Writing and Difference*，London，1990.

［9］See Ranajit Guha，*A Rule of Property for Bengal*，Paris and The Hague，1963.

［10］See Pierre Philippe Rey，*Les Alliances de classes*，Paris，1978.

［11］Ursula Le Guin，*Always Coming Home*，London，1985.

［12］Samuel R. Delany，*Trouble on Triton*：*An Ambiguous Heterotopia*，Middleton，1996.

［13］鉴别美学现代主义与斯大林主义，具体可参见 Boris Groys，*Gesamtkunstwerk Stalin*，Munich，1988；translated as *The Total Art of Stalinism*：*Avant Garde*，*Aesthetic Dictatorship and Beyond*，Princeton，1992。

（王逢振　胡亚敏　译）

“艺术的终结”还是“历史的终结”?

关于“历史的终结”的论争，假定它仍存在的话，似乎已经从其前驱者的记忆中驱除出去了，而关于“艺术的终结”的论争，在30年前的20世纪60年代曾讨论得十分热烈，现在看来似乎也不可思议了。如果你愿意承认的话，这两种论争都来自黑格尔，并通过他对历史的思考，或以他的历史叙述的形式再现了一个特有的转折：我相信我们现在已经沿着我们所意识到的这种历史性的叙述结构走了很远，从而能够忘却那些带有总体性或目的论弊端的古老的坚果。但不论怎么看，对于福山和科耶夫提出的那种论点的兴奋——受到某些左翼和右翼的热烈欢迎——表明黑格尔并非像人们通常所说的和想象的那样已成为过去。这里，我准备将这两种颇有启发性和代表性的论争加以比较，并试图确定这种比较关于这个我们在其间发现了自身的历史的紧要关头告诉了我们什么。在过去的几年中，我一直在论证，这个紧要关头是由各个领域间的去差异化（dedifferentiation）体现的，以至经济逐渐与文化重叠：每一件事情，包括商品生产和高水准的投机金融都成为文化的了，而文化也同样深深地被经济和商品定位。于是，把我们当前的处境称为晚期资本主义或全球化政治就不足为怪了。但是，那也许比我们这里的情境稍稍领先了一点。

因此，让我们闭上眼睛，张开想象的翅膀，回到20世纪60年代那个充满朝气的愉快的时代。探讨“艺术的终结”这场论争的最简单的方式可以通过回忆过去岁月中的一个最热门的话题或疯狂的举动，即从马尔库塞到星期日副刊人人都在讨论的所谓的实验戏剧的出现来实现。我过去从未仔细地思考过这类戏剧，故倾向于像通常那样，重新将这些实验戏剧置于大规模的戏剧革新运动的语境下：我们所说的 20 世纪 60 年代——大概从 1963 年伴随着甲壳虫乐队和越战开始，一直到 1973—1975 年伴随着尼克松辞职的冲击波、石油危机以及颇具嘲弄意味的西贡的沦陷而戏剧性地结束——是指在其他事件当中的一个十分轰动的事件，可以说自 20 世纪 20 年代以来最轰动的，那就是从过去传统的世界文学中承继下来的所有经典剧本的一种新的富有创意的表演和演出：这里我们且不说希芬鲍尔·达姆（Schiffbauer Damm）、彼得·布鲁克（Peter Brook）或格洛托夫斯基（Grotowski），杜·索雷尔剧院、国立大众剧院和奥利弗国家剧院以及纽约先锋派戏剧的演出，也不说贝克特（Beckett）的作品和所谓的反戏剧，单只提哈利谢尔·乌费尔（Hallischer Ufer），就足以唤回无数演出和表现的激动，显然，所谓的实验戏剧于其中占有一席之地。

如果我根据这一时期的一些历史学家的提法，将这一阶段称为伟大的表演和富有创造性的舞台演出的时代，而不是将它视为一个产生天才的作曲和新戏剧的时代，希望大家不要误解（尽管这一时期有几位有声望的天才的剧作家，如贝克特，他的名字将被载入史册）。换句话说，我们看到的是全球上演的新的莎士比亚舞台剧，而不是那些不可能在各地剧院上演的新的但无法施展想象的莎士比亚剧作（不过我们不必把时间浪费在思考那些例外的名字如索因卡［Soyenka］或富加德［Fugard］之类的带有娱乐性质的练习上）。在这点上我要指出的是，这一时期的剧场演出与那种预先假定为其可能性的托词和条件的剧本有一点距离：实验戏剧将通过声称摆脱文本的预设和提供一种纯粹的演出把这一距离推向极限，从而企图消弭虚构与事实、艺术与生活的边界和区分，这又是一个悖论。

在这一点上，我还必须提醒你今天我们这个社会里每个人都打算忘却的，即那是一个充满激情的政治化时期，一个艺术上特别是戏剧上创新的时期，甚至那些最具有美学思想和最少政治意识的表演者和导演，都总是坚信，戏剧表演是又一种艺术**实践**的形式。戏剧的改变无论多么细微，都有助于对生活本身的普遍改变，并且无论在世界上还是在社会里，戏剧都既是其中的一部分又是一面镜子。具体说来，如果认为 20 世纪 60 年代的政治，遍及整个世界特别是包含“民族解放战争”，被看成和构成美国越战的对立面，换句话说，被视为世界范围的抗议，我认为这几乎没有夸大其词。于是，戏剧上的创新本身又是作为美学抗议的象征姿态，作为被理解为诸如社会和政治的抗议的一种形式上的创新出现的，从而超越了具体的美学和戏剧概念所暗含的创新。

同时，我们从一个更狭窄的意义上看，“艺术的终结”的理论的展开也是政治的，就它的用意而言，是暗示或显示出文化惯例和经典、博物馆和大学制度以及所有具有国际声誉的高级艺术在越战中作为西方价值的维护者的那种深刻的复杂性：有些东西又被推测是官方文化的一种高水平的投资，以及高雅文化作为国家权力的延伸在社会中有影响的地位。在我看来，这些现象尽管无人注意，但在今天比以往更真实，特别是在一个极端反理性的美国。汉斯·哈克（Hans Haacke）与那一时期绝大多数艺术家相比，也许是这类观点的最合适的代表。不过，政治上的提醒至少在一定程度上有助于人们识别出左翼关于“艺术的终结”的理论的起源，从而与明显在右翼中流行的“历史的终结”的精神相对照。

黑格尔本人所说的“艺术的终结”到底是什么呢？（黑格尔并不喜欢使用这类非常口号化的短语。）“艺术的终结”这个概念的内在性在黑格尔那里是某种从一连串的概念系统或模型的前提中演绎出来的东西。的确，黑格尔的思想博大精深——如同一些有魅力的思想家一样——不是独出心裁或从相关的或一些具体个别的概念推导出来，而是像我们所讨论的思想家那样，从并存的但不一致的数个不同的概念系统推导出来。想象模型漂浮在互相区别的层面上，证明有意义或富有成效的不是它们的一致性，而是无限小的区分和层面之间不易觉察的不一致——推断出一个连续统一体，其范围从最初的龃龉和嘲弄的间隙一直到不断摩擦的张力和尖锐的矛盾——真正的思维总是发生在空地，从而避免在最强有力的概念系统之间突然出现。于是，思考的不是概念，而是拆散个别概念之间的关系，犹如从壮观的银河系中独立出来，漂浮在空空的精神世界里。

颇具特征的是，黑格尔的模型或子系统都被归纳为三段论，当代读者对这种三段论是不屑一顾的——视为一种宿命的对数字学的迷信——其目的是使这种极度艰涩的文本[1]变得有意思。在这里与我们相关的仅是两个著名的三段进阶：通过宗教、艺术、哲学这三个阶段通向绝对精神——或宁可说朝着绝对的“客观精神”的运动；而艺术本身的三段论则是通过三个亚层次阶段：象征、古典、浪漫……在三个阶段之后最终指向哪里呢？自然是朝着艺术的终结和通过美学自身与它内部的运动来达到美学的废除，或者美学通过自我超越而转换成别的东西，即假设为某些比自身的暗淡和镜像更好的东西——黑格尔哲学本身的乌托邦概念的辉煌和透明，一个绝对此在的历史的自我意识（而这将又产生一个同一的被说成是预言性的概念，即所谓的“历史的终结”）——简言之，这是一种凌驾于自身命运之上的人类集体所形成的力量。有鉴于此，它的缔造者（就我们此时此地而言）进入一个超出思想所能抵达的不可理喻的难以想象的暂存乌托邦境界。

无疑，在黑格尔庞大的书写——整天囿在一个非常有限的句法和语言里，着魔般地毕生不停地书写——其他子系统也被混在这些字迹之中。今天，它足以使我们确信这两种似乎有很多共同点的东西之间暗中产生的不一致：它们正从模糊的未意识到的形象中走出来，通过设定这种完全是自动生产的形象游戏，走向哲学和历史自我意识中完全透明的形象的终结。在这种情境下，思维已经从渐成颓势和仍有活力的抽象概念本身拭去形象和转义的最后的残迹。

我相信，正是在这种种规划和序列中，错误的地方浮现出的特有的“崇高”，为我们提供了理解黑格尔思想的更深的线索。让我们试着通过它们进入一个直接的、过分简单的和难以想象的写作方式。如果是那样的话，历史上的第一个时期——宗教，前基督教的宗教，说得更好听一点，非西方宗教——就是这样一个时期，在其间人类可以思维，但只有集体意识而没有真正的自我意识，或更确切地说，由于没有自我意识的意识在措辞上是一个矛盾——其间人类具有集体意识但仅仅没有意识到自我意识，简言之，在其间，人用想象和形象来思考，创造的是外部的形式和形状，诸如事物的总体和变化。人类反思着、躁动着，痴迷地自我欣赏，由此进入物神崇拜的伟大的古典宗教，这一点与后来费尔巴哈（Feuerbach）和马克思本人提出的意义和精神相吻合。我希望我们花一点时间考察黑格尔关于印度的装饰物和古埃及象形文字的那段著名的充满智慧的论述，它像主旨（leitmotiven）一样在黑格尔一生的作品中被反复提到，从而为他的形象和形象化的概念提供最终的线索。

然而，所有这些中人们更熟悉的说法，也是一个你已经从许多细致地考察黑格尔体系的某个局部的当代研究中知晓的说法，就是我们的老相识金字塔：大量物质中蕴藏着充满活力的精神火花，它的巨大的外部形状，这一形式如此庞大以至于描述具体思考的区别变得很困难。不过，正是这一形式，由于它那无限的距离，表明意识本身形式的呈现。无疑，肉体和精神，物质与意识，除此之外，最好说这些贫乏的概念对立和二元论归根到底都产生于宗教修辞的枯竭，而不是反过来说黑格尔对可疑的宗教结构的看法复制和再生产了最平庸的、承继下来的传统哲学陈规。

可是，现在所发生的一切却是出乎意料的：它已不是逻辑的可预测的结果——物质将完全超越精神，形象将从它的物质的羁绊中挣脱出来并立即进入抽象思想——下一阶段已成为这样一个阶段，形象仿佛在它的最终的任务、命运和困境中被弄得无所适从，甚至更危险地陷入物质和肉体中。正是古希腊时期——古典艺术时期——荒唐地冒出又瓦解了人类历史目的论，这一倾向蔓延到广大地区，从亚洲到西欧，从东方宗教和帝国的那些伟大的“他者”到西方哲学和资本主义工业产品这一处于支配地位的自我中心。罗马人适合这一逻辑，但希腊人却不，他们为这个新的人类的最后的时代提供了一个危险的、诱人的也是误导的说法：在世界上，唯有人类的尺度通行，人体本身构成了政治哲学的源泉和本原，这是一种肉体的人道主义，神秘的毕达哥拉斯的黄金分割的和谐论暗示人体本身和它的比例的合理性，而这一瞬间却诱导我们开始思考真正人类世界的最终形式和现有哲学已经达到的最终形式。

黑格尔必须谴责对这一结果的盲目崇拜，以便使历史再度运行；同时他还必须施一点甜头给那些怀有古典主义激情的同时代的人，绅士般地刺激他们前进，温和且不停地提醒他们基督教仍留存于我们的日常生活中，与塔西佗（Tacitus）的《日耳曼尼亚志》一道，显示出一种绝对的权威，能够越过和压倒所有类似的徘徊不去的古典的怀旧。

至于基督教本身和现在在西欧处于优势的德意志的事实，我们需要记住的是，在黑格尔和他的同时代人看来，它甚至不再被认为是一种宗教：它那充满魅力的三段论和三位一体的逻辑通过宗教改革运动而进入德国古典哲学的抽象，进入黑格尔这一代人的客观唯心主义的抽象，在绝对目的论范畴和它们内在的辩证运动的充分培育下，通过整个地"去形象化"（defiguralize），以笛卡尔的速度褪去经久的神圣的光环，从此进入世俗的如费希特（Fichte）、谢林（Schelling）和黑格尔本人所阐发的深刻的思想。受刑的基督[2]将作为减压的方式，通过这种方式，曾沉溺于希腊的人体美的塑造中的一代人，跨越到完全不同的抽象的快感和满足。所有这些就是德国人所说的"绝对"：毕竟真正有意义的不是个体，而是人类集体。在这些先驱思想家的基础上，马克思将完善黑格尔的体系，他通过研究当时普鲁士政权成为专制和狂热的反动政权所出现的出乎意料的倒退而阻止了历史终结的道路。

这样，基督教似乎无须费力就演变为德国古典哲学，就像日耳曼部落传统直接导致现代性一样：如果人们将路德（Luther）和新教同等地置入这一历史发展的中期，他们的观念也许会更少一些狭隘性，尤其是更少一些沙文主义。但是，黑格尔的三阶段图式的最后一个阶段显然是有问题的，即他所称的艺术的浪漫形式。它是一个形式问题：在开始，他需要这个阶段以构成**美学**的一个辩证的高潮。无论这种辩证是什么样的历史叙事——并且像我们时代的德里达的补充（supplementarity）或弗洛伊德的追加（Nachträglichkeit）的对抗性的历史叙事一样，在那个时代，辩证法是一种新鲜的惊人的二律背反——它显然要求第三阶段在某种令人满意的意义上，像将它们分解并超越自身而成为别的东西一样，充分地实现下一个阶段。

基督教将再次提供一个转折的契机，由此安排了一个缺乏说服力的解决办法：中世纪艺术现在能够作为浪漫形式的坚实内容，作为现代美学的最原始的素材，而当代德国浪漫派对中世纪的怀旧情绪——施莱格尔（Schlegel）兄弟（黑格尔所憎恶的人），这些皈依宗教者，他们将意大利和罗马天主教、拿撒勒派画家以及各种被放逐到阿尔卑斯南部的流放者搅在一起——这些中世纪罗马天主教文化的残迹在他们眼里才是真正的"浪漫派"（即现代，这是在黑格尔的世界历史这个更宽泛的意义上来说的），他们通过徒劳地赋予艺术以不可推卸的中世纪和基督教的使命来帮助证明这一点，同时也证实了当时（1820年左右）这种怀旧情绪复燃的羸弱，由此说明朝着某种新的不同的辩证的时代转变的紧迫性，和用某种更有活力更果断的哲学取代这种令人沮丧的美学的挣扎。这种含混扩展到黑格尔的一个非常有用的词汇——"浪漫"中，这个词在他笔下一般不是一个肯定的词汇：德国浪漫派，尤其是弗里德里奇·施莱格尔，在今天已渐渐被我们视为当代某种特殊实践和思想的先驱，由于浪漫派的反讽所提供的竞争的焦虑和危机的预知感，也由于辩证法本身所形成的模棱两可的自我意识，要执意判断黑格尔对浪漫派的厌恶将不会有太大的困难。

总之，无论人们对黑格尔的艺术的最后阶段作出何种解读，都几乎没有哪种历史的预测遭到过如此的惨败。也无论黑格尔对于浪漫派的情感多么合理，这些沿用下来的当今被称为现代主义的潮流肯定会与人类历史上最兴盛的艺术之一相认同。因此，无论"艺术的终结"对于我们意味着什么，它显然不再依据黑格尔那个时代的常规了。并且，就黑格尔预测的其他方面而言，艺术被哲学取代，也不能选择一个更差的历史时期来证明这个论断了。的确，如果我们遵循黑格尔和他同时代的人的实践，将哲学认同为这样的体系，那么，在那个意义上，几乎没有人否认他与真正的哲学时代的预言家还相距很远，而宁可说黑格尔是传统中的最后一个哲学家：这是在两个意义上说的，一是他被完全归入和转型为马克思主义，作为一种后哲学；二是他占据的哲学领域如此全面以至于激发了所有后来者的纯然的哲学努力（在我们这个时代，哲学仍被认作理论），后来者们创建了繁多的局部的游击式的攻击和反哲学的疗法，从尼采到实用主义，从维特根斯坦到解构。

不过，在另一种意义上，黑格尔所做的这一切又都是对的，并且是真正的先知。我们现在必须试图理解这一奥秘，这一在完全异常的和似乎误入歧途中的片刻真理。阿多诺有一句最著名的格言："哲学，一度似乎过时，但仍继续存在，因为实现它的阶段错过了。"这是真的，"哲学的终结"在我们这里的官方话题中没有出现，而是阿多诺的引人注目的评论提供了一个比我们迄今所碰到的更为丰富的某些东西"终结"的图景：终结是一种实现，它可能被错过了，这一疏忽导致的是一个沮丧的后半生和屈居第二，可是它仍在那里存在着（就阿多诺而言，哲学的其他"终结"，哲学被实证主义和反理论取代，在他看来这对在一个时期中提倡保持否定活力的"批判理论"是有害的，其间，实践本身，否定与肯定的统一，似乎被悬置了）。

所有这些表明，是历史而不是黑格尔错了：根据这一观点，艺术转化为哲学暗含了一种不同的哲学的"终结"——它不再是一个单独的学科，而是我们所呼吸的空气，是公共领域自身和集体的物质，从而扩散到社会生活的所有领域。换句话说，它的终结不是通过变成无，而是通过变成每一件事来实现的：道路并非由历史来开辟。

如果是那样的话，也许有必要追问：依据黑格尔的说法，艺术本身如何在哲学的胜利——也是另一种终结——中被终结，并且这种情况没有发生。黑格尔说：“艺术在自然中和生活的有限领域中有比它‘前’的一个阶段，也有比它‘后’的一个阶段，这就是说，也有超过以艺术方式去了解和表现绝对的一个阶段。因为艺术本身还有一种局限，因此要超越这局限而达到更高的认识形式。这种局限说明了我们在现代生活里经常给予艺术的地位。我们现在已不再把艺术看作体现真实的最高方式了。”[3]黑格尔继续援引伊斯兰教和犹太教对阴间想象的禁忌以及柏拉图对艺术的批评作为历史动因，从而表明对在“艺术的终结”中实现自身的那种形象化的不信任。但是，黑格尔又在他的言辞中警告我们不要仅从字面上理解这番论述，这并不意味着艺术完全消失。事实上，彼得·毕尔格（Peter Bürger）在研究装饰艺术产品的类型时已经写了不少有趣且富有思辨性的文章（例如，荷兰的静物画）。对此黑格尔认为，它们是“艺术的终结”的残迹，是用来布置和装饰一个已经实现的哲学阶段的日常生活的。

不过，这一关键的句子使我们联想到完全不同的事情：“我们现在已不再把艺术看作体现真实的最高形式了”，这个句子提醒我们，历史颠倒了黑格尔的判断，它像对阿多诺的名言作哲学理解一样富有戏剧性：因为，毫无疑问，确定艺术中**现代主义**的东西，最重要的是它武断地宣称那是“理解和表现绝对”的一种独特的方式，并且它确实或至少希望我们认为它是同样优秀的，是“真实接近存在的最高形式”（表达上稍作修改）。可以说，正是在各种哲学符码和语言的相对性中，在自然科学发展的羞辱中，在由工业城市的体验所激发的对抽象和工具理性的强有力的批判中，现代主义非常准确地发现了它的权威。

但是，哲学的权威被削弱和损害的状况不能说成仅仅是允许艺术与它同时发展和继续存在的结果，因为通向“绝对”这个可疑的权威的道路是可以选择的。在这个意义上，黑格尔是完全正确的：一个事件发生了，这个事件他打算叫作“艺术的终结”。并且作为那个事件的一个构成特征，事实上某种艺术终结了。但与黑格尔的预言不相符的是由哲学本身取代艺术：我们宁可说，是在旧的艺术结束之后，一种新的不同的艺术突然出现，它占据了哲学的位置，并盗取了整个哲学对“绝对”的权利，成为“体现存在的真实的最高形式”。这就是我们称为现代主义的艺术：它意味着为了说明黑格尔的错误，我们需要假定在整体上有不同作用和对真实有不同认识的两种艺术。

或者，我们不必那样做，因为在黑格尔那个时代，这两种类型的艺术已经经过梳理，被理论化了，我们也已经对所提到的黑格尔论及的相关理论的令人怀疑的性质作了评述，这个理论你也许已经猜到了，那就是美与崇高的区别。我同意一些评论家的意见——但是也许菲利普·拉克-拉巴斯（Philippe Lacoue-Labarthe）提得最激烈——我们所说的“现代主义”归根结底与崇高相一致。就其实质而言，现代主义追求崇高，我们也许可以称之为超美学，根据它对“绝对”的认可，也就是说，它相信为了成为真正的艺术，艺术必须在某些方面超越艺术。康德的解释——对关于美的更常规的思考的独特的事后思考和补遗——可以说是那一时期对现代艺术的非凡的预告，而那时作出这个预告几乎是没有基础的，也许是因为他对哲学（他当时称为“道德”）和一般的现代的有效层面两者的含义作了富有成效的再探索的缘故。不幸的是，这里不是我们能够进一步追溯多远的问题，而是有一个多少不同的结果必须强调，即黑格尔预言了其“终结”的艺术，根据康德的观点，被认为是美。正是“美”在这个有意义的事件中逐步走向终结，但是取代它位置的最终不是黑格尔所认为的哲学，而是“崇高”，换句话说，是现代美学，如果你喜欢的话，也可叫作超美学。当然，很大程度上，按照彼得·毕尔格暗示的看法，这种取代是与在所有传统意义上的"美"的一些次要形式的低水平的留存和再生产相伴随的；"美"现在作为装饰，已不再要求真实或与"绝对"的任何特殊关系了。

但是，如果你愿意继续探究下去，或许你要准备迈出更大的一步，甚至跳过去，进入我们所处的时代，或更确切地说，进入我们的昨天——20世纪60年代，当时所发生的一切，特别是当代的"艺术的终结"，仿佛是过去时代的一种复现。不过，我认为我们现在正处于一个分辨这种特定的"某些事物的终结"的更好的位置：它可以仅仅只是现代本身的终结，或者说是崇高的终结，艺术的使命在解体中到达了"绝对"。那么，有一点很清楚，无论这个特殊的历史事件是什么，它都几乎不能与过去的和更早的"艺术的终结"相提并论，在那时，哲学未能履行它的历史使命，只能听任崇高去取代纯粹的美。现代的终结，在过去的几十年间逐渐由后现代取代现代，这是一个划时代的事件。如何评价这一改变和转换，值得作进一步研究。

我要说的是，例如，第二次"艺术的终结"不能被设想成跟完全不同的19世纪相应的情况一样会通向最终的哲学领域。但是，如果认为现代的解体是一个非常长的文化历程，这一转变开始于20世纪60年代，它在20世纪80年代作为一种新的镀金时代展露时并没有给我们最后的信息，那么，其他的推测和历史的解释同样也是可能的。例如，理论的出现，它从20世纪60年代开始似乎就有取代传统文学的趋向，并且扩展到非常广阔的范围，从哲学到人类学，从语言学到社会学，过去大规模的去差异化取消了它们的边界，并且开始了长期被推迟的那个时刻，曾经以政治经济分析而赢得声誉的马克思主义，通过分析上层建筑、文化和意识形态，终于赢得了新的声望。那么，这种理论到底指什么呢？应该说，这个理论的重要时期（现在也有人声称它要终结了）实际上通过将表现自身的能动力量作为它的中心主题印证了黑格尔的预见：为了将它们融入到公开的和透明的常规中，我们除了通过意识（和自我意识）回归到构成美学的形象化和形象的动态外，不可能构想一个古典黑格尔学派那种哲学对艺术的取代。这一时期的“艺术的终结”，“现代”的黯淡，不仅仅以1910—1955年这一辉煌时期以现代主义自居的那些伟大的名导演的隐退为标志，也是和列维－施特劳斯、拉康（Lacan）、巴特、德里达、鲍德里亚等这些当代同样著名的名字的涌现相伴随的，正是他们装点了这一理论的英雄时代。这一转换并不具有断裂的特征，其间对叙事的崇高的专注突然被研究逻辑范畴的回潮所代替：确切地说，理论从美学本身、从现代的文化中脱颖而出，只是隐约地借助了批评和创作之间的老的反理性区分，这一运动从马雅可夫斯基（Mayakovsky）到雅各布森（Jakobson），或者说从布莱希特到巴特，从乔伊斯到艾柯（Eco），从普鲁斯特到德勒兹，似乎构成了一条向下的曲线。

于是，在这些意义上，随着哲学术语被理论术语显著地置换，也许可以论证，对于这一特定的当代的“艺术的终结”，黑格尔毕竟没有犯大错。上述的事件至少能够部分地被理解为处于高潮之际的形象的解体，并开始进入一种不同于旧有哲学体系的更新的清晰形式，而这种新形式现在又试图让位于常规本身。

可是，如果这样的话，所作的描述则只有部分是正确的，后现代的背景还有另一个我们未曾公平对待的层面。黑格尔的转换图式包括了好几个术语的命运：现代、崇高、艺术的一半的作用，都将由理论接管，但同时也为剩下的艺术的另一半留下了回旋的余地，这就是美，它现在又开始渗入到文化领域，与此同时，现代的作品已逐渐萎缩。这就是后现代性的另一面，在原有的现代的崇高的位置上，出现了美的回归和装饰，它抛弃了艺术所声称的对“绝对”或真理的追求，重新被定义为纯粹的快感和满足。理论和美构成了后现代“艺术的终结”的基本要素，但是它们又通过使20世纪70年代呈现为“理论”的时代来互相牵制，而到了20世纪80年代，它们则完全沉浸在灯红酒绿的文化放纵和消费之中了（这种奢侈的享受现在甚至开始包括符号和消费理论本身）。

这样，艺术在这个新的时代似乎又陷入以往在崇高的支配下所处的旧有的烹饪的位置：可是，我们必须记住，在那些日子里，艺术大部分被世俗化的过程所充塞，被封建的替代物即资产阶级对旧秩序的迷恋所充塞，文化领域甚至更多是具有古典形式的宗教形象，而这些东西在我们今天已完全消失了。因此，我们必须在把康德和伯克的美的概念运用于后现代主义时加上一个有意义的限定：它必须与教育、公共领域和控制论或信息时代有关；它要求我们强调我们这个时代值得注意的历史发展，即文化和商品的巨大的扩张，已进入政治、经济等所有这些领域，因而与现代时期的日常生活已有了相当大的不同。换句话说，后现代性的去差异化的强大趋势再次抹去了这些边界（如曾指出的那样，它们在使文化经济化的同时，反过来使经济进入了各种文化形式）。这就是为什么在我们这个后现代时期似乎适宜唤起社会和日常生活的广泛的文化移入的原因；同时也证明了把我们的社会描述成景观和影像社会的预言的合理性——因为我将更普遍地论证，这种文化移入实质上采取的是空间形式，我们大致上而不是精确地把这些形式认作视觉。我以为人们一般并不持这种态度，那些哀叹或庆贺“艺术的终结”的人多是把它等同于诸如文学的终结、经典的终结或阅读的终结，并且整体上将被大众文化所取代——这是一种非黑格尔学派和道德化的立场，它基本上未能用系统的方式来描述这一新的时期。但是，后现代中美的回归必须被视为正是这个系统的要素：通常被空间和视觉形式殖民化的现实是与全球规模的同样强大的商品殖民化的现实一致和同步的。崇高和它的后继理论是否具有康德所暗示的那种能量，可以恢复这种后现代性的哲学成分，并揭露美中所暗含的商品化因素，这是我未曾探讨的问题；但是我希望这个疑问和问题与我们曾思考过的直到现在仍面对的两者取一的方式有所不同，即如果我们喜欢现代主义的话，可否想象——且不说可能——在它解体进入充分的后现代性之后再返回到过去的现代。这个新问题也是关于理论本身的，它是否能持续和兴旺而不是简单地回到 19 世纪那种局限和过时都显而易见的老的专门哲学上去。

但是，现在我们需要进入一个更复杂的论题——不再仅仅是艺术的终结，而是转向一切的终结，即所谓“历史的终结”本身，遗憾的是我们没有时间再追溯这一提法的动人故事：它源于黑格尔的某种“新纪元”，即意指一个崭新的前所未有的时代将要开始；后来，又被俄罗斯的流亡者亚历山大·科耶夫重新改写，此人曾是斯大林的追随者，后来成为欧洲共同市场和欧洲经济共同体的设计师，他在 1930 年所作的关于黑格尔的演讲经常被认为是“存在主义的马克思主义”的来源；最后，如佩里·安德森（Perry Anderson）所指出的，是“1989 年夏天福山那震惊全球新闻界的观点”——其概要为随着冷战的结束，资本主义和市场将成为人类历史的最后形式。这一十分尖刻的观点是由乔治·布什（George Bush）的国务院的福山提出的。不过，幸运的是，这一概念的历史在安德森的《约定的区域》[4]一书中界定得很清楚，也许可以满足人们的要求，故我们在这里不必再细致地重述一遍。

然而，这一叙述中有两个特征需要记住，它们都涉及历史唯物主义。举例说吧，那些精于对历史作唯物的辩证的解释的人们将不可能对福山表示更朴素的反对，也就是说，尽管发生了这一切，但是历史还在继续发展，还是继续有一些“事件”特别是战争出现，似乎没有什么东西已经停止，每一件事都还似乎变得更糟糕，如此等等。但是，就马克思所提出的历史的终结而言，它是有两个限定条件的：第一，他讲的不是历史的终结，而是前历史的终结。也就是说，在所达到的那个时期，人类力量可以控制自身的命运，在那个时期，历史是集体实践（collective praxis）的一种形式，它不再屈从于自然、匮乏或市场、金钱这些非人的宿命论的东西。第二，他构想这种前历史的终结不是根据事件或个人行为而是根据系统，或用他的话说即生产方式。（他从不断言任何具体结果的不可避免性；一个著名的短语使我们联想到“敌对阶级的共同崩溃”的可能性——但可以肯定这是一个完全不同的历史的终结——而同样著名的“社会主义或野蛮状态”的选择显然也包括了预先的告诫和对人类自由的呼吁。）还有，按照马克思主义的观点，通过坚持那种系统的事件与那些更一般的历史行为或偶发事件之间的根本的区别，一种生产方式被另一种所取代的事实清楚地表明，即使在社会经济体系或生产方式本身发生根本性改变之后，历史是如何被期待继续充分发展的。

可是，非常奇怪的是，福山或科耶夫都没有以那种历史唯物主义或系统的方式论述他们的历史的终结：事实上，对于那些习惯于早期耶拿经济学著作中更具有唯物主义色彩的黑格尔或被马克思吸收的黑格尔的人来说，他们起到了一个提醒的作用，展示出黑格尔（也许甚至是存在主义的马克思主义）基本的唯心主义（即使不必然是保守主义的话）的另一面，也就是说，通过主人与奴隶之间的斗争，坚持这种为了获得承认而进行的斗争正是历史的原动力。科耶夫坚持黑格尔学派的“满足”的主题，他的推论（几乎是吉拉德［Girard］式的）强调社会平等和等级结束的结果，将资本主义的胜利归结到社会心理和存在主义而不认为是生产方式本身的优越性。后来的理论家结合了“科耶夫曾反对作为二选一的两个论题：不再分为消费的文明或风格的文明，而是突出它们的互换性——商品被作为宣泄力比多的假面舞会的舞蹈”[5]。不过，福山对民主制度和市场的鉴别，本身几乎没有什么原创性，而是使我们又回到社会心理，并且也许可以作为对当前或后现代的一个挑战。晚期资本主义时期的马克思主义不仅要建立一个对商品消费的恰当的唯物主义分析，而且要建立一个对为了获得身份的承认而产生的各个团体之间的竞争的唯物主义分析，这种承认——如用户至上主义和种族间的国内战争——它们构成了我们这个特殊时代的特征。马克思主义的理论需要对所有这些问题——如意识形态、阶级斗争、文化以及上层建筑的运作等——提供解释，这些都是当前全球范围的问题。分析的精神将是原有精神的延续，在现代时期结束时得到了成功的详细阐述。但是，这些概念必须是新的、生机勃勃的，它们将被设计来对这种扩张的资本主义世界市场的新奇之处作出解释。

可是，我相信，福山论文中的历史的含义并不真正是受到黑格尔或科耶夫的著作的启发，虽然我仍认为我们的有些东西是从他们中学来的，即与我所称作“新纪元”的这个我们所生活的时代的关系，并且我们将借助这一关系，捍卫现在这个时刻和现在这个时代的历史意蕴和意义，以对抗所有关于过去和未来的主张。这就是已过去的具有现代性的那个时期的辉煌所给予我们的更有意义的一课，以此对照，我们发现要为我们自身辩护是如此困难，故我们宁愿借助于完全的历史健忘和对历史感的抑制来摆脱这种一代不如一代的不愉快的感情。要处理与现代的关系，既不等于带着一种怀旧感返回过去，也不是对压抑所造成的匮乏作俄狄浦斯式的痛斥——这为我们的历史性提供了一个富有意义的使命，而在这方面获得成功也许能帮助我们重新找到对未来以及真正改变的可能性的感觉。

但是，我认为，福山的价值不在那个特定的方面，事实上，应该通过与美国另一篇颇有影响的论文并置来发现，这篇文章发表于1893年，差不多正好早一百年，它同样阐明了某种事物的终结。尽管表面看似乎是时间，但实际上福山的“历史的终结”并不真正是关于时间的，而不如说是关于空间的；它强烈地宣泄和表达出来的焦虑，它对其赋予一种可用的形象，并不是对未来或者时间的无意识的担忧：它们表达的是在新的世界体系中空间压缩的感受，同时也表达了结束另一个更基本的全球化和跨国公司这个新的世界市场的边疆开拓的愿望。弗雷德里克·杰克逊·特纳（Frederick Jackson Turner）的著名论文《美国历史上的边疆》[6]就与此很相似。福山的“历史的终结”的概念发出的信号表明构想未来的不可能性，而这种不可能性就是已到了新的更基本的空间的极限的结果，它不是作为冷战的结束或社会主义的失败的结果，而被视为资本主义进入第三个新的阶段，以及随之而来的它要渗透到那些迄今为止还未完全商品化的世界各地，而这样一来，进一步构想扩展体系将显得困难。就社会主义而论，一个不同的马克思（是从《政治经济学批判大纲》的意义上而不是从《资本论》的意义上）通常坚持直到世界市场已达到极限，东西和劳动力都普遍变成商品，社会主义才能被提上议事日程。我们今天比马克思或列宁那个时代离这个目标要近得多。

但是，“历史的终结”的概念仍然表达了历史的想象的障碍，我们需要更清楚地看到那是一个怎样的景象，它是怎样终结的，以及为何最终只提供了这个特殊的概念作为一个可行的选择。对我来说特别有意义的是，晚期资本主义（或者说资本主义的第三阶段）是与东方共产主义体系的崩溃相伴随的，并与地球上普遍的生态危机联系在一起。我在这里考虑的并不是特意突出保护生态的运动（尽管苏联在强力推行现代化的过程中环境受到过度消耗，但任何持续的保护生态的运动所要求的措施肯定只能由强有力的社会主义政府来实施），更确切地说，正是普罗米修斯式的生产概念的终结在我看来是有意义的，使人们在今天很难继续想象征服自然式的发展。当市场遍及整个世界，换句话说，当它已扩展到迄今还未商品化的前殖民地区时，由于一个普遍的（并且是完全正当的）转向将摆脱老的生产和榨取的英雄形式，进一步发展变得难以想象。换句话说，当全球化到达极限，深入发展的概念就变得不可能实现；扩张和老牌帝国主义的终结并不是与任何内部发展的可行的选择相伴随的。

同时，阻碍我们想象未来的新形势的第二个特征在于它那严密的系统性：它以系统论和信息革命以及相伴的市场营销和金融的方式，使整个世界突然卷入了一个总体系统，几乎没有人能够幸免。这使我们想起了萨米尔·阿明（Samir Amin）所创造的一个词“去连接”（delinking）——对世界系统放弃选择——以衡量我们的想象力对这种可能性的抵制。

于是，这两个障碍——对基于普罗米修斯主义和深入发展及工业化的价值的禁忌，与想象从新的世界体系中脱离，以及政治的、社会的和经济的“去连接”的不可能性——这种空间的两难窘境凝固了我们对今天全球化空间所构想的图画，于是便生出福山所说的“历史的终结”这一幻象和市场本身的最终胜利。特纳关于结束边疆开拓的理论仍继续为美国超出现有的大陆边界的帝国主义扩张提供可能性。福山的预言表明构想一个均衡的安全阀是不可能的，甚至也不可能强行折回到系统内部。这就是为什么它具有如此强烈的意识形态性的缘故，也是它之所以是我们当前的窘境的一种意识形态表达和再现的原因。各种"艺术的终结"如今是怎样在哲学上和理论上与这种全球资本主义的新的边疆的"结束"并列的，这是我们继续研究的一个基本问题和我们这个时代所有文学和文化研究的地平线。现在我该结束我的讨论了，同时，我们将从这里开始新的征程。

【注释】

[1] G. W. F. Hegel，*Aesthetik*，East Berlin，1953.

[2] 将基督的身体作为转义：这就是黑格尔试图思考的现代性的关键。这样，它被构想为——现代性——这样一个时期，在其间，个体本身开始不再具有充分的意义。如果你从科学的角度思考现代性，那么，它开始于哥白尼时期：我们（人的身体）不再是尺度和万物的中心。如果你从技术的角度思考，它处于超越工具——优雅的假体，并附属于手工业者的身体——而进入机器时代的时期，个体本身成为机器的附庸。最后，如果你用经济的眼光来考察，它又是超越了把贸易作为典型的深刻的人类活动的时期而进入一个系统——资本主义——时期，在其间，金钱具有自身的逻辑，经济的循环以它们的不可思议性大大超过了简单的好或坏的运气、好或坏的命运的意义，不顾后果地执行着一种独特的人类命运，与遭受系统过程的地震式的震荡不同，后者不再能够用人类的范畴来理解或表现。

[3] Hegel，*Aesthetik*，102-103.

[4] Perry Anderson，*A Zone of Engagement*，London，1992.

[5] Ibid.，327.

[6] See Frederick Jackson Turner，*The Frontier in the American History*，Mineola，1996.

（胡亚敏　译）

后现代性中形象的转变

一

后现代性经常被（我本人和许多其他的人）概括成某些东西的终结：这毫不奇怪，当我们不得不涉及整个新出现的日常生活方式时，这种变化的随机指数就应该被采用并加以理论化，而到目前为止，这方面还做得很不够。在讨论中，我想起了伊曼纽尔·华勒斯坦（Immanuel Wallerstein），他使我们回想起 14 世纪的牛津，那批僧侣学者所构想出的遥远的未来高度发展的资本主义的面貌。说到底，我们在这里要涉及的，并不是某种新的生产方式，而是一个早已存在的资本主义制度（利润、商品生产、繁荣和衰退、雇佣劳动等）的某种辩证的转换。也就是说，追踪内在的叙述线索，探测这个或那个依然不甚清晰的次要情节——诸如我们这里要勾勒的，与视觉或形象的命运有关——似乎不失为一种差强人意的办法。

但是，在后现代中，我们还是不无沮丧地必须记录下我们曾庆幸是一去不返的旧东西的卷土重来。让我们先来说说这些糟糕的新东西，这是布莱希特喜气洋洋地举荐的，并且他还声称让美好的旧东西埋葬它们自身吧：然而，当现实的构成变得混乱且漫无目的时，现实的激情和实践显然也就无所事事了。这里，一种纲领性的“后现代主义”能够助一臂之力，它向我们证实，布莱希特式的新东西不过是更为普遍的现代主义各种创新名目的子集，我们自以为揭示和显明了我们新的肉身的所谓“使其为新”和“新奇”。然而，在今天看来，布莱希特的新东西只不过是他要我们扔到一边去的另一种“美好的旧东西”。

问题是，现在卷土重来的那些东西，似乎并没有像旧的现代或新的后现代的新奇那样使知识界激动。若要从头说起的话，市场的重新发现显然不比车轮的重新发明更令人兴奋。（我在其他地方也论证过[1]，人们所构想的对美好的旧东西的热情在大多数情况下经常是对真正新的控制论技术的非理论化兴奋的掩饰。）但是在市场及其动力的观念复兴中，在现实中，我们面对的是差不多老掉牙的学院和学科形式的哲学本身的一次更为普遍的复兴，甚至理查德·罗蒂（Richard Rorty）也似乎忘记了，正是他本人在全面论证“哲学”本身在如何被永恒的主题和问题所建构的不合逻辑和倒行逆施的历史和传统中，写下了这块“领域”的死亡证书。[2]

由此，旧的哲学学科“理论”的消亡，在现在看来不过是曾一度存在过的东西。而当今哲学又带着它的所有分支重新登陆，首先是伦理学，仿佛尼采、马克思和弗洛伊德从来就没有存在过：尼采，连同他一度穿透所有旧的伦理律令的颇具攻击性的振聋发聩的发现；弗洛伊德，连同他对意识主体及其理性构成的拆解，同时把眼光转向那些蛰居在主体之中却不为主体所知的力量；最后是马克思，通过将旧的个人伦理范畴悉尽抛到一个新的辩证的并且是集体的层面上，从而使过去看来是伦理的东西如今必须被当作意识形态来加以把握。由于伦理学不得不无可挽回地锁定在个人的范畴中，但非事实上的个人主义本身：其间它似乎要支配的情境必然是单一社会阶级内部的同质关系的情境。但是，只有那些思想被经验主义所蚀害的不可救药的人，才会以为宣布伦理学（且不论善恶!）的终结，无异于全面引入暴力和陀斯妥耶夫斯基（Dostoyevsky）所谓的“胡作非为”，而不是对某些精神范畴的不足的一个清醒的历史判断。

伦理学的复兴也带来了它的更为时髦的后结构主义的变体，即“主体”的回归。对这个新论题的探索完全不必害羞，它的新奇性主要来自它对早期一个与之相对的命题——“主体的死亡”的矫正，其结果便是知识界里“后结构主义”（且用上这个令人不愉快的速记名称）的铺天盖地，以及一度退却的理论（和马克思主义及20世纪60年代的精神）在今日的一路畅通。但是，伴随这次主体复兴的“责任”的概念重又归依于它源出的伦理学，而主体死亡的另一种意义——个人主义的终结和催生了个人主义的企业资本主义的终结，很可能把我们引入一个新的理论探索，即对集体和公共机构的主体性的探讨。说到底，马克思是正确的，不管人们说什么，没有哪一个人类社会的结构具有像当今社会这样的集体性，在那里，阿尔都塞式的国家和意识形态国家机构的统治高高在上，就像任何一个当代城市中的摩天大楼，对“主体性”的再度重视与精神分析的发展对主体的无视（主要是拉康的学说）形成对照，从而使人们看出所谓重视背后的一些更为隐秘的动机，而精神分析的发展，也应当是这场复兴集中精力加以探究的。但是这些东西依然被挡在“理论”铁幕的背后，似乎并不特别容易被归入旧的哲学和学科的哪个门类。

过去的几年里，尼采自然是历经了无数次被重写，弗洛伊德本人则成为群情激愤之下的众矢之的；但是，与后现代主义或者后现代性的诸多概念的精心阐释携手并进的（虽然不是在我自己的著作中，我希望不需要加上这些），显而易见是对马克思的疑虑：他毕生的著作，被曾求助于其权威性的一些国家社会主义的衰落所“证伪”。因此，正是在马克思的新的禁忌所留出的真空中，一门颇具意味和代表性的哲学学科的复兴得以悄悄地出现。

我指的是政治哲学自身的回归。“政治科学”从来没有越出现代长夜（或马克思时代）中那种经验的和可操作的领域。它的理论高度全部来自社会学，它的实践努力则以这种或那种方式受惠于统计学，它的划时代的伟大文本收集的是革命和意识形态时代剧变的尘土，而这个时代同文本本身似乎鲜有联系。如今这一切又重现在学术的阳光下，似乎再次有力地证明了充满睿智的有重大责任的时代致力于现代性。仿佛洛克（Locke）或卢梭、霍布斯（Hobbes）或卡尔·施密特（Carl Schmitt）全都殚精竭虑，要为所谓的政治科学的发展作出贡献！甚至根本还没有存在过的东西也来为政治哲学重施洗礼！今天，在晚期资本主义——合同、法规、公民、文明社会等——重新装备的意识形态潮流中，古典文本经过专业目光的审视重新成为有用的东西，就像那些历经磨难的流浪者，新洗了澡，修了面，穿上体面的新衣裳，发现自己又恢复了往昔的荣耀，无疑也带着一定的疑惑。对于我们来说，它们是内涵丰富又自相抵牾的文本，在表现的种种问题和矛盾方面带有一些不可等同的教训。如今它们成了权威，其特权则来自一个根本的范畴错误。的确，某些反共火药库中最有创造性的发明——比方说，魏特夫（Wittfogel）的《东方专制主义》——就来自将国家社会主义的诸种形式等同于前资本主义——实质上的封建主义——的诸种结构：所有这些看起来很现代的“极权主义”被论证为与古代不胜枚举的“专制”暴君统治不相上下。然而这类诗意的概括，一旦用于分析通常人们所说的“朝着资本主义的转移”，就造成了观念和历史上的混乱，而恰恰是在这类混乱的掩盖下，求助于经典的政治理论就成为可能。

所有这些经典文本谈的问题和情境都不再仅属于我们这个时代，即从一个庞大的封建社会中崛起的资本主义社会和制度。例如，“文明社会”的概念，并不表明某种永恒的价值，就像我们今日世界体系中的非政府组织（NGO）一样，常莫名其妙地被重塑成定期造访愚昧无知的人性的那个隐蔽的上帝；相反，“文明社会”是对欧洲封建社会结构即欧洲的“古代制度”内部已经存在的各种世俗化模式作理论概括的一种企图。它与现代社会并不相干，那些伟大的政治理论家本人确实也被重新历史地定位为资产阶级革命的思想家。但资产阶级革命失败了，替代它的是工业资本主义：这无疑是说，如马克思所言，这些思想家力图为那些实质上是经济的问题发明一些政治的解决办法。从这个意义上而言，人们如果愿意的话，也可以赞同哈贝马斯的说法，资产阶级革命是一个“未完成的工程”（或许更应该说，就像甘地在一个相关的场合所做的那样，给西方文明贴上一个正面的和进步的标签，“这是一个好主意”）。不幸的是，任何在全球框架内对当代世界的可能性进行评估的一般观察，得出的结论都很可能是这个资产阶级工程将永远不会完成，我们需要另一个工程。

但是，这也是观察一种特定的知识界发展的时期，也就是说，当前五花八门的后现代主义与后现代性著作，以其自身的权利和特点，引发了一场回归或复兴，即对关于现代性的讨论的更新。人们有理由认为，或更确切地说是论证，只有当现代性已经过去并不再与我们有关系之后，才能被充分地评价和理解，但这并不是现代性的后现代辩护者们的立场。现代性的后现代辩护者们把它看作在我们自己的未来中仍然有待成就和值得成就的某些东西，与此同时，又有另外许多知识分子正在庆贺它的及时退场。现代主义和现代性之间的混乱在这里经常是一个纠缠不清的问题，我将很快回到现代主义本身。另外，大多数关于所谓现代性这个旧东西的新著作树起了一面大旗，上面写着我前面列举的各式各样的哲学主题：主体、伦理学、国家机构、个人责任，以及最后的但并非最不重要的哲学本身。差异存在于被复兴的历史阶段之间：如果说政治哲学的目标在于复活17世纪和18世纪第一次资产阶级革命的思想家，那么，这些更新的“现代性”理论，则是希望复活资本主义第二阶段的概念仓库，这是一个一元化和个人化的时代，用马克斯·韦伯替代洛克或康德。但这仅仅是表面上的知识的进步。现代化的语言，不仅是对资产阶级社会和资本主义的旧的概念化的丰富（即它的复杂的替代品有效地将新的矛盾提到了表面），而且也是一种或几种意识形态的语言。它滥用后现代性概念的新问题必然通过回归现代性本身的借口来运用后现代性，这次的目的是“纠正它”。

然而，自相矛盾的是，现代和现代性的老问题的新回归并没有真正被理解为对后现代性问题的一种责难：它本身就是后现代，这就是我们在这里所说的所有这些多种多样的回归和复兴的更深层的意蕴。生活在晚期资本主义取得普遍胜利但又没有人证明它的合理性的时代，知识界颇有一种漫无目的之感，资本主义过去的辩护词在现今意识形态斗争的英雄时代已破绽百出，不堪一击。在这样的背景下，这种回归以及学术哲学本身的回归的政治上的决定因素已是显而易见的。既然现在所有这些都是过去，为什么不回到曾经是适得其所的“价值”和确定性上去呢？为什么不呢？没有人会特别期待恢复另一种成功的程式，不管它多么诱人。由于这类重现中大多数内容太乏味了，不足以提供对愚昧的令人惬意的解放（而余下的内容又太危险了，足以导致真正的悲剧出现），因此，那些一度是悲剧性的知识界的斗争的重现具有了滑稽剧的特征。

但是，后现代主义的理论有一个概念特别适宜用来解决这一窘境，那就是拼贴。更新一些的著作似乎通过回归到一个更完整的过去的真正严肃的旧文本来指责后现代的肤浅，但是，正是在这个意义上它本身就是后现代的，因为它仅仅提供了那些旧文本的拼贴：昔日的伦理学和哲学的后现代拼贴；昔日的“政治理论”的拼贴；现代性理论的拼贴——过去的话语和概念性的空泛和非嘲讽性的重复；原来的哲学行动的表演，仿佛它们仍有内涵；某个本身已是虚假的“问题”的仪式性解决；某个历史上已不存在的话题的梦游式的讲演；等等。所有这些当中，甚至重复本身，在更早的时期是一种生机勃勃的本能，如今也成为一个不相干的概念，因为这里的重复宁可说仅仅是表现（而不是“第一次”重复）。确实，在这种与那些古代思想相比可称为新的发展的精神中，“我们被语言言说”，它处于某种非人化的状态，利用我们来作为它的表达工具。由此，或许更应当这样说，被误解为语言的东西原来是惯例：正是它以拼贴的形式，现在通过我们来言说，并且在反应的模拟中，演习着传统思想的死去的文字。

无论如何，我们马上就能通过一个从学术上来说是哲学的子学科，即我们在上文中尚未提到的美学这个具体的例子，来证实对现代性理论“回归”的评价。当下的后现代时期似乎也正经历着一次对审美的普遍回归，同时，具有悖论意义的是，现代艺术中的那些超美学的观点似乎已经使人们对它完全失去了信任，并且在新的后现代的支配下，各种各样令人眼花缭乱的风格和混杂物充塞着消费社会。而老的美学传统已几乎不能拿出足够的理论储备来解释这些新作品，因为这些新作品吸纳了新的交流手段和控制论技术（电影的发达程度足以产生特定的电影美学的一些见解，至于电视，虽然更普遍，影响更大，却因为出现得比较晚而缺乏理论上的整理和建树）。同时，对于过去的现代主义的“进步”这个概念——导向新的技术发现和新的形式创新的目的——的怀疑，意味着艺术进化论时代的终结，也预示了那些不能再以旧的现代主义方式维持的艺术样式的一种新的空间增殖。最后，老的学科和专业之间分类的普遍破除——在这种情况下，曾经界限分明的高雅艺术与大众文化（更不必说日常生活）之间的边界坍塌了——给传统的关于审美特性、关于自然与艺术经验、关于作品作为超越实践与科学领域的自主性等问题的分析带来极大的未定性，如同我们时代的艺术接受、消费（或许甚至生产）正在经历某些根本的变异一样，使旧的范式变得互不相关或至少成为明日黄花。事实上，我们很快就会明白，在一个如此压倒性地由视觉和我们自己的影像所主宰的文化中，审美经验的概念既太少又太多：因为从那个意义上说，审美经验随处即是，并且广泛地渗透到了社会与日常生活中。但正是这种文化的扩散（在更大、更宏伟的意义上说）使个人艺术作品的观念成为问题，也使审美判断的前提变得不甚恰当。自然，阅读的危机就在于这些新的未定性和由此产生的论争。美学的回归很有可能在文化特别是视像文化以及它们在全社会的扩散中找到其合理性，但貌似有理的语境并不能使策略性的反应免受批评，我们稍后将对这一特殊的意识形态的移位提出不同意见。然而今天一般的关于艺术和审美经验的必要性和价值的言论远不能解释作为哲学分支的美学的全面复兴，关于这个问题，有两点很重要，一是它在处理后现代性的美学层面时，理论装备显得十分匮乏；二是它在现代主义前期就已经很成问题，其基础已被削弱。

这个论点可以在下面的陈述中被归纳和集中：一般而言，用于区别现代主义的并不是承继下来的形式的实验或创造新形式的实验——至少它没有抓住现代主义实质的“外在的、可视的符号”。首先，现代主义构成了一种感觉，那就是审美只有在它超越了纯粹的审美时才能充分地实现和表达。但是，如果你愿意持有艺术在其内在运动中试图超越作为艺术的自身的观念的话（如阿多诺所认为的，决定自我超越的方向并不特别重要，不论是宗教的还是政治的），那么，至少有一点会变得很模糊，哲学美学将总是不可避免地丧失现代主义作品和现代主义生产模式的基本原则。由此，哲学美学能够描述关于艺术作品及其功能、效果这一切方面，但超越最初作为现代主义作品的那些方面和组成要素除外。（如果我们所讨论的美学力图为现代主义作品指出一个超美学的方向，那么，我们就处于纯粹的意识形态和形而上学中；如果哲学已经能够解开那些谜，并能够在世俗的、商业化的现代社会中标出那些超验的价值观，那么我们最初就不会需要现代主义了。）

因此我想说的不是在这个被称作美学的哲学学科的框架中没有产生过杰出的文本，而是赋予那些文本以力量的——从康德的三部《批判》一直到阿多诺的《美学理论》——是他们摧毁力图产生影响的那个领域的方式，以及暗中破坏为他们的构想提供充分根据的那个框架的方式。我们可以在康德论美的一篇论文的结尾关于崇高理论的难以说明的迸发中看到这一点，该论文已达到和整理出将哲学美学视为其纲领的一切。但是，突然出现的出乎意料的增补，即康德运用他的所有才智将其整合进他的哲学的“批判”概念中的做法，却似乎不能被完全把握，这就为更多的尚未实现的而现在第一次被解放出来的历史力量开拓了空间，这种做法实际上是对这类体系的嘲弄。我已经在别处提出过了[3]（我不是唯一一个这样做的人），被康德称作崇高的东西正是在最广泛意义上的现代主义的空间，它在浪漫主义中找到了它最初的探索性的表现，在19世纪后期和之后完成了它更全面的展开。至于阿多诺，他对艺术形式的强烈的历史感使他对在每一个方面都把美的特征加以整理和系统化的企图产生了质疑，他那卓越的（未完成的，作为遗著出版的）思考就从中汲取了力量。从这个意义上说，阿多诺的美学本身就可以看作典型的现代主义文本，一切都充满悖论和活力，永无休止地激起美与美学的历史的“终结”之间的矛盾。黑格尔是最能够同时以这两种方式运作的，他建构了一个以可能性概念为框架的美学，而在这个框架中，美学本身又被视为历史的终结（著名的“艺术的终结”是他在《美学》中得出的必然结论，而这样一来，也就取消了美学本身）。

如果是那样的话，这一超越哲学系统的哲学美学的新形式——这一自我取消和暗中破坏的美学现在正以第二动力与它自身和它自身概念的局限作斗争——可能被设想与现代主义运动相连。因此，随着这一运动和现代主义（如果不是现代的话）本身的结束，哲学美学本身和它的子学科的旧的“未完成”的规划的重新出现就不会令人吃惊了。但是我们尚未把握这一重现的缘由或它的意义，这正是我在下文要探究的问题。通过溯源和推论的方式，着手美学在后现代中的作用的历史调查，以及它所发现并提供给我们的关于今天美学的“回归”，甚或近年来出现的传统哲学美学的各种拼贴，都将有助于阐明以上列举的所有其他的回归——政治哲学、宗教、伦理学，甚至在充分的“后现代主义”意义上的现代性本身的旧理论——这就是我们从未放弃的希望。但我想通过一个侧面而不是直接获得这些结论，因此在讨论当代美学文本之前我们必须对当代文化的视觉层面的转换作一探讨，只有在此之后，才能讨论当前电影制作领域中各种旧的审美效果和快感的回归。当代电影领域本身就是一块奇特、处于开拓中的荒地，在这里，旧的现代主义美学及同类的现代小说与大量新的、更“后现代”的视觉刺激并存、重叠在一起。

二

在我们这个时代，关于视像和可视物的历史已经有很多种说法了，最新的是马丁·坚（Martin Jay）的百科全书式的《俯视的眼睛》[4]和乔纳森·克拉瑞（Jonathan Crary）的《观察者的技巧》[5]，它们背后有当代电影理论的丰富发展作支撑。我想用一种不同的方式来讲述这段历史，这个方式要求两种基本的立场。第一个是：如果我们认为任何单一的历史叙述都可分为正确或错误的话，那便是一种误导——各种可供选择的故事都是其呈现或表现材料的不同方式，而这些材料本身本质上是不可表现的。第二个与为各种新型感知方式的出现提供证据的新的哲学和理论概念的运用有关：这里的前提是尚未用社会语言表达的东西在更充分的历史意义上也尚未存在；或者，如果你愿意的话，也可以这样说，这个前提是新的表达方式的出现宣告着新的经验的有效存在。

这里我打算分三个阶段讲述这段历史：从“观看”这个概念开始，它在这里是作为一个哲学主题出现的，而首次引人注目好像是在让-保罗·萨特的《存在与虚无》（1944）中。的确，“观看”实质上可以被当作他最主要的哲学创见，只是其内在的概念内涵却应归于黑格尔的主人和奴隶的斗争，这一斗争在 20 世纪 30 年代后期被亚历山大·科耶夫重新提上哲学议程，并认为与萨特所经常说的吸收海德格尔的存在主义没有任何联系。事实上，当海德格尔的纳粹主义问题再次成为人们热衷的话题时，要谈及这些也许会使问题复杂化：因为搜寻他的哲学中的法西斯主题与结构，其后果是忽略了对他的脆弱的“他者”（称为 the Mitsein）理论的细查，而其间我与他人关系的每一个冲突，或在别处被温和地称为“互为主观”的模糊概念下被掩盖，或被升华为某种具有高度集体感的法西斯或国家主义的可能性。萨特的“观看”这一非凡的概念上的创新能够被理解为是针对海德格尔体系中的这一缺陷的，并且它的丰富性可与《辩证理性批判》相对，后者在后来的发展超出了它（但这里我们不作考虑[6]）。

“观看”是设置我与其他人的直接关系的方式，但它是通过使被观看的经验成为主要的而我自己的观看成为第二反应这一出人意料的颠倒的方式来实现的。古代哲学有一个关于他者存在的假问题（“我从这窗户望去看见了什么，”笛卡尔在他著名的《方法论》中问道，“除了看到能够掩盖灵魂与行尸走肉的帽子和大衣外，我能看见什么?”），这样，这个假问题一下子就被所带有的羞怯与傲慢“解决”、置换或废除了。在这种姿态下，“他者”观看我并作为超越我自身存在的一个外力而证实他的存在。然而，“观看”同时是可逆的，通过交换，我能将“他者”置于同一位置。因此，这就成为一个很好的中介，通过它，黑格尔关于争取认同的斗争得以切实进行；而主人—奴隶的位置现在使我与他人的关系进入了永无休止的交替状态中，只有集体层面的辩证转换能够改变这种交替。对萨特来说，“观看”这个重大主题与字面意义上的“物化”或具体化的问题关系密切，因为转换中的客体，形成的可视物——和最引人注意的视觉主体——成为注视的对象。

从第一种观点引申出来的一些政治和美学潮流有：非殖民与种族的新政治，如弗朗兹·法农；新女权主义，如西蒙·德·波伏娃（Simone de Beauvoir）和梅洛－庞蒂的一种反应的颠倒，一种关于身体及其可视或可描绘肉体的新美学。在匆匆重新开始的第一阶段，就“对象化”的事实被理解为他者（或我自身）必须必要地服从这一观点而论，根据一种被称为支配的原始政治的现象来描述它似乎是合适的。于是，通过观看的方式将他者过渡到物就成为支配和服从的最初来源，而这仅仅只能通过回首或“回视”来征服，用法农的话来说，即借助后者治疗上的暴力才能征服。也许，为了表示对法农还有波伏娃的尊敬，我们可以将这最初时刻称为殖民或殖民化凝视的第一刻，作为殖民化可视性的第一刻。在这个概念中，“观看”从本质上说是不对称的：它未能给第三世界提供更多的占有机会，而是被根本性地颠倒，就像阿莱霍·卡彭铁尔（Alejo Carpentier）将欧洲超现实主义翻过来并宣布它在第三世界的对等物（“真正的美”）将是超现实主义的最原始的发展一样，在那里，超现实主义变成了一种愿望的实现或一种文化的嫉妒形式。[7]由此，魔幻现实主义成为首要的，而超现实主义则被重写为日益衰退的欧洲在社会秩序中企图塑造自己的形象，在这种社会秩序中，我们所讨论的现实必须处于虚幻状态。第三世界就处于这一时期中，如凯列班（Caliban）首先要**假定**与**选择**自己的身份（使用带有萨特特征的动词）。然而这一具有攻击性的可视性断言必然是反动的，它不能克服与事实相悖的矛盾：在萨特的“羞怯与傲慢”中选择的身份仍然是由普罗斯佩诺（Prospero）、由第一世界的殖民者和欧洲文化赐予凯列班的。犀利的反驳对于改变由此产生的问题和状况的条件几乎无济于事。欧洲仍是世界的中心，而凯列班艺术确证了许多仅仅是局部的特殊性。

米歇尔·福柯对他者与具体化主题的借用始于《疯癫与文明》，并在其整个生涯中以特有的风格发展着，现在可以被看作我们这个过程中的第二阶段，即它的官僚化阶段。福柯企图将认识论上的分析转换为政治学上的支配，并将知识和权力紧密地结合在一起以致二者从此不再分离，现在又将“观看”转换为衡量的工具。可视物由此成为官僚的凝视，到处寻求具体化了的他者和具体化了的世界的可测量性。

这一改变包含了对早期萨特“观看”模式的重心的再分配，即使不是完全倒置的话：鉴于这里可视的存在成为缺席观看的事实，和“观看”及其度量极其脆弱的事实，“观看”被推广到个体观看行为本身已到了不再被需要的程度，被观看的存在物成为一种能够与任何特定的个体凝视相分离的普遍的服从状态。

> 从传统意义上来说，权力是能够被看见的东西，是展露和显示自身的东西，它通过最后被展示的行动悖论性地发现了权力的那个原则……在［这个新的惩戒的世界里］，要求被看见的正是权力的主体。他们的阐述确保了他们对所行使的权力的掌握。这是屡见不鲜的事实，并且是总能够被看到的事实，将被惩戒的个人置于他的控制下。于是，检验、观察，是依靠权力得以玩弄的技巧，在一种客观化的机制中征服他们，借此代替施展力量的举动，代替将自己的影响强加于对象之上……［体格］检查代表着这种客观化的仪式。[8]

福柯的多重立场，包括他的一系列著作的含混性，一般来讲，与特定政治或者说支配的表达的含糊性一致，并且排斥经济结构。一种无视或拒绝任何解放或乌托邦的互补性观念的权力表达，不管它是否真心如此，都会回溯到霍布斯的人性邪恶的观念中去。可以确定的是，福柯的立场，虽然并不始终一致，却对 20 世纪 60 年代出现的反权威政治作出了迅速反应，并且这种反权威政治一方面毫不费力地调整为针对父权制社会的权威和等级的女权主义政治批评，另一方面从普遍意义上说，成为一种敌视机构和国家的无政府主义政治。今天，伴随着各种隐蔽的对颠覆、犯罪、拒绝或批评等观念的批判性重估（在重新审视中，福柯本人在《性史》第一卷中对压抑的观念作了悖论式的指责，这一点不可小视），我们认为福柯的作品与之前比起来，阶级的界限似乎更分明了，而政治上的丰富性则相对少了些。

我对福柯的立场做这样一些仓促的判断，是因为在我看来，这些判断为他作品中的“观看”和可视性的新作用提供了解释，同时也使我的论断得以加强。我认为福柯的视角带有更普遍的官僚政治的色彩，由此也就悖论式地比萨特那个时期少一些政治因素，那个时期无论怎样虚构，毕竟鲜明地提出了解放的问题。确认知识与权力有关，确认认识论与处于支配地位的政治之间的关系，力图将政治本身作为一个单独的例子或实践的可能性加以解释，并且通过将知识与标准的所有形式转化为纪律、控制和支配的形式，实际上一起撤离了更狭隘意义的政治。

解释的另一方式是新的制度注定要将代理人排除在视觉支配的过程之外，使它成为非人的（和不可逆转的）方式。在萨特—法农时期，代理人首先无疑是被动的：我通过被看这种十足的压迫方式注意到了殖民的状况。无疑，个体的殖民者与压迫者不再需要在场，但是我的可视物却通过一种新的“本体论论证”证实了他们的存在。这是一个与殖民化状况十分一致的立场，与通常从国内或阶级政治中获得的不同，当“民族解放战争”自称为不言自明的需要和不可避免的“解决”时，它几乎没有必要论证殖民统治工具的存在或殖民者自身的存在。因此，可以想象一个不同的、作了根本修改的可视性的统治——为了我自身集体性的乌托邦，又被我的抗拒行为所占用：它仍能够产生一个乌托邦的空间，与福柯的异序相反，后者是不相干的，并且这些完全不同的角落和褶皱都源自一个普遍的然而也是难以接近的空间性（以福柯自己特有的空间风格反映出来）。因此从一开始，艾美·塞萨尔（Aimé Césarire）关于一个腐朽的、被殖民化的“祖国”的“回归”就产生了一个超越它的空间：

> 我对他说，揍它，你这个警察，你这头令人恶心的猪，揍它，我痛恨那些循规蹈矩的势利小人和装载希望的金龟子。揍它，可恶的东西，你是小和尚床上的一只臭虫。于是

> 我带着比撒谎的妇女更平静的表情，转向他和他家族失去的乐园，被那奔腾着的不可遏止的思想激流所震撼，我解开了怪物的铁链，从灾难的另一边听到小河边斑鸠的叫声，无树的大草原的苜蓿，在我的深处永远携带着它们，它的神秘莫测就像那座最高的气势夺人的大厦的第二十层，就像那个抵抗黄昏时分堕落的士兵，该死的得了性病的太阳窥视着黑夜和白天。[9]

在这样的幻象中，最危险的是相信有一个分裂的乌托邦，一个清除了殖民主义凝视的文化民族主义空间，用一个分离主义者的（用我们今天的话说即种族的）视野来看，它在帝国主义阶段比此后的非殖民化阶段以及随之而来的全球化阶段更容易维持和捍卫。

然而，确切地说，正是这样一个“他者”的可能性，一个支配可视空间的变形的可能性，在福柯或一般的现代理论著作中不见了，在那里，旧时的社会关系被当今合理的改革和计算的普遍力量强制性地扔进了遥远且不可逆转的过去。对这一新的福柯式的过程来说，一种不同的文学语言似乎成为合适的象征，它不可避免地与可视性和可衡量性紧密联系在一起。

这是对阿兰·罗伯-格里耶“新小说”或“观察小说”所作的妄想狂式的解释，他的小说的视觉形象只是揭露了一个不可表达的阴暗面，并把它们作为必须永远保持不能确定的症状。细节在这里不再激起达利（Dali）式的“妄想狂批评”方法的阐释欲望，在这种方法中，不经意看到的每一粒金沙、每一滴汗水都预示着即将发生的事实。在罗伯-格里耶的作品中，那些堆积的句子所表现出的灾难性的瞬间，更接近带有显露自身和工作狂式的愚蠢的强迫性的神经质，其中缺席的主体绝望地想通过机械的度量与数数来使自己分心，这一点在他带隐喻性或“殖民”色彩的小说《嫉妒》中得到突出的体现：

> 在他前面，河对岸那块地上，所有的香蕉树最近几天都已经收割了。我们很容易数它的树干，那些被砍过的树枝上总会留下一个圆盘形的疤，因其新鲜程度的不同而或白或黄，从左到右一行行地数下来：二十三，二十二，二十一，二十，二十……[10]

这些文字在一定程度上可以看作对福柯理论的真正戏仿。它们似乎要表达的不是至高无上、无所不在的权力或测量的眼睛，而是一种无能为力的呓语，是这种过度权力的牺牲品。然而，它们传达了福柯经常向他的读者唤起的绝对可视性的某种梦魇般的感受；同时，在福柯或罗伯-格里耶那里，它们也强调感觉与以前的概念的特有的分离，这种分离依然在某些地方以一种非人的方式活跃着，现在隐蔽在赤裸裸的感官之后。

这是一种与这些作家完全不同的既分离又联合的方式，我们称之为观念艺术，在那里，一个可触摸的客体在无止境的悖论和范畴的自行取消的循环中，似乎没有为围绕它旋转的思想提供立足点。在我一直关注的观念艺术与视觉理论及实践之间不存在形而上或政治的关系，不过，这里的提出有助于推动可视性逐渐普遍化的过程，在这个过程中，抽象的头脑似乎在这个曾经从属于它的感觉的意想不到的重要性中难以找到它自身的位置与功能。观念艺术作为非人的可视性和同样是非人的并且是空洞的普遍的理性化与官僚化的力量之间的过渡地带（像笛卡尔的松果腺一样），也把谜一般的不再作为中介的客体本身的重要性置于突出的位置。

为完全不同的第三阶段做好准备并使其成为可能的是第二阶段所发生的实质上的突破，这一突破出现在谜一般的客体被科学技术特别是被传媒技术取代之时。当今，沉默的客体能够重新言说，并且可视性将发现它自身正与先前系统的一些举足轻重的结果一起被转换成全新的话语。这是一种潜在的转换，它的一些层面只能在“形象”这个词的含混性中被解读，它对于无论是萨特还是福柯的著作中宣扬的视像行为都不适用，但是现在形象突然（如居伊·德波的伟大作品《景观社会》中所宣称的“形象是商品具体化的最后形式”）处处出现，同时还着意开始标出其技术的背景。因此这就是福柯时期的官僚眼睛这一悖论的产物，在揭示观看与测量即知识之间的紧密关系的过程中，这个悖论突然变成了诸如媒体的问题（回顾我们熟悉的福柯关于圆形监狱的监控象征的论述，也可以揭示类似媒体的初级形式）。因为在我们这个时代，技术与传媒真正承担着认识论的功能，自此，文化生产领域发生了变革，传统形式让位于各种综合的媒体实验，摄影、电影和电视开始渗透和移入视觉艺术作品（和其他艺术形式），正产生出各种各样的高技术的混合物，从器具到电脑艺术。

但是在这一点上，福柯时期开始让位于第三阶段，后者将被恰当地等同为后现代主义，所有像福柯的总体系统或罗伯-格里耶的强迫等这类偏执狂的事物消失了，其空间已经被高科技的狂欢，被在计算机与电子空间中完全变形的后麦克卢汉的（Post-Mcluhanite）文化视野的欢庆的宣言所占据。现在突然一种一直被视为似乎不能容忍任何乌托邦的可恶的普遍可视性正在受到欢迎并洋洋自得：这就是真正的形象社会时期，从此在这个社会中人类主体面临（用保罗·威利斯［Paul Willis］的说法）每天超过一千个形象的轰炸（与此同时曾经属于私人的生活也在信息银行中被彻底地观看、审查、详细列举、度量和计算）。人类开始生活在一个非常不同的与空间和时间、存在经验及文化消费的关系中。

对我来说，在这种新的情境中，由艺术的混合媒介或技术性的作品所暗含的反射的确存在得非常短暂。正如我在别处所谈到的那样[11]，在这个新阶段中，文化本身的范围扩展了，文化不再局限于它早期的、传统的或实验性的形式，而且在整个日常生活中被消费，在购物中、在职业工作里、在各种休闲的电视节目形式里、在为市场生产产品和对这些产品的消费中，甚至在每天最隐秘的皱褶和角落里被消费，通过这些途径，文化逐渐与市场社会相联系。现代社会空间完全浸透了影像文化，萨特式颠倒的乌托邦的空间，福柯式的无规则无类别的异序，所有这些，真实的、未说的、没有看见的、没有描述的、不可表达的、相似的，都已经成功地被渗透和殖民化，统统转换成可视物和惯常的文化现象。

美学的封闭性空间从此也向充分文化化的语境开放：在那里，后现代主义者对原有的"艺术作品的自律性"和"美学的自律性"的观念加以攻击，这些观念在现代主义时期是一直坚持的，甚至可以说是它的哲学基石。自然，从严格的哲学意义上讲，现代的终结也必然导致美学本身或广义的美学的终结：因为后者存在于文化的各个方面，而文化的范围已扩展到所有的东西都以这种或那种文化移入的方式存在的程度，美学的传统特色或"特性"（也包括文化的传统特性）都不可避免地变得模糊或者丧失了。

不管怎样，美学的回归已经（如我们观察到的）似乎与后现代时期同样大肆宣扬的政治的终结携手并进。这一悖论需要辩证的解释，它涉及艺术的自律性、艺术作品及其结构的终结的问题。由于人们不再审视单个作品，也由于这些作品的形式与内在结构，博物馆的观光唤起了感官的知觉。在这个过程中，色彩的反光自然而然地从这个或那个表面聚集在一起，成为本雅明式的被消费的形式碎片，它们仿佛在眼边闪现，以不可测绘的方式展示其结构和密度，伴随着在空间的聚合与分离，梦幻般地萦绕在你周围。在这些条件下，美学发现自身已转移到感知的生活中，抛弃了过去已组织好的客体而返回到主体性，在那里，它似乎提供了一个随意的却范围广阔的初次感知体验，包括各种类别的情感和刺激的感觉数据。这不是肉体以主动与独立的方式的恢复，而是向一个被动和机动的“记录”领域的转换，在这个领域中，世界的有形部分在一个催眠式感觉的持久不一致性中不断被吸收和丢弃。

正是这种后现代感觉的新生活被要求作为美学复兴的证据，于是，一个概念性的虚构或暗指被转变去说明那些最适合充当游戏或实践借口的更新的作品。这里，以前的美学是凭借某些性质如增强、提高或下沉等感觉体验而受到称颂的，在其间，它们能够被列入一些有趣的探讨，如论“崇高”（这个概念在这里是经过根本上的修正的，与它在现代主义中所起的作用不同，被认为是它自身的一种新的“后现代”的复活），论幻影和“怪诞”——现在它们很少作为具体的美学形式，在后当代（post-contemporary）生活中更多是被作为局部的“强化”和偶然，以及晚期资本主义的感觉系统中的断裂与鸿沟。这不是一个“否定”新经验体系的问题，更不是根据某些过去的价值标准来对它加以道德谴责的问题。正如马克思常说的“这里是罗陀斯，就在这里跳舞吧！”（Hic Rhodus，Hic salta）这是我们的世界，我们的原料，我们能够工作的唯一种类。如果我们不带任何幻觉地观看它，清楚而精确地认识我们面对的一切，这将是一件令人惬意的事情。当前美学的复兴并没有将此作为自己的任务，而是表现出一种对传统的精细的辩解和对其持续的相关性的复杂的论证。现在我们将考察其中的状况。

三

我接受的著作大部分是欧洲的，它们有着很强的理性思辨色彩，这一点足以使保守的美国作品如希尔顿·克雷默的《新标准》汗颜。毫无疑问，这些欧洲著作提倡的“美学的回归”在相当不同的欧洲语境中也有它的政治含义，和克雷默的书一样，自20世纪60年代末以来，它们都疏远了冷战及其强制性的意识形态斗争，但它们仍是从哲学的角度看待美学的传统，而不是像反理性主义的美国文化那样只是一种边缘的爱好。例如，卡尔-海因兹·布洛赫（Karl-Heinz Bohrer）试图在他那部非凡的著作《突然性》[12]中恢复真正的尼采式的理解，从而论证超越历史时空的审美经验的存在，和这一领域中历史思考的不相关性。这样一来，就使得阿多诺与他为敌，同时巧妙地恢复了海德格尔的非历史性部分（这在恩斯特·荣格［Ernst Jünger］的另一本书中更为严重）。

由此，这些著作企图将美学的恢复与伟大的现代主义的恢复联系在一起，它们力图证实让-弗朗索瓦·利奥塔那个傲慢的主张，即后现代主义并非在现代主义之后而是在现代主义之前，并且它为曾经是新潮的高级现代艺术的重现和某种新的历史的出人意料的兴盛作准备。可是，无论表面上有多大的蛊惑性，我想说的是，在这里它关系重大，是一个完全不同的“回归”。

在法国，现代及其美学、哲学上的理论化的重要来源并非存在于哲学文本，而是在波德莱尔这个“现代性”一词的创造者身上，他的诗歌创作及其理论赋予现代这个词（在所有的欧洲语言中）不朽的共鸣与魅力。作为对波德莱尔的回归，安东尼·龚巴依（Antoine Compagnon）在一个辉煌的理论舞台上演出了他的示范性的理论运作，其中现代主义文学史的传统叙述被颠倒了。《现代性的五个悖论》[13]以精彩的黑格尔式的形式展开，标题中的五个特征，从波德莱尔对于现代的第一直觉一直到后现代的令人困惑的多元论的历史进程，变成了五个独特的阶段，不过，在其间，龚巴依仍保留了他的权利，即分辨出更权威的回归波德莱尔和最初的“现代主义精神”的复兴的微光。

他的五个主题或阶段如下：“对新东西的迷信，对未来的信仰，对理论（或理论家）的迷恋，对大众文化的呼吁，以及颠覆的激情（意指当代“理论”的批判性和否定性特征）。”[14]人们倾向于把这一进步——明显是逐步地堕落——解读为某种类似反现代主义论争的东西，但是这种思考缺乏真实与歪曲的逻辑论证，举个例子，波德莱尔与尼采的真正的现代性被扭曲了，他们给人们的启示也逐渐丧失了。如果这个立场是反现代的，那么，它也必然被描绘为同样是反后现代的，因为最后那个阶段被看作在艺术史（甚至建筑史）上是表面的、中间的、装饰性的生产和一个从根本上说是轻浮的时期。而辩证的曲解就在于把后现代的历史使命说成是对现代本身（按照传统的理解）的更有害的方面与发展的怀疑。因此，龚巴依虽然不像利奥塔那样具有更强的预告性，但却更合理、更聪明，他带来了这样的希望：后现代时期仍可以为更真实、更正宗的现代美学的回归铺平道路。

龚巴依论述中的另一个关键的辩证法的运用开启了先锋派这一现象，与彼得·毕尔格一道，他急切希望将先锋派从“常规—范式”的艺术生产中区分出来，这样，那些伟大而孤独的现代派作家与艺术家（他们以波德莱尔为榜样）就与那些几乎普遍地认为与超现实主义者等同的先锋派运动有十分明显的不同。但是对毕尔格来说，先锋派标志着艺术突变为对自身活动的自我意识和对延续的惯例的一种批判的阶段，而对龚巴依来说，先锋派只是宣告了艺术自身的衰落和退变到用知识分子的政治来取代它的地步。这是一个相当传统的美学观点（例如，阿多诺就是这样认为的），同时也是一个自我实现的证明无误的主张，因为它足以列举那些被龚巴依否定了所有美学价值的正统的超现实主义诗人和画家，同时也足以去掉那些伟大的例外——如马森（Masson），或马克斯·恩斯特（Max Ernst）——他们的成就通过抛弃先锋派政治回归到真正的艺术而得以解释。

不管怎样，现在这些特征能够使批评家分辨出真正的美学产品（从波德莱尔和塞尚［Cézanne］一直到贝克特和杜布菲［Dubuffet］）的真实性，与为了其他目的而对艺术的非真实的占用之间的区别，后者将通过龚巴依的五个主题或阶段得以证明。

第一阶段的核心问题是将波德莱尔关于艺术与现实之间关系的最初建构降为一个单纯的“新”的概念。从波德莱尔的《日常生活的画家》中选取的一段含混的文字说明了这一重要区分，在这段文字中，诗歌理论家将真正的现代艺术描述成一种将短暂历史瞬间的稍纵即逝的现实与同等的却永恒不变的形式领域联系起来的艺术——换一种说法（用波德莱尔自己的话说）“从短暂中抽出永恒”，所暗含的意义是现代画家第一次从短暂中发现了永恒。“现代性，”波德莱尔认为，“是短暂，是稍纵即逝，是偶然，是艺术的一半，而另一半是永恒与不变”，由此将产生一个误解，并且是一个有着严重后果的误解，即认为艺术的现代性仅由短暂或“新”这些东西来定义。根据波德莱尔的观点，艺术应该被理解为对某个“世界的在场”的发明与征服[15]，艺术家“不应该求新，而应该求在场”。在这一点上，龚巴依的分析与布洛赫的分析（上面所提到的）交叉了，在那里，时间的“突然性”标示出世界的在场，这个在场不能被单纯解释成历史的创新，尽管它可能表达一种“无时间”的海德格尔式的历史性。我认为这种论争忽略了产生世界的“现代”在场的社会和历史的先决条件问题，这一论争的另一部分则被当作波德莱尔社会的新异之处，在文化和社会组织的早期历史阶段是不可能以那种形式出现的。甚至那种脱离历史的可能性（如果存在的话）仍是关涉历史的，并且为了不向纯粹的古典主义敞开“无时间”的美学，似乎布洛赫和龚巴侬都有必要忘记他们关于现代的讨论中的历史的限制。

然而一旦在场与“新奇”之间的最初分野被承认，随之而来的就是不可避免的衰落阶段，是虚假的现代主义的逐渐颓废，这些都是完全合乎逻辑的。对于“新奇”及其与传统的断裂来说，它很快揭示出自身是对**未来**而不是现在的遵循。由此，它产生了关于艺术总体发展的假叙述，其中受到怀疑的进步的资产阶级价值观或隐或现地被安置在审美领域。由此又出现了龚巴侬所说的“现代传统的正统叙述”，这一点在克莱门特·格林伯格（Clement Greenberg）的著作中得到证明，并在后来与战后北美抽象表现主义（与格林伯格理论著作的历史必然性无关，为了摆脱马歇尔计划时期欧洲特别是巴黎艺术机构的控制而生造出的一个美国目的论的神话）的关系中得到详细论述。[16]这里龚巴侬对格林伯格的批评代表了当代大部分反历史主义的倾向，伴随而来的是它对那些老的和新的历史手册所包含的元叙述的不满，以及对依据各种各样旧的发生学和进化论的描述的创新所作的分析的不满。不过，龚巴侬的诊断中所表现的对艺术史的历史整体的不信任为当代各学派提供了隐而不露的辩护：“正统的叙述总是为了达到高潮而写就的——这是就其目的论方面而言，同时正统的叙述使看起来似乎与传统决裂的当代艺术合法化——这是其辩解的一面。”[17]

但是现在这样的叙述似乎要求观念性的内容和主题通过口号的方式去解释它们，并为它们提供一个意识形态的根据：这是现在先锋派所具有的功能，其中，未来的幻景从充满火药味的先锋使命和代言人布勒东（Breton）及其追随者那里获得了支持。龚巴侬在他也许是最大胆的悖论中宣称，塞尚或波德莱尔没有理论："他们不认为自己是革命家或理论家"[18]。这一转向使得龚巴侬可以将他关于美学的论争与法国和美国当前反对理论的反应联系起来。这里，理论这个词默示地包容了从激进主义到哲学反思，从马克思主义到后结构主义，从文学理论到"批评理论"，从社会学到历史哲学等一切的一切，简言之，今天所有这些都是为了防止大学里的人文学科成果堕落为玩具沙箱似的游戏，被用于那些无伤大雅的、修饰性的永恒价值与形式主义（或许这并不是波德莱尔意指的"永恒的不朽"，稍后我再作解释）。

龚巴侬诊断的两个特征都看似有理和需要保留：首先是他关于理论合法化（例如，通过宣言的方式）和将艺术生产化简为"方法"之间的关系的论断。所谓方法，换句话说就是几个孤立的特征或步骤[19]，它们只能服务于美学宣传的主题并被认作某种真正的革命（不论在艺术还是政治意义上说，它都算不了什么）。但是这种贫乏的程序与技巧对于说明先锋派艺术的单维性却大有帮助。

就接受来说，人们能够唤起一种"与从理论上证明其合理性的知识分子话语保持不可分割"的艺术的方式[20]：这里所设定的不仅仅是先锋派艺术为它的存在寻求理论辩护，而且还发现它自身就已转换成仅是理论的一个例子。但是我认为龚巴侬在此也提出了一种新的接受类型，其中感觉、前美学以某种方式与概念或理论搅在一起，非常有趣的是形成了一种混合反应的现象学（事实上，以上所提到的观念性艺术为我们提供了一个突出的变体）；

然而由于理论最初总是抗拒经验主义的，想象存在着纯粹感觉甚或纯粹审美的接受形式就不再是合理的。同时，我们已经开始对“纯粹”或“纯粹化”这样的观念本身作为被辩护和被强化的规范产生了怀疑。

最后两章更加简要，也更加模棱两可，因为它们将我们迅速带到现代时期，并且最终将我们带到后现代主义本身。两章中的前一部分告诉我们，对大众文化（用我们的话说，流行艺术）的新的认可仅相当于人们开始意识到它的重要性，同时也认识到一种深刻的虚假艺术与市场体系和商品形式之间深深的同谋关系：受害的与其说是逻辑还不如说是类似，特别是当人们想起彼得·毕尔格的方式，他将这样的内省作为一个肯定的时期，即开始意识到现代艺术自身的生产条件。事实上，阿多诺认为，现代艺术的特殊性正存在于它与商品形式的对抗中，尽管是以抵制它和重新占用其实质上的具体化的模式。但是这个解释使龚巴依得以谨慎地参与另一场当代北美文化—政治的论争，也就是保守派人士对所谓的“文化研究”的危险性的攻击。他这个含混的巧辩的问题还意味着：“现代艺术最可恶的病症难道不是总将美学问题与文化牵扯在一起吗？”[21]

理论在最后一章中再次出现，其中现代衰落的最后阶段等同于颠覆与批判的文字，现在这一最后阶段也被认为是我们在上文中痛斥的“正统叙述”的最终形式。理论似乎在这个故事中以徽章的形式两次出现：第一次在先锋派宣言的掩护下出现，不过其中某些艺术生产（虽然是虚假的）仍继续进行，最终以充分的后现代性出现，（如人们所想象的）文学与艺术被置于次要位置，甚至纯粹是多余的功能（在此，我们可以听到正统的保守派的抱怨，那就是当我们的学生在阅读上有选择的自由时，他们就选择德里达而不是普鲁斯特）。但是颠覆与批判伴随着现代艺术的始终，并且毫无疑问能在波德莱尔对资产阶级的恐惧中找到。我们较晚才引出这个主题是为了嘲讽希尔顿·克雷默的观点，他认为现代派艺术家始终是资本主义的“忠诚的反对者”。在这些价值观（例如颠覆与批判）中对激进的知识分子的既得利益的一贯指责并不比这一主张的另一面更有趣，它的另一面使我们看清了保守知识分子在一个基本自由的文化体制中被剥夺了合法地位的那种经典的愤恨：两种看法都有其真实性，但是对某个知识分子来说，则不适合这样做。

然而，正如我们前面已经提到的，这个令人沮丧的故事至少有一个潜在的幸福的结局，特别是当后现代主义以抛弃现代主义目的论的姿态出现后，由此它能够被看作对某些特征的否定，龚巴侬不是将这些特征与真正的现代主义而是与先锋派联系起来：“历史上的先锋派、虚无主义者和未来主义者，总是以这种或那种理论为指导，相信艺术的发展有其意义；但是 20 世纪 60 年代的流行艺术和稍后 70 年代美学上的完全随意，却使艺术从强制中挣脱出来得以自由地创新。”[22]因此，现在至少对“新奇”的崇拜，对关涉未来的叙述的迷恋，对艺术理论本身的狂热，都统统被抛弃：“现在后现代意识允许我们重新阐释现代传统，而无须把它当作一种历史传输带和对‘新奇’的伟大的探险。”[23]

于是，对龚巴侬和其他人来说，后现代至少有一个可以想象的积极功能：清洗现代传统中的反美学或超美学的动机，净化其中的原始政治或历史的乃至集体性的东西，使艺术生产返回到无偏见的审美活动，而这些正是某种资产阶级传统（但不是艺术家们本身的传统）具有的品质。而其他部分，后现代中更具进步意义的特征——它的民粹主义和多元民主化，它对异族、平民和女权主义的承认，它的反权威主义，反精英主义，深刻的无政府主义，更精确地说，它的反资产阶级的特征——这些自然必须退出画面。然而，一旦这样做了，全新的唯美主义的轮廓，对美的传统观念的新的回归（如那些在波德莱尔身上残存的）就变成可视的了。

但是在跨出最后一步之前，将龚巴依的当代分析（尽管他本人对这个问题有自己的判断，但我们最终还是将它列为一个实质上的后现代文本）与另一个权威的文本——安德烈·马尔罗（André Malraux）的《寂静之声》——相并列是很有用的。马尔罗的著作，这个现代运动的过时品，虽然姗姗来迟，仍对现代艺术（或广义上的艺术）的形而上的本质作了最基本的宣告——以与后现代理论和价值观完全不一致的方式。毫无疑问，马尔罗著作中根深蒂固的“人文主义”（显示人的力量与荣耀）以及文字的严肃性并不是为了吸引当代大众。另一方面，马尔罗的泛唯美主义，他将自岩画开始的人类艺术，通过综合性和全球性的同化，整合进某些世界文明的新的“幻象博物馆”，从而超越了任何当代的“美学的回归”，这些回归在龚巴依和布洛赫的著作中，往往是在某个复活的高级现代主义标志下被展示出来的。然而，在马尔罗的著作中所扮演的最后的角色更加复杂（当代艺术——抽象的表现主义，且不说流行艺术及其后继者——它们在此终被提及，都被马尔罗简单地吸收为现代范式，这样做很可能会遭到反对，也就是说，在这里我们不可能找到任何后来成为后现代的东西的对应物）。

但是，现在我们所认作艺术的各类语料库的膨胀（和马尔罗提供的“现代”转换成“艺术作品”的形式变形理论，在我们看来，这些都是先于世俗艺术观念的带有宗教性的术语）有助于对马尔罗论证中的理论问题的研究，这些问题在上面所提到的当代美学论文中还没有对等的理论。除了吸收旧的前美学形式进入西方世俗的范畴外，对他来说，特别要提到的论题还包括关于前西方文化（和围绕文化所建构的宗教）的形而上精神的具有意识形态色彩的核心问题：首先最重要的是肯定人类生活的文化（从7世纪希腊少年雕像［Kouroi］的第一次微笑开始）和否认人类生活的文化（如阿兹特克人的文化，甚至受苦受难的上帝）之间的区别，那些否定性文化揭示了与“幻象博物馆”的人文原则明显不一致的虚无主义的冲动。

除了这类价值的问题外，马尔罗的现代主义还有一些具体特征，但这些特征似乎与他的整个体系不一致，或者说不相干（并且这一点在龚巴侬关于现代的论述中并未完全明确）。首先，其中所表现的是对机器和现代技术的典型现代性的坚定信念：马尔罗与许多他同时代的现代主义者，从未来派到布莱希特，都陶醉于机器时代，为飞机、照片、坦克、汽车、收音机和空中的或全景的视角欢呼雀跃。事实上，我相信，我们有充分的理由论证，现代主义的“新奇”将布洛赫/龚巴侬的“对世界的在场”和与它相异的技术上的兴奋、对机器的兴奋联系起来，这种烙上现代的纯美学创新烙印的兴奋又是通过某个隐秘的模式和原型实现的（并且我认为，这一点甚至可以通过间接的方式证明，因为那些现代派作家，如普鲁斯特，在他们的作品中绝少有对技术的热情）。然而，坚持这一特殊的现代主义的技术的历史具体性是至关重要的，现代主义的技术源于资本主义的第二阶段或工业资本主义阶段，并且与后现代性的控制论及原子能技术在效果上完全不同，虽然表面上有着类似的迷恋。

同时，技术范式——在波德莱尔身上已有所体现，但在龚巴侬后来真正的现代性的理想阶段中却被省略了——一直持续到马尔罗之后的时期，并且能够看到它已被巧妙地融入论争及《寂静之声》的概念组织之中。首先，正如该书庞大的第一章所展示的，某个新的“幻象博物馆”的主张有其基本的前提条件，那就是摄影作为一种新的技术媒介的存在。但是这一初始的技术上的先决条件被内化和同化为马尔罗的历史叙述的内容，这并不仅仅是就 19 世纪摄影与绘画的竞争这一大家熟悉的意义而言的，而首先是在前者已转换成电影这样一种新的叙述艺术的意义上——它的出现与存在对马尔罗的理论和实践至关重要——并且伴随着我们所认为的现代艺术的重要结果，迄今叙述画面的火炬在电影上得以传承："现代艺术的最重要的特点就是不讲故事。"[24]

通过这一典型的否定和肯定的辩证法，可以推论出某个西方和欧洲现代主义艺术的特征，现在我们必须用与之并行的人文主义与虚无主义的前现代艺术取代它，以作为对马尔罗的核心理论问题的进一步探讨：现在不仅要清除这一对抗，以便将其他文化和宗教的非世俗艺术吸纳进"幻象博物馆"，而且必须消除神圣与世俗、几千年所延续的祭礼与特殊的现代活动之间的对抗，其中绘画将自己作为最深邃的主题，并且展示出与过去所有艺术的激进的、似乎是不可沟通的断裂。但是世界宗教也是如此，由此，根深蒂固的历史的非连续性这一事实增加了马尔罗理论上的难度。

正是借助"绝对"这个概念，马尔罗跨越了这些各种各样的难题：特别是在《人类的命运》中，"绝对"被作为人类与其自身的有限和死亡之间的真实对抗加以考察。于是，这一超历史的"绝对"概念形成循环，从虚无主义一直到各种脆弱的人文主义，这两者都是与死亡对抗的方式，事实上，它们的合流在佩尔肯(Perken)的重要评论（早期的《王家大道》）中已有预示："在生命的毁灭中也有让人满意的东西……"同时，一个世俗的"现代主义"或现代艺术现在也能被列入这些伟大绝对的目录中；并且如果我用很长的篇幅详细研究这一令人印象深刻的著作，就将得到：现代主义者的唯美主义范式必然以超美学的层面完善自身。由此，马尔罗的“绝对”证实了阿多诺的评论——“当艺术以纯粹审美的方式体验时，它就连在审美上也无法被充分体验”[25]——同时也谴责了当代那些所谓美学的回归，这些回归寻求的正是通过根除他们所推崇的著作中一切超越美学的东西而使美学得到净化。

但也可以通过一种不同的术语说明这一点：在我看来，似乎马尔罗的“绝对”的美学概念也可以同化为崇高的概念，因为它自浪漫时代逐步发展演变成现代主义的基本推动力。人们也许会记起，崇高的功能就是取代那些被归入美的对立规则下的纯装饰形式，而它的性质是传统美学和传统艺术生产关注的中心。然而，假使那样，现代和“纯粹”——真正的美学——的“回归”与其说展示了“美”的如此多样的形式，倒不如说是现代主义的“崇高”在当代的诸多版本；并且后现代主义的美学从整体上说也可以用这种方式来描绘，通过再次将感觉作为事物的核心这样一些更温和更具装饰性的实践，来取代各种现代主义的“崇高性”观念。这就是我在结论部分力图说明的。

四

现在我们将研究当代电影影像生产中“美的回归”的视觉效果，在那里，美的魅力和唯美主义的意识形态似乎扮演了复兴的角色，只是处于不同历史时期罢了。在考察最近一些欧洲高雅文化的成功和再度审视当代历史电影（在别处我称为怀旧电影）这个争执不休的问题之前，我将研究一个英国的电影制作者（德里克·贾曼［Derek Jarman］）、一个非洲制作者（苏里曼·西塞［Souleymane Cissé］）和一个墨西哥制作者（保罗·勒迪克［Paul Leduc］）。这个前提与个人影响无任何关系，只与所有这些导演以这种或那种方式作出反应的共同情境的调停相关，这种调停通过国际电影节文化的方式得以广泛传播，达到今天电影生产全球化的水平（提出反对和取代同样全球性的美国商业电影出口体系的举动也是如此）。

德里克·贾曼影响最大的电影是《卡拉瓦乔》（1986），这部电影在很多方面都是最具代表性的，无论是内容还是形式，特别是绘画技巧，与戈达尔（Godard）的《激情》（1982）一样，那些著名的但仍使人激动的油画与由演员摆姿势模仿画中人的真人场面交替出现。内容与形式的分离暗含了由演员模仿的先前场面的存在，由此再次证实和强化了电影影像的虚幻性质，并通过运用巧合的形象在梦幻般的表演中恢复某种“真实的世界”。

影片展示了一系列这样的形象——一个雾蓝色的房间藏着一个一动不动的紫色人儿，僵尸般苍白的身体裹着一件鲜红色的外套，地上散落着壶的碎片，或一盘橘子，烟正从一个典型的下等酒馆散出，一列宗教队伍在行进，一场恶棍间的决斗——这些令人震惊的镜头，通过交替出现以互相结构，并通过互相对照使其互为存在、互相生产，它们在形式逻辑上是完全静止的。它们并非仅仅演绎情节——按照实际情况——而是从里面翻出来，将由行动和事件构成的传记性序列创造成仅用于视觉的前文本。这被作为一种厌烦反映在电影里——对模式的厌烦，对画家工作室里奉承者的厌烦，无聊地边打瞌睡边等待画家决定角度和色彩的对比度；它甚至更深深地体现在画家的生活中，他的生活本身就是在画布上作画的动作间的原地踏步和等待，作画的动作从本质上说有点外在于人类的时间与实践。但是，当我们涉及这个特定的画家时，就没有什么比这更具有悖论意义了，他放荡不羁的生活实质上是冒险与危机的范式，是维庸（Villon）或热内（Genet）美术的对等物！厌烦在这里最终是退出历史的标志，其经典情节变成了寓言。甚至性与暴力——视像性的大众文化色情描写的主题——也被画家的凝视和极度厌世的审美迷恋所抽掉。事实上，厌烦的补充是观看者所付的代价，作为对这类“艺术”的一种热爱，对反文化的边缘性的另一边的图像的宗教的再现的一种忠诚（在另一种意义上，无疑地，观众在这部电影中被寓言式地当作哑巴和画家的弱智的随从）。

但是我还没有提到这部作品的最显著的特征，即它的魔幻—现实的时空倒错，当我们在一对情人的床的背景下听到一列火车行进的声音，看到一个文艺复兴的主要人物骑着摩托车，一个主教在旧式打字机上敲着键盘，观看一场在旧式敞篷车前的车库里表演的戏剧，或者看到一个身着丝质华贵服饰的宫廷中人手提便携加法机计算着什么时，更使我们有这样的感觉。人们将注意到，这些都是被放大了的媒体概念的技术，既包括交通也包括通讯。于是，以单个配件的形式用极强的反差加以具体化并投射到画家的过去，这些编排的故事在这里作为富有刺激的综合性而起作用，从而将后现代中美学与科技的关系置于前列位置，并揭示出美的概念与晚期资本主义时期高科技结构的辩证关系。贾曼[26]由此解除了塔科夫斯基（Tarkovsky）神话的迥异的神秘本质，在别处[27]我曾提过塔科夫斯基将自然环境动人心魄地再现在宽银幕上——沼泽地、暴雨、熊熊烈火——而它们本身又是对生产和复制它们的先进的科技的推翻。由此，在最本真的意义上说，它们是一种模拟物，并且诱导人们借助电影从一种完全不同的传统去寻求间离和消除神秘。我想起了美国科幻影片《超世纪谋杀案》，以及它那组迷人的安乐死的连续镜头，影片里人们居住在一个死气沉沉的、贫瘠的、受到污染和人口爆炸的星球上，清新的空气、洁净的水和星球上的生物都消失了，影片中人们被鼓励在最后一种高科技的仪式中走向死亡，大量消费“国家地理”那种自然美景的全息摄影，而真实的美景早在一个世纪前就已在地球上不复存在了。

但是人们也能够由此想象一个十分不同的形象生产，并且正是这一点对我来说似乎是马里的电影制作者苏里曼·西塞由社会现实主义转向《光》(*Yeelen*，1987）的奇特的视觉与神话叙述的标志。这部电影以其视觉的壮观和寓言性的魅力震撼了全世界的观众，影片中有一个凶残的恶魔般的父亲，他拥有骇人的魔力，这一形象本身就为人类学家关于原始萨满巫师是技巧娴熟的偏执狂的精神分裂症患者的论断提供了证明。这位父亲执意要追捕他的儿子，而儿子也同样试图得到父亲的魔法，终于在一场决斗中他们相遇了，战斗的结果是双方的毁灭以及世界本身的毁灭，在最后的原子弹爆炸中只剩下茫茫沙漠一片。富有告诫性的结局及其生态学上的暗示，清楚地表明了某个当代的意图。然而神话的运用使形象的力量能够直接投入与贾曼所指的事件相反的叙述，展示出的情节中每个人物都成了自然力量和环境的载体。这的确是一段奇异的经历，它是西塞的社会电影的继续，描述了当代第三世界国家社会中的危机和政府的镇压，但又是在我们使用过的所有意义上的特殊的唯美化的影片。我希望西方观众如是说并不显得古板，但我对这部作品也感到某种困惑，至少我感到安慰的是我的非洲朋友也与我有同样的困惑。神话是伪叙述，它不可能有结论，也不可能有真正的当代内容。这部影片结尾处的原子闪电可以说是枯竭的象征和对某种意识形态挫折和失败的承认。但是现代主义时期对神话的依赖（托马斯·曼［Thomas Mann］和T. S. 艾略特［T. S. Eliot］论《尤利西斯》的文章）提供了以一种叙述替代另一种叙述的可能性，它的结尾呈现出结构上的困难，这一更具后现代的“神话”程序最好能够被理解为用一种形象替代其他不可解决的叙述矛盾的前文本。

墨西哥导演保罗·勒迪克的电影，特别是他非凡的《拉迪诺酒吧》(1990) 为研究形象的合理性问题提供了相当不同的角度。这部电影避开所有的神话动机，将形象置于突出的位置乃至达到绝对的程度，尽管在音道上“整个充斥着”流行音乐，但几乎没有对话，因此，它不像贾尔曼拍摄的歌剧式的 MTV，而是以某种原创的、自己特有的方式回到无声电影本身的能动力量。可是，这些连续的镜头并没有像在传统上那些伟大的默片中那样，展现给我们一些从具体的符号系统和单纯的无字的剧照中产生的劳动和最初的叙述形式。并且，它令人吃惊地在两个辩证的截然不同的方面重新虚构了自己：一方面，是一个简单的甚至老套的关于爱情、嫉妒、暴力和斗争的叙述，发生在马拉开波（委内瑞拉的港口城市）的一个码头上，这是一个充斥着货摊、茅舍和客栈的复杂的空间迷宫，这一叙述不需要任何文字；另一方面，则是一个既不同于纯黑白的力度也不同于现代技术色彩的眩目效果的色彩系统（像在这里讨论的其他电影的例子一样)。《拉迪诺酒吧》是通过一系列深色和虚幻的色彩得以表现和表达的，其唯一可想象的对应物可能是在默片时代偶尔做的着色实验。现在，形象已经从需要你去解释、破译并在每点上重新建构的情节的复杂的时间中解放出来，开始召唤一种完全不同的视觉关注，它的深奥和晦涩引出了某种视觉诠释学的东西，眼睛将在意义的更深层次上扫描。

我想，我们可以在这里找出与我们在《光》中所断定的完全不同的对神圣的隐秘回归，因为当摄像机向码头上的设备推近又拉回时，影像所提供的正好是巴西黑人女族长祭坛或古巴萨泰里阿教的祭坛，以及大量由蔬菜和花卉装饰的俗气而又虔诚的摆设。勒迪克的电影形象模仿了传统电影叙述的基本原理，同样，黑人女族长的祭坛模仿了“高级”的或正统的基督教神坛，它秘密地消解并打破了以神圣的绘画或雕塑——处于中心和被定为中心的再现——为轴心所构成的欧洲中心主义的等级论，并且在外部限制下，提供了颠覆前神性中心论和解放力比多的某些古代的偶然性。

在这一语境中，勒迪克对我们来说之所以成为一个很有用的参考，就在于他著名的关于弗里达·卡罗（Frida Kahlo）的电影描绘（《弗里达》，1984），这是一部被后现代装饰以不易觉察的方式渗透和殖民化的作品（后现代主义装饰象征性地规定了当代社会运动中的文化政治对弗里达的再次占用）。这部电影是新型的后现代纪录片的例子，它的形式创新可与关于旧的文化历史或旧的人类学报告的“新历史主义”或新人种论的形式创新相匹敌。在所有这些形式的变化中，审美的注意和动机代替了旧的“理性”阐释，尽管它是文本的审美而不仅仅（如19世纪晚期的唯美历史主义那样）是风格形式的审美。其他采用这种新形式的电影还有伊萨克·朱利安（Isaac Julian）的影片和《尘埃的女儿》(朱利·达什［Julie Dash］，1990)。

现在我想通过一些较低层次的当代电影的种类或产品类型来追踪关于美的新美学。商业电影院里除了偶尔上映抒情片作为点缀外，主要是所谓的动作片，在这里它们都不是我们要讨论的对象，即使那些能被描述性地（非道德地）称为性与暴力的色情的东西确实对时间上的绝对在场的当前美学观念提供了严厉的讥讽。因为这些电影，在将一切都归结到纯粹的性与暴力的表现中，提供了能够被看作对任何叙述时间感的弱化的补偿的强烈状态：那些老的情节，仍然滞留和盘结在观众的部分记忆里，似乎已经被一连串无休止的叙述上的托词所取代，其中只有在纯粹观看的状态下获得的经验才能被享受。

可是，精确地说，叙述时间的减弱——现在被投射到叙述历史本身——也是我所称的怀旧电影的决定因素之一，在某种程度上，怀旧电影是一个使用不当的名称，这个术语使人们认为真正的怀旧——放逐到时间中的渴望，过去历史的丰富性的再度丧失所表现出的当代的异化——在后现代性中仍然能够看到。然而，后者绝不是在旧的现代意义上的异化，它与过去的关系好比一个消费者在收藏中置入了另一稀罕物，或在国际宴会上又添上一道美味佳肴。由此，后现代的怀旧电影准确地说就是这样一套可消费的形象，经常以音乐、时装、发型和交通工具或汽车为标志(因为就形式而言，要适应比现代本身更远的时代是困难的)。在这些电影中，时代的风格就是内容，并且它们以我们所讨论的特定时代穿着时髦的人取代了事件，这样就产生了一成不变的一代一代的周期，正如我们所看到的，这并非没有影响到它对叙述的作用。我不希望别人认为我不重视这些重建所体现的高质量，其中包括《教父》(20世纪40年代后期和50年代)，后来又出现了一些以20世纪20、30年代的黑社会为表现对象的版本——同时也包括一些电视连续剧中的有趣尝试（如《罪恶的故事》）。诸如此类的制作无疑是以新的历史表现方式所创作的实验性作品，它们提出了关于普遍的历史表现的最有意思的哲学问题：因为对于这些新形式的理性判断并非仅仅是标志个人成败的方式，而是人们对它能否在这个时代延续下去和它产生形式的能力的评价。

在这一方面，我认为对怀旧电影最有趣的考察也许可以在单个作家的作品中进行，我正在考虑的是古巴的电影制作者洪伯托·索拉斯（Humberto Solas)，他为我们提供了关于马查多独裁的两个截然不同的表现方式，一个是他的经典作品《露西亚》(1969) 中的第二个事件；另一个是他的影片《机会主义者》(1986)，这部影片跨越了一个较长的时期并且将我们带到了革命本身。《露西亚》中，马查多事件是根据我意欲称为**象征**

性美学的方式建构的：不在场的美学的观察点是女性的而不是男性的，是侧面描写重大或暴力的事件而不是它们的正面表现；是雅各布森（Jakobson）所称为转喻的东西而不是对历史事物的隐喻研究。这一事件触及古巴历史上的重大时期，因此它在文体上保持了克制和谨慎的方式，采用了一种非常微妙的电影叙述。另一方面，《机会主义者》则对同一历史事件进行了赤裸裸的正面攻击，并且努力直接表现这个时代所有著名的特征和状况。由此，它沦为对那些相同事件的单纯图解，而对这些事件的认识必须先于它的图解。根据我的观点，这确实是对怀旧电影的最恰当的先在的形式观察：由于它必然基于观众对先在的历史陈规的认同，包括那一时代的各种文体风格，因此，它变成对那些相同的陈规的单纯叙述的确认。它能够做的仅是提供有关其特征（这些特征来自历史手册和先在的集体态度与参考资料）的可预见的证明，如果它未能成为孤立和纯粹的个体，那么它必定不可能违背时代的陈规。换句话说，它并不知道正是由单一与重复、类型与个别所构成的丰富的辩证法构成了老的历史艺术，卢卡奇和其他人已就这个问题为我们作了描述。怀旧电影是复古的而不是历史的，这解释了为什么它必定将其兴趣中心转向视觉，为什么以动人心魄的形象取代老的电影的讲故事的方式；并且，我认为，不言自明，对形象的注意不仅削弱了叙述而且表现出与更纯粹的叙述注意的不相容性。我试图将论争扩展到黑白与彩色之间的对立（这一对立事实上是索拉斯两部电影的特征），并且我还把它概括为色彩与叙述不相容性这一无疑更为大胆的假设。但是在这里我不打算走得太远，只对这两部作品作完全不同的观察就够了，也就是说，尽管现代主义也许不大可能成为《露西亚》的特征，但是可以肯定地说，它的三个事件借助调停或三种不同美学或风格的方式而与三种生产方式并置。由此，《露西亚》中的历史通过形式本身的信息得以间接地表现，而《机会主义者》这部影片中的历史则简单地被理所当然地认为是一种无疑义的、相对透明的表现性语言。无论如何，我的结论是，我们所讨论的商业电影的后现代性至少部分是基于它们把过去包装成商品并把它作为纯粹审美消费的实物提供给观众的方式；同时我认为，这种情况也可以类推至当今流行的其他视像产品，如电影、广告或MTV。

在这一点上，我也很愿意讨论后现代时期最近几年关于艺术和艺术家的艺术作品的可叹的复发：这些作品也证实了怀旧的痕迹，但是在这种情况下，它是一种对艺术本身，对美学和关于现代主义时期本身的艺术的艺术怀旧，人们幻想它是非政治或反政治的。事实上，现代主义和伟大的现代主义者在面对“自我”和“世界”即将发生重大变化的预兆的意义上，都是极度乌托邦的，即我所说的本质上的原始政治经验。同时，我们还应在当前的语境中添上，他们的艺术小说，他们根深蒂固的自我指涉，总是围绕语言和那些运用于转换的方式的诗。在那种意义上说，海德格尔是最后的现代主义者，并且他关于语言的乌托邦式的沉思与当前关于艺术的后现代艺术之间的差异和距离就在于，语言在后现代中不再占有特权的位置，后现代更关注装饰，强调视觉艺术和现在以装饰性空间填充的方式理解自身的音乐（一方面是摇滚和耳机，另一方面是前资本主义或巴洛克和早期音乐），而并非关注从瓦格纳（Wagner）至勋伯格的现代资产阶级音乐的勃勃野心。

我姑且将我的论题作为一个假设，它在阿兰·柯尔诺（Alain Corneau）的《世界的早晨》（1992）所表现的新唯美主义中得到典型的和非常成功的体现：这是一部关于18世纪两位作曲家之间对抗的电影——一个是机会主义者兼骗子，另一个是一个真正的创作者并且实质上是从现实世界隐退的美学上的神秘先知。那位机会主义的信徒利用大师的女儿偷取了他的音乐和艺术秘诀，然后卖给国王的宫廷，成为一个著名的有钱有势的人物，不过，他对其恩师的真正的音乐是认可的，并为之感到遗憾。这是一部“美”的电影，但是，不像《卡拉瓦乔》，它把消费伪装成艺术，并且出于其自身的目的为我们提供了一系列伪历史的形象，可以肯定这些形象都不是编史中的人物。实际上，历史背景被用作一组符号：伟大的音乐家是一个詹森教徒（Jansenist），这给我们的是法国古典主义的信息，而那个接受学生出售的作品的宫廷正是遭到法国革命反对的代表革命前政治和社会制度的腐朽的宫廷。这些相互联系的符号使我们辨认出对颓废贵族的抗议和反对，虽然它们不是用政治术语而是用艺术术语表达的。同时，詹森教的严酷和唯美主义——英国清教的模糊和笼统的对应物——使这部电影肯定了放弃的价值，同时影片中渗透的形象的美与音乐以及性的自由又表明这不过是放弃的快感和作为一种审美愉悦的放弃。这部电影被赋予一种优雅的民族特色，作为法国对国际电影市场的贡献，代表着我们所说的高雅文化，标志着从美国化和成蔓延之势的消费文化中退出，从当代商业和市场社会的粗俗的表现形式中退出，不过它仍然作为一种截然不同的欧洲选择以高贵的方式参与其中。因此，电影成为一种高级消费品，在艺术和美学的掩饰下，作为一种特有的欧洲产品出口。它的美是退化的和空洞的，并且，就柯尔诺对他的手势所具有的象征和政治性质的明确意识而言，这种美对我目前的目的很有用。在最近的采访中他表示：“现在我们已有长达 30 年的关于政治与艺术关系的激烈讨论……今天，富有创造力的人们的视野正在改变……有关艺术的参与和责任的观念正处于分崩离析的过程之中……然而，在更深层的意义上，艺术家仍然故我。孤独，困在对他而言过于庞大的机构中，一个少数派，艺术家成了精神变态的病例；他生产出某种奇怪的内容……我们必须修订我们的历史……［甚至］新浪潮也不是人们所认为的左派运动，巴赞（Bazin）是一个身体力行的天主教徒……”等等。[28]这些想法强调了艺术对政治的替代功能。关于艺术的艺术作品，或关于艺术家的电影实质上是某种回复原状的构成。而基耶斯洛夫斯基（Kieslówski）的作品，特别是他的《蓝色》（1993）和《闪过的双重生命》（1991），证明电影能够运用非常优秀的形式。但是这些电影却把我们引向了新唯美主义的另一层面，它本身就是宗教，或者如果你喜欢的话，称为戈雷斯基（Gorecki）第三交响组曲。《世界的早晨》已经庄严地强调了宗教，准确地说是新唯美主义的宗教特点；基耶斯洛夫斯基如今揭示了艺术的新视野与某些新的宗教或神秘转向之间的紧密联系，如果你愿意的话，可以早在戈达尔的《向玛丽致敬》（1985）上映时就在新欧洲的各处找到它的踪迹（戈达尔总是对盛行的新潮流和思想有着非凡的感受，并且他的新电影至少就古典音乐来说是唯美主义的教科书）。我想沿着我们在此讨论的美学上的怀旧线索，将这些宗教幻象描绘为怀旧产品。在我看来，就黑格尔与卢卡奇使用这个词的意义上说，两者都是对真正内容的取代。在那里，我们最好是从社会——真实的内容——的具体观点移开，因为社会总是与原始政治有密切关系，到那时，伪内容的其他形式不得不取代它。作品仍然必须假装描述某些事情。昨天，从现实世界移出意味着对自身的回归，从马克思主义移出意味着对心理分析的回归。假使那样，“真实”仍然在场，权当一次阵痛，一次手术罢了。今天，甚至精神分析和欲望也因为过于现代和它要求对晚期资本主义作出评价而使后现代主体难以容忍而遭回避。由此，它给自身提供的替代物是我们在这里已经考察过的艺术和宗教、伪唯美主义的形式，以及在艺术的宗教进入宗教的艺术这一缓慢的循环中的幽灵般的余像。

五

我要讲的最后一点与美本身有关。在“颓废”本身经历了某些非常有趣的重新评价的时期，似乎只有在现在的语境中，重新唤起美在一个被初期商品化损毁的社会中的颠覆性作用才是合适的。从莫里斯（Morris）到王尔德（Wilde），都用美作为政治武器，以反对自鸣得意的写实主义的维多利亚资产阶级社会，并且突出它的否定力量，作为对商业与金钱的排斥和在丑陋的工业社会的中心所产生的对个人与社会变革的渴望。那么，为什么今天我们不考虑类似的真正的原始政治功能呢？为什么不对我所列举的同样具有颠覆功能的美和艺术宗教留一点余地呢？这个问题将促使我们测量现代主义与后现代主义（或我们自身）状况之间的巨大距离，测量倾向的不完全的商品化与全球范围的商品化之间的巨大距离，在全球范围内留存的最后一些飞地——无意识与自然，或文化、美学生产、农业——现在都已被同化为商品生产。在前一个时代，艺术是一个超越商品化的领域，艺术中还有一定的自由；在晚期现代主义中，在阿多诺和霍克海默的文化工业的论文中，仍然留有艺术的领地，使它们免于商业文化（在他们看来，最典型的就是好莱坞）的商品化。可以肯定地说，在文化领域中后现代性的典型特征就是伴随着形象生产，吸收所有高雅或低俗的艺术形式，抛弃一切外在于商业文化的东西。在今天，形象就是商品，这就是为什么期待从形象中找到对商品生产逻辑的否定是徒劳的的原因，最后，这也是为什么今天所有的美都虚有其表，而当代伪唯美主义对它的青睐是一种意识形态的策略而不是一个创造性的源泉的原因。

【注释】

[1] See chapter 8, "Postmodernism and the Market", in *Postmodernism, or, The Cultural Logic of Late Capitalism*.

[2] Richard Rorty, *Philosophy and the Mirror of Nature*, Princeton, 1981.

[3] 参见本书《"艺术的终结"还是"历史的终结"?》。

[4] Martin Jay, *Downcast Eyes: The Denigration of Vision in Twentieth-Century French Thought*, Berkeley, 1993.

[5] Jonathan Crary, *Techniques of the Observer: On Vision and Modernity in the Nineteenth Century*, Cambridge, Mass., 1991.

[6] See my *Marxism and Form*, Princeton, 1981, chapter 4.

[7] See "Preface", Alejo Carpentier, *The Kingdom of this World*, London, 1990.

[8] Michel Foucault, *Surveiller et punir*, Paris, 1975, 189; translated as *Discipline and Punish: The Birth of the Prison*, New York, 1995.

[9] Aimé Césaire, *Aimé Césaire: Collected Poetry*, trans. Clayton Eshleman and Annette Smith, California, 1983, 35.

[10] Alain Bobbe-Grillet, *La Jalousie*, Paris, 1957, 80; translated as *Two Novels by Robbe-Grillet*, New York, 1989.

[11] See my "Postmodernism, or, The Cultural Logic of Late Capitalism".

[12] Karl-Heinz Bohrer, *Plötzlichkeit*, Frankfurt am Main, 1981; translated as *Suddenness: On the Moment of Aesthetic Appearance*, New York, 1994.

[13] Antoine Compagnon, *Les Cinq paradoxes de la modernité*, Paris, 1990; translated by Franklin Philip as *The Five Paradoxes of Modernity*, New York, 1994. 这段译文是我翻译的，但第二个数字指的是英文版中相应的页码，龚巴侬自己为美国版本加了一个新的（有所修改的）前言，在这个前言中，他允许在美国语境中，他的立场可被看作一个够资格称作"后现代"的立场。

［14］ Ibid.，11/xvii.

［15］ Ibid.，75/39.

［16］ See Serge Guilbaut，*How New York Stole the Idea of Modern Art*，Chicago，1983.

［17］ Compagnon，*Les Cinq paradoxes de la medernité*，57/39.

［18］ Ibid.，79/57.

［19］ Ibid.，116/89.

［20］ Ibid.，115/89.

［21］ Ibid.，141/110—111.

［22］ Ibid.，178/144.

［23］ Ibid.，175/141.

［24］ André Malraux，*The Voices of Silence*：*Man and His Art*，Princeton，1978，98.

［25］ Theodor W. Adorno，*Aesthetische Theorie*. *Gesammelte Schriften*，vol. 7，Frankfurt am Main，1970，17；translated as *Aesthetic Theory*，Minneapolis，1997.

［26］ 参见本书第七篇文章中关于贾曼的进一步探讨。

［27］ Fredric Jameson，*The Geopolitical Aesthetic*，London，1992，97 - 101.

［28］ *Nouvel observateur*，30 December 1993，8 - 9.

（胡亚敏　刘心莲　译）

文化与金融资本

我在这里打算介绍一本新书，这本书至今尚未引起人们的注意，部分原因是因为它意蕴丰富、很难理解，同时我想也是因为它的要点是述说资本主义的历史。不过，我认为它里面所萌发的新的观点对我们过去尚未解释清楚的资本主义特征提供了一种新的结构上的理解。该书就是乔万尼·阿里吉的《漫长的 20 世纪》[1]。这部杰作在论述许多其他问题时产生了一个我们未曾涉及的问题——金融资本，并对此作出了具体化的解释。这个问题无疑曾以一种模糊困惑的形式萦绕在我们的脑海里，长期以来没有成为真正的问题：为什么有金融主义？为什么投资和股票市场比工业生产（它似乎已达到消失的边缘）更引人注目？没有生产在先又如何获利呢？所有这种过度投机来自何处？这种城市的新形式（包括后现代建筑）是否与土地的价值（地租）的动态性的转换有关呢？为什么房地产投机和股票市场在发达的社会能作为重要的部分突出出来呢？发达社会的“发达”肯定与技术有关，但大概也应该与生产有关吧？所有这一连串的问题又引起一些暗中的怀疑，有关于马克思的生产方式的问题，也有关于受到里根或者撒切尔夫人的减税刺激的 20 世纪 80 年代的历史转向问题。我们似乎正返回到阶级斗争的最基本的形式，由此导致了因冷战而起的所有西方马克思主义者和理论精微的结束。

在冷战和西方马克思主义的这一段较长历史时期里——具体可以从 1917 年算起——的确需要产生一种复杂的意识形态分析，以便于揭示一些不相适应的存留的替代物，一度政治辩论取代经济辩论，诉诸所谓的传统——自由、民主、上帝、摩尼教、西方和犹太基督教或者罗马基督教的遗产——作为对新的不可预测的社会实验的回答，同样也是为了便于接纳由弗洛伊德所发现的无意识的新概念，并且可能运用于对社会意识形态的培育。

在那些日子里，意识形态的理论构成了很好的诱惑策略：每一位自尊的理论家都感到有责任发明一种新理论和暂时拥戴某种理论，从而能够在短时间内吸引一群追逐新模式的好奇的读者，甚至这个新模式仅仅只是名称上的花样翻新和认识论、形而上学、实践或其他什么的代用品。

但是今天，这些复杂性中的许多方面似乎已经消失，面对里根和撒切尔式的巨额投资和增加未来生产的乌托邦，基于无规则、私有化和强制性地无条件开放市场的状况，意识形态分析的问题似乎已大大简化，意识形态本身变得更为透明。根据哈耶克（Hayek）这样的大思想家的观点，既然将政治自由等同于市场自由已成为一种惯例，那么，意识形态背后的动机似乎不再需要精致的解码程序和重新阐释。当代政治的导向线似乎更容易掌握：那就是富人要求把他们的税降得更低一点。这意味着老的通俗的马克思主义也许再次比新的模式更适合我们当前的状况，但它也提出关于金钱本身的更真实的问题，而该问题在冷战时期似乎并不那么重要。

富人肯定会用所有这些不再需要浪费到社会服务上的新收入有所作为：但这些钱似乎不再进入新的工厂，而是选择将它们投入股票市场。由此产生第二个困惑。苏联人曾嘲笑他们的制度的幻景，这个制度好比里面被一群白蚁吃空了的大厦。不过，我们中的有些人对美国也有同样的感觉：重工业消失（或极大地萎缩）之后，似乎能够使之继续运转的唯一的东西（除了两个庞大的美国工业——食品和娱乐外）就是股票市场。这样做的可行性在哪里？所持的金钱是从哪里来的呢？如果金钱建立在如此脆弱的基础上，那么，“财政的可信赖性”问题为什么被置于首要的位置呢？金融主义立足的逻辑又是什么呢？

然而，我们在金融资本主义这个新时期所产生的疑问并没有从传统获得理论勇气或滋养。1910 年出版的一本书——希法亭（Hilferding）的《金融资本》[2]，似乎对经济和结构问题提供了一种历史的回答：第一次世界大战前德国托拉斯的方法，他们与银行乃至建筑的关系，等等——而答案似乎在于垄断的概念。列宁在 1916 年的一本小册子《帝国主义是资本主义的最高阶段》里对其的使用也是在这个意义上，该书似乎是通过改变金融资本的名称并将它移入几个大的资本主义国家之间的权力关系和竞争中来摆脱它的。但是这些“最高阶段”现在已成为我们的过去，帝国主义已经过去了，替代它的是新殖民主义和全球化。尽管有人抱怨联邦银行和它的利息政策，但是大的国际金融中心似乎并不是第一世界的资本主义国家激烈竞争的所在地。与此同时，德意志帝国被共和国取代，共和国或许有、或许没有它的前者那么强大，但它毕竟是欧洲整体的一部分。因此，这些历史描述似乎并没有给我们多少益处，并且这里目的论（“最高阶段”）在最近的这些年来似乎受到了大量的责难。

但是，在经济学家仅仅只能为我们提供以经验为根据的历史的地方[3]，仍然是历史叙述为我们展示了解决这个谜团的结构和经济理论：金融资本必须是某个时期的东西，它在方式上与资本主义发展的其他阶段有区别。阿里吉的卓见就在于这类特殊的目的并不是位于一条直线上，而是很可能构成一个螺旋（这个形象也避免了各种循环幻象的虚构色彩）。

这个图景混合了各种各样的传统规定：资本主义的运动必须被看作非连续的但又是扩张的。经历一次危机，它就会通过蜕变而进入一个更广阔的活动空间，进入渗透、控制、投资和转型的更广阔领域。这个学说由欧内斯特·曼德尔在他的名著《晚期资本主义》（1972）一书中作了十分有力的论证，他在书中说明了资本主义的恢复力，这一点马克思本人在《政治经济学批判大纲》中已经作过假定（但在《资本论》中还不明显），并且这一观点曾屡次作为未明确的左派预言（在两次世界大战后不久，此后又出现在20世纪80年代和90年代）。但是曼德尔的观点的缺陷在他的命题“晚期资本主义”所潜在的目的论中已表现出来，仿佛这就是可设想的最后阶段，或仿佛这一进程是某种统一不变的历史进步。（我采用“晚期资本主义”这个术语是向曼德尔致敬，但不是作为一种预言；正如我们曾看到的那样，列宁说过“最高阶段”，而希法亭则更谨慎些，仅仅称之为“最近的阶段”，这种说法显然更可取。）

现在，这个循环图式准许我们综合这些特征：如果我们将非连续性不仅定位在时间上而且定位在空间上，如果我们回头加上历史学家的观点，显然，须充分考虑国内处境和独一无二的特质在民族国家中的发展，至于在更大的地区性的组织中（例如第三世界对第一世界）就更是这样。于是，资本主义进程的局部目的论就能够与其自身间歇性的历史发展和转换相吻合，就像从一个地理空间跳到另一个一样。

这样，制度最好被视为一种病毒（不是阿里吉所描绘的），它的发展就像某种流行病（更进一步地说，像广泛蔓延的流行病，是流行病中的流行病［an epidemics of epidemics］）。这个制度有它自身的逻辑，它强有力地暗中破坏和摧毁更传统的或前资本主义的社会和经济逻辑：德勒兹将这种情况称作公理，从而与老的前资本主义、部落或帝国的符码相对照。但是这种流行病有时也消耗了自身，就像火消耗了氧一样；并且它们又跃上一个新的更合适的环境，这个环境的前提有利于更新的发展。（我在这里匆匆补上阿里吉关于成功者有时失败、失败者有时成功的悖论转折的一个复杂的政治和经济的表述，这是一个比我所阐述的更辩证的说法。）

于是，在《漫长的 20 世纪》这个新图式中，我们了解到资本主义有若干虚假的起点和生机勃勃的起点，甚至有若干大规模的新的开端。文艺复兴时期意大利的簿记员，一些大的城邦初期的商贸——所有这些显然是一个最均衡的石盘，它不允许新的东西超过这个规模，但是它又提供了一个非常有限和隐蔽的环境。这里，政治形式，城邦本身，代表了对发展的障碍和限制，尽管我们不能将它推断为诸如形式（政治）限制了内容（经济）这样一些更普遍的命题。后来，这一进程跨到西班牙，在这里，阿里吉的一个了不起的洞见就是把这一时期作为一个基本的共生的形式加以分析。当然，我们知道西班牙有一个资本主义的早期形式，它在新大陆和白银舰队的征服下受到重创。但是，阿里吉强调，西班牙资本主义的这种方式应被理解为与意大利的热那亚有着相近的功能和共生关系。热那亚曾为帝国提供资金，是那个新时期的充分参与者。这个时期与更早的意大利城邦时期有一种辩证的联系，但这种联系在后来非连续的历史中并没有重演，除非有人也愿意假定一种由竞争和否定带来的蔓延：在这种方式中，对手被诱致具有你自身的发展特征，将与你竞争，并在你匮乏时取而代之。

于是进入下一个时期，跨越到荷兰，跨越到更坚定的基于水路和海上贸易的制度。此后，故事就变得更熟悉了：荷兰制度的局限为英国沿着同一航线更成功的发展铺平了道路。在 20 世纪，美国成为资本主义发展的中心。阿里吉留下了一个著名的同时也是充满疑问的问题，即日本的实力能否构成另一个循环和另一个阶段，能否取代充满内在矛盾的美国的霸权地位。在这一点上，也许阿里吉的模式已经达到了它所代表的极限，当代全球化的复杂现实也许要求某些别的完全不同的共时模式。

不过，我们尚未了解阿里吉所论述的历史的最刺激的特征，即循环本身的内在阶段。资本主义在这些时期的每一次发展都重复自身，并复制出一系列的三阶段（这可以被认为是他的新“普遍历史”的局部目的论的内容）。

这些都是按照《资本论》的著名公式的模式构造的：M（金钱［money］）—C（资本［capital］）—M’（金钱［money］），在这个公式中，金钱被转换成资本，资本又在逐步增长的辩证积累中产生更多的金钱。三段论的第一个阶段涉及的是各种手段的贸易，经常借助于暴力和野蛮的原始积累，创造了可能转换成资本的大量的金钱。然后，在古典资本主义的第二个阶段，金钱成为资本，被投入到农业和制造业：它在扩张中占有土地，并通过将这些土地连成一片而转化成生产的中心。但是第二个阶段也有其内在的局限：那些生产的重荷也同样压在分配和消费上，“下降率或利润”通常是第二阶段所特有的，“利润仍保持高水平，但是维持它们的条件却使它们不能够进一步扩大投资”[4]。

这时候，第三阶段就开始了，这一阶段是我们的主要兴趣所在。阿里吉对这样一个循环的金融资本主义的周期阶段的论述受到布罗代尔（Braudel）关于“金融扩张的阶段”总是“秋天的信号”的启发。[5]投机，从本国工业抽取利润，日益狂热的牟取，与其说是为了新市场（这些也是饱和的），不如说是为了金融交易本身的新的可观的利润。同样，资本主义对这些方式作出反应，并为结束资本主义的生产时期作出补偿。资本本身变成了自由浮动的东西，从它的产生地的“具体语境”中分离出来。金钱已具有第二个意义和第二个层次的抽象（它在第一个和基本的意义上总是抽象的)：仿佛不知什么原因，在国家时期，金钱还有一个内容——像花在棉花上的钱，花在小麦上的钱，花在铁路上的钱，诸如此类。但是现在，就像蝴蝶在蝶蛹中蠕动，金钱从那具体培育它的大地中挣脱出来，要展翅飞翔了。今天我们所知道的仅仅是一些字面上的概念（但阿里吉向我们展示，我们的当代认知仅仅是对已过去的、早期资本主义的失业工人、地方的商人及衰落的城市等痛苦经历的复制)，我们知道还存在着像资本抽逃这类的事情：抽回投资，深思熟虑或轻率地投向青绿的牧场，投向有高额利率回报且劳动力廉价的地区。这个自由浮动的资本正疯狂地寻找更大利润的投资（这个过程早在巴兰［Baran］和斯威齐［Sweezy］于1965年写成的《垄断资本》一书中就作了预言性的描述)，现在它将开始在新的语境下活动，它不再被运用于开采和生产的工厂和空间，而是被投向股票市场的交易，以牟取暴利。但这不是工业部门之间的竞争，甚至不是同一行当中一种生产技术与另一种更先进的技术的对抗，而是投机形式本身——正如德里达所指出的，价值的幽灵，正相互竞争地在全世界游荡。自然，这就是金融资本时期。现在，我们可以清楚地看到阿里吉的精彩的分析是如何进行的，金融资本不仅是“最高阶段”，而且是每一个时期的资本本身的最高和最后阶段，根据循环理论，资本在新的国家和国际资本主义的范围内耗尽了利润，企图通过死亡而获得在某种“更高”的形式上的再生。这样一个庞大的无法计量的生产性的过程，它注定要再次经历三个基本阶段，即移入的阶段，生产发展的阶段，以及最后的金融和投机的阶段。

正如我在上文所揭示的，所有这些在我们这个时代也许可以通过控制论的“革命”所产生的暗示而得到戏剧性的提高，同时，信息技术的增强使今天资本的转移消除了空间和时间的隔阂，事实上它从一个国家和地区移向另一个国家和地区的过程能够瞬间实现。这种巨额资金在全球范围闪电般地活动所产生的影响是很难预测的，不过显然已经产生了一些新类型的政治障碍，并且也在晚期资本主义的日常生活中产生了一些新的未显露的征兆。

至于抽象的问题——金融资本是其中的一个部分——也必须从它的文化表达上去理解。早期的真正的抽象——在 19 世纪工业资本主义时期的大城市里货币和数字的作用，被希法亭作了现象上的分析，并被乔治·齐美尔（Georg Simmel）在他的《大城市与精神生活》这一富有开拓精神的论文中作了文化上的诊断——当时还有一个重要的分支，即各种艺术中我们称为现代主义的出现。在这个意义上，现代主义忠实地——甚至是“现实主义地”——再现和表现了日益增长的抽象和列宁所说的“帝国主义阶段”领土扩张的衰竭。今天所说的后现代性表达的却是另一个抽象阶段的症状学，在性质上和结构上都与前者有所区别，我们在前面几页中已根据阿里吉的观点作了勾勒，用于描述当今金融资本主义：全球化社会中的金融资本时期，这种抽象是借助控制论技术引入的（“后工业社会”是一个使用不当的名称，除了作为一种把它的动态性与过去的、“生产的”时期相区别的方式以外）。这样，任何一种金融资本主义的综合的新理论都要延伸到文化产品的这一被扩大的领域中去发挥其影响。的确，大众文化产品和消费本身——与全球化和新的信息技术同步——像晚期资本主义的其他生产领域一样具有深刻的经济意义，并且完全与当今普遍的商品体系连成一体。

现在我想尝试将这种新理论运用到文化和文学阐释中，特别是用来理解现实主义、现代主义和后现代主义的历史的或结构的顺序，近年来这些问题引起了我们许多人的兴趣。无论好坏，它们中的第一个——现实主义——一直是马克思主义传统中非常认真地关注和分析的对象，而对现代主义总体上主要持否定和对照的态度，当然，也不是没有偶然或局部的启发性（特别是在卢卡奇的著作中）。我要表明的是阿里吉的著作现在是如何给这三个文化阶段或时期提供更好的更具全球性的理论框架的，它必须被理解为从生产方式的层面（简言之，从经济的层面）而不是从社会阶级的层面来分析。对此我已在《政治无意识》[6]一书中作了一些解释，为了避免范畴上的错误，我们需要和经济的框架分离，我匆匆增加了政治层面，即社会阶级的层面，无论是从历史的还是美学的角度，它都是阐释中不可缺少的部分，但我们不准备在这里探讨。阿里吉的著作给了我们在这一领域进行探讨的主题和材料，由于该书为我们提供了一种新的，或者应该说一种更全面的、更令人满意的对金钱在这些过程中的作用的解释，对其进行通俗化处理是值得的。

的确，这一时期杰出的政治思想家，从霍布斯到洛克，包括苏格兰的启蒙运动，都比我们更清楚地看到了金钱在现代性转轨期间或从最大的意义上在整个资本主义社会（不仅仅是狭义的文化术语）中所具有的不可思议的中心作用。C. B. 马克伯森（C. B. MacPherson）的经典著作[7]已经说明了洛克的历史观是如何过渡到货币经济上来的，而洛克的意识形态解释的丰富的含混性表现在从两个方面给金钱定位，一是在随着文明社会的社会契约的出现而产生的现代性中，二是在自然本身的状态里。马克伯森论证，金钱是那种让洛克具有特殊的双重性和重叠系统的东西，它同时具有自然和历史，平等和阶级冲突的性质；或者说，如果你愿意的话，金钱的特殊性就是让洛克既作为一位人性的哲学家同时又作为一位社会和经济转型的历史分析家来运作的那种东西。

金钱在马克思主义文化分析的传统中继续起这种作用，它与其说是一种纯粹的经济范畴，还不如说是一种社会范畴。换句话说，马克思主义文学批评——它在一定程度上限制了我们——很少从资本和价值的角度，或资本主义系统本身来分析它的对象，而是从阶级，最常见的是从其中一个特殊阶级即资产阶级来分析。这显然有某些悖论：人们期待文学批评家会与马克思著作的主旨结合，从结构上说明资本主义的历史创造力——但是这样的努力似乎包含了太多的调停（无疑，在这种精神中，王尔德曾抱怨社会主义需要太多的黄昏）。于是，在工商阶级出现的相应的阶级文化，以及与之相伴的各种形式和文本之间建立起更直接的调停就显得简单多了。这里，金钱进入的图景仅仅是在交换、做生意等类似的活动范围内，后来正是在新生的资本主义的基础上，决定了历史上一些最初的自由民或城市商人、资产阶级生活的出现。（同时，对于马克思主义来说，现代时期美学上的两难窘境几乎全部与想象的问题相关，即为另一个新出现的群体——工人阶级——想象一种相同的或类似的文化和艺术。）

这意味着马克思主义的文化理论已几乎全部是围绕现实主义的问题展开的，与资产阶级文化的联系也在这个范围内，并且大部分（有一些著名的标志性的例外）对现代主义的分析采取的是否定和批判的方式：现代主义是怎样和为什么偏离现实主义的轨道的？（在卢卡奇笔下，此类问题能够产生某些富有启发性有时甚至是有意义的结果，这倒是真的。）无论如何，我想通过阿诺德·豪泽尔（Arnold Hauser）的《艺术社会史》来简略地说明这种传统的马克思主义关于现实主义的理论。例如，我们一起回到豪泽尔特别提到的那个时期，即法老埃赫那吞（Ikhnaton）那场夭折的革命时期——中王国（the Middle Kingdom）的埃及艺术中的自然主义倾向，这些倾向非常鲜明地反对僧侣的传统，这对我们来说太熟悉了，它暗示出新因素的影响。的确，如果正是宗教限制了当时社会的精神，使人们坚持旧的人类学和哲学传统，那么，埃赫那吞替代一神教的企图之所以夭折就能得到充分的说明。豪泽尔正确地感觉到，宗教的限定会接着要求社会的进一步限定，并毫不奇怪地将提出加强贸易和金钱对社会生活和新型社会关系的出现的影响。但是这里有一个暗藏的调停豪泽尔没有提及，这就是这类观念的历史和新型观念的出现的问题。

在这些正统的解释中含有非正统的内核：它暗中假定随着交换价值的出现，物体的自然特性中的一个新的价值将形成。这种借助金钱形式的平等交换（根据马克思主义经济学的标准，它被理解为是具体交换的替代物，并被认为实质上具有唯心的抽象的"商品拜物教"的功能）必然在物质世界和新的由贸易形成的更具生机的人类关系中导致更现实的利益。商人和消费者需要在商品的感官上以及他们的对话者的心理和性格特征上产生更强烈的兴趣，所有这些可能会形成一些新的感受和观念，包括身体的和社会的——新的视野，新的举止行为。从长远来看，在这样的环境中，一些更贴近现实的艺术形式就不仅是可能的而且是人们所希望的，受到新的公众的鼓励。

这个具有时代气息的解释和说明并不会使细读文本的人们感到满意，命题在后来的阶段也遭到激进的出乎意料的辩证的转换。最重要的，除了关于情节和人物的明显的富有启发性的意涵外，关于语言本身的相关性的说明并不是很清楚。这里，采纳埃里希·奥尔巴赫（Erich Auerbach）这个杰出的理论家关于现实主义与语言之间的关系的理论也许是一种滥用，这一先验图式虽然有一个扩大的社会民主的概念巧妙地支持了他的著作并明确表示坚持通俗语言向写作的转化，但是，这些观点绝不是他的中心论点。因为这不是华兹华斯（Wordsworth）强调的平易的演讲，而宁可说是我想指出的一个庞大的教育小说（Bildungsroman），而它的主人公就是句法本身，因为它的形成贯穿于整个西欧的语言过程中。他引用了马拉美的诗句：

> 原则，判断力，是什么，在这个对比中，
> 它是否清晰，它们未能为句法担保（!）[8]

可是，自古以来，句法的历险，从荷马到普鲁斯特，都是模仿性的深层叙述：通过每一个能够标明“现实”中迄今未被注意的局部复杂性的句子，逐步装备层层的句子结构，使一个新句子拥有不同递进的伴随从句——这就是奥尔巴赫的历史中所贯穿的伟大的叙述和目的论，他的多重决定论尚待进一步完善，但显然包括了已经提到的许多社会特征。

还应该特别提到的是，在这些现实主义理论中，一些新的艺术的和感性的范畴被理解为与现代性（即使还不算现代主义的话）存在着绝对的和根本的联系，不过在这里，现实主义被看作一种初级阶段。它们还包括伟大的现代主义者的突变和新奇的主题：因为无论是与老的程式化艺术的神圣惯例有关，还是与前一个文学时期的烦琐的内在句法有关，都坚持了对现实主义中的人物的必然的颠覆、批判和摧毁，都必须清除那些无用的和陈旧的遗迹，以发展新的实验性的手段和场所。

在此我不太谦虚地谈谈我对现代主义的马克思主义理论的两个贡献，这些问题到目前为止还未得到系统的阐述。第一个是我们曾碰到的那种悖论的辩证的理论：作为现代主义的现实主义，或者说现实主义是现代性的一个基本部分，我们归结为现代主义的东西也许在某种意义上属于现实主义——突变、新奇、新观念的出现等等。我所提出的是，现实主义和现代主义这些在历史上

性质截然不同的并且似乎是不相容的模式，应被视为具体化的辩证法中的多个阶段，它们抓住了更早的前资本主义世界的本质和主观性、制度与形式，以清除其等级的或宗教的内容。现实主义和世俗化是那个过程中的第一个启蒙时期：它的辩证之处像一种从数量到质量的跨越和颠覆。随着具体化力量的强化，它们的影响渗透到社会生活（包括个体的主观性）的更广阔的领域，而现在仿佛这种产生第一次现实主义的力量又反过来反对它和毁灭它。现实主义的意识形态和社会前提——例如在一个稳定的社会现实中的朴素的信仰——现在被揭去了面纱，不再神秘，且可信度受到质疑；而现代主义的形式——由同样的具体化的强力所催生——取代了它的位置。在这个叙述中，现代主义被后现代主义取代是以同样的方式被具体化力量的进一步强化来预先充分地认知的，现在它对处于霸主地位的现代主义本身将带来完全出乎意料的和辩证的结果。

我的另一个贡献是提出了现代中特有的形式的作用，这一作用似乎在现实主义或后现代主义中都没有什么重大影响，但是它却能够辩证地将两者联系起来。对于这一现代主义的形式作用的“理论”，我想追随卢卡奇（和其他人），通过分析、分解，特别是通过内部的鉴别来考察现代主义的具体化。这样，在各种语境的假设的现代主义的过程中，我又发现，这个特殊的作用是通过“自主性”，即将整体中的形式的部分逐渐变成独立的和自足的来实现的，这是十分有趣的和富有生产性的。有些东西可从《尤利西斯》的章节和次要情节中看到，这种情况也出现在普鲁斯特的句子中。我打算在这里建立一个密切关系，这与其说是关于科学（像人们通常谈到现代性的来源时所认为的那样）还不如说是关于劳动过程本身：这里泰勒化的巨大影响（与现代主义同时）正慢慢地波及自身，分工（早已被亚当·斯密理论化）现在通过围绕“效率”（为此使用了一个意识形态的字眼）原则所做的不同阶段的划分和重组正名副其实地成为大规模生产的方法，哈里·布雷弗曼（Harry Braverman）的名著《劳动与垄断资本》[9]仍是关于劳动作用的研究的奠基石，并且在我看来，它对诸如现代主义的文化和结构分析具有极大的启发。

但是，在人们称作后福特主义时代的今天，这个特殊的逻辑似乎不再通行；正如在文化领域，抽象的形式在现代时期似乎是一种丑陋的、不和谐的、令人反感的和粗鄙可憎的东西，而现在则成为文化消费（从最广义上讲，从广告到商品式样，从视像装饰到艺术产品）的主流，并且不再使任何人感到震惊。确切地说，今天我们整个商品生产和消费的制度都建立在那些老的、一度是反社会的现代主义的各种形式的基础上。常规的“抽象”概念在后现代文本中似乎并不适合，然而，正如阿里吉告诉我们的，没有什么东西像金融资本那样抽象，但它却为后现代性提供了基础和支撑。

同时，有一点似乎也清楚了，如果自主性——部分或碎片的独立——是现代的特征的话，那么，在后现代性中它依然与我们同在。例如，欧洲人最先受到美国古典影片的快速剪辑和连续镜头的特征的冲击——这个过程在电视剪辑中处处被强化，今天一个一分半钟的广告片就能够包括相当多的各具特色的镜头和形象，这丝毫没有使人们对现代主义的作品如斯坦·布拉克黑奇（Stan Brakhage）这种大师级的现代主义独立制片人的影片感到疏远和困惑。这说明过度碎片化的作用和逻辑似乎仍留在那里，但它已没有了早期的那些效果。那么，人们是否可以与德勒兹一起想象，这里我们面临要重新符号化那些迄今已被解码的或公理性的材料——他假定某些东西是与晚期资本主义不可分割的一种运作，它们的极端公理性将处处被局部地返回到私人的花园、私人的宗教和一些老的甚至是古代的当地符码系统的遗迹?可是,这个解释提出了一些令人窘迫的问题,特别是由德勒兹和迦塔里(Guattari)提出的在公理和规则之间的对立,与典型的存在主义到底有什么不同——在现代世界中处处呈现的意义的丧失,继之又试图局部地重新赋予它意义,不是退回到宗教,就是制造一种出自个人和偶然的绝对性。

这里,妨碍"重新符号化"概念的另一个问题并不是局部的,而是一个普遍的过程:后现代性的语言是通用的,在这个意义上它们是媒体语言。由此,它们与那种沉溺于单一和私人主题的十足的现代性的语言有明显的区别,现代性语言只是选择性地获得了普遍性,确切地说,它们的社会化仅仅是通过集体注解和经典化的过程实现的。除非娱乐和视像消费都被作为基本的宗教实践,否则,重新符号化的概念在这里就失去了它的力量。再换一个(更具有存在主义色彩的)角度说,不妨这样认为,有关上帝死了、宗教的终结和形而上学在现代的焦虑和危机等的言辞,现在似乎已被一个更具人性的、社会化和文化化的社会所充分地吸收了,它的空隙不是被新的价值而是被视像文化之类的用户至上主义所充满和中和。因此,仅举一个例子,荒谬的焦虑感本身已被新的后现代的文化逻辑重新捕获和容纳,这种逻辑为它们提供了尽可能多的另外一些似乎更具止痛效果的展品的消费。

于是,我们的注意力必须转向这一新的裂变,在这个理论化的过程中,阿里吉在金融资本的分析上作出了突出的贡献,我打算首先考察抽象这个范畴,特别是金钱这个特殊形式的抽象。沃林格尔(Worringer)论抽象的开拓性论文[10]将抽象与性质截然不同的文化冲动联系在一起,最后从日益增强的同化中获取力量,进入西方的"想象的博物馆"的更古老的和非图形的视像材料,他将其与一种死亡驱动相关联。但是,对我们而言,关键的干预是乔治·齐美尔的论文《大城市与精神生活》，在这篇论文中，新的工业城市的作用，包括金钱的抽象流动，决定着整个新的更抽象的思考和感受的方式，它与过去商贩式的城市和乡村有极大的不同。这里关系到交换价值和货币等价物的作用的辩证转换：如果后者一旦声称和引发出对物体性质的新的利害关系，那么，在此刻这个新阶段中，等价物将从固定资产和统一标识的旧观念中退出。于是，如果所有这些物体都成为商品的等价物，如果金钱抹平了个别事物的内在差别，则人们现在可以购买各种各样的东西，这些东西从此就具有了半自律的、质量或感觉上的特征；并且它们在色彩和形状上也不受其形式载体的影响，而是作为感觉的领域和艺术的原材料逐渐成为独立的存在。这就是第一个阶段，但也仅仅是第一个阶段，在这个抽象的开端，它被认作美学现代主义，但是事后我们又把它限定在资本主义工业化的第二阶段这一历史时期——石油、电力、内燃机、汽车、轮船和飞机的新的速率和技术——即世纪之交的前后几十年。

不过，在继续进行辩证叙述之前，有必要暂时回到阿里吉那里。我们已经谈到过他那富有想象力的方式，他将马克思的著名公式 M—C—M′剥成一个更具适应性的循环的历史叙述。我们还记得，马克思是从另一个倒置的公式 C—M—C 开始的，这个公式具有贸易的特征：“商品的简单循环开始于出售，结束于购买”。商业销售 C 得到了 M（金钱），再买回另一个 C：“整个过程开始于卖出商品得到金钱，结束于花掉金钱得到商品”。正如人们想象的那样，这不是一个非常有利可图的轨迹，除非在有些情况下某些贸易地区用特殊的商品如盐或香料变换成货币作为通常的等价法则的例外。也正如我们已经说过的，除此之外，物质商品本身的中心地位还决定了一种感性的注意，它与哲学的物质范畴一道，只能导致一种更具现实主义色彩的美学。

可是，另一个公式引起了我们的兴趣，它颠倒了前一个的次序，变成了 M—C—M，这个公式是一个辩证的空间，在其间贸易（或称作商业资本）被转化成资本的兜售场所。我将略去马克思的解释（可参见《资本论》第一卷第四章），只评述处于盛期的第二个 M 的逐渐强化：在这个时期，运作的焦点不再是商品而是货币，它的驱动力在于商品生产中货币的投入，这种投入不是为了生产，而是为了回收更多的 M（金钱），现在是 M′，换句话说，财富向资本的转换，资本积累过程的自动化，将宣称资本自身的逻辑高于货物的生产和消费的逻辑，也高于个体的企业家和工人。

现在我要引进德勒兹的一个新词，这个词是非常贴切的（我相信这是他创造的最著名和最成功的一个），并且对于我来说，它在这个重大的转换中戏剧性地提高了我们对所处的危险境地的感觉，这个词就是“去领土化”（deterritorialization），我认为，它非常清楚地阐明了阿里吉所构想的意义。这个词还被广泛地应用于各种不同的现象，但是我想表明的是它的最初的和基本的意义正在于资本主义本身的出现，在德勒兹和迦塔里的《资本主义与精神分裂症》一书中被论证为对马克思的中心作用的坚韧的重建。[11]于是，第一个和最重大的去领土化就是，德勒兹和迦塔里所称作资本主义的公理性的东西解构了老的前资本主义规则系统的术语，使它们获得了“自由”，以形成新的更具功能性的结合。这个新术语的影响还可以对照一个更浅显甚至更成功地流行在媒体世界的词“去语境化”来衡量：这个术语并非不恰当地表明，任何从原初语境中分离出来的东西（如果你能够想象出一个的话），总是在新的领域和情形下被重新语境化。但是去领土化却比那种理解绝对得多（尽管它的结果确实能够在新的历史情境中被重新捕获甚至偶然还会“重新符号化”），因为它蕴含了一个新的本体论的和自由漂浮的状态，在这种状态下，形式居于主要地位，而内容（回到黑格尔的语言）最终被压制，产品的内在性质变得无足轻重，仅仅只是市场营销的托词，而生产的目的也不再是特定的市场，特定的消费人群或社会、个体的需要，而在于它所转化为的被界定为没有内容、没有区域并且没有使用价值的元素，即货币。因此，正如阿里吉所展示的，一些特定的生产区域正在出现这样一个时期，在其间，资本主义的逻辑——面对本国甚至外国市场的饱和——决定放弃那种特定的生产，包括工厂、训练有素的劳动大军，将它们留在身后的废墟上，飞往其他更有利可图的地方。

或者宁可说，这一时期是两面的：正是在对去领土化的两个阶段的论证中，我们看到了阿里吉最重要的创见以及他对今天的文化分析所作的最富有启发性的贡献。一个阶段是在去领土化中，资本转移到其他更有利可图的生产形式上，经常是到一个新的地区。另一个阶段则更严酷，在其间，处于中心区域的资本完全放弃了生产，到非生产的空间，正如我们所看到的那样，通常是到投机买卖、金融市场和金融资本这些方面寻求最大的利润。当然，这里“去领土化”一词可作为它们自身的反讽形式来品味：今天，投机的特惠形式之一就是土地和城市空间的买卖，于是，新的后现代信息的或全球化的城市（正如它们所被称呼的）显然起因于最终的去领土化，而其间的区域变成了抽象的土地和地球，商品交换的背景或语境转换成商品本身。因此地产投机就是这个过程的一面，它的另一面在于全球化本身最终的去领土化[12]，在那里，想象某种目前正在取代老的国家和帝国空间的新的逐渐扩大的“地球”空间将是一个绝大的错误。全球化应该说是一种网络空间，在这个空间中，货币资本已经接近了它的最终的去领土化，作为信息它将瞬间从一个节点到另一个节点，横穿有形的地球、有形的物质世界。

现在，我要谈谈这种新的金融资本逻辑方式中的一些投机问题——它的根本上的抽象的新形式，它们尤其与现代主义的抽象有截然的区别——这种投机在今天的文化生产的运作中可以看到，也就是人们通常所说的后现代性。我们所要进行的是对抽象的说明，在这种抽象中，新的去领土化的后现代内容相对过去的现代主义的自主性来说，就像全球金融投机对原有的那种银行和贷款一样，或者说，像20世纪80年代股票市场的狂乱对大萧条一样。我在这里并不是特别要引进黄金本位的主题，它注定要表示真正的固有的有形价值，与各种形式的纸张和塑料（或计算机中的信息）完全不同。或许黄金的主题将再次成为仅仅与人们所理解的某种人工的矛盾的制度的程度有关。我们想要理论化的是对文化标志的性质和它们在其间运作的制度的修正。如果现代主义像我所暗示的那样是一种被取消的现实主义，它分割和变异了最初的模仿的起点，那么，它可以被当作一个大额的承兑纸币，由纸币的通货膨胀引起的上下浮动会突然导致产生新的历史的最初的金融和投机的工具和载体。

我将根据这些不同文化时期的碎片和它们的命运来考察这个历史变化的转折点。碎片的修辞学的开端可以被追溯到现代主义的起始，即施莱格尔兄弟，我认为这种理解有点用词不当，因为上述形象的内容不是老掉牙的或漏洞百出的，而是可以分析的（“为了解决我所要考察的这些难题，我们可以尽可能地按需要将它们中的每一个划分成许多更小的部分”——笛卡尔［Descartes］）。但是由于没有更好的词来代替它，故我在下面简短的讨论中仍继续使用这个词。首先，我想重提一下肯·拉塞尔（Ken Russell）的有点诙谐的言辞，在21世纪，所有的虚构电影都不再长于15分钟：这就意味着这样一个事实，在我们当今的最新电影文化中，为了把一系列形象理解为某类故事，我们过去常常要求做的精心的前期准备，无论基于什么理由，都是不必要的。但实际上我认为这一点能够通过我们自身的经验来证明。每一个去过电影院的人都会注意到这样一种方式，即电影工业对现在已具有思维定式的电视观众的竞争，导致了预告片这种结构的转型，而它们又必然会不断地形成和扩展，成为将来对电影的更全面的戏弄。现在这种预告片被要求不仅展示几个明星的形象和少许的亮点，而事实上是要扼要地说明情节的错综复杂，并且要事先预演整个情节。最后，这些被迫进入抽象的已具思维定式的观众（他们中的五六成已走在呈现的每个特征的前面，并取代老的短片）被引导作出重大的发现，即这种预告片才真正是我们所需要的一切。人们不需要看整整两个小时的影片（除非他的目的就是消磨时间，这种情况是常见的）。这并不涉及电影的质量问题（尽管也许涉及预告片的质量问题，最好的方式是人们通过巧妙安排，使它们所讲述的故事不同于“真实电影”中的“真实故事”）。这种新的发展更不涉及了解情节和故事——因为无论如何，在当代的动作片中，故事框架只不过是一个假托，在此基础上，搁置的是一个极富刺激和变化的永恒的现在。于是，这些镜头的简短剪辑所提供的影像和预告片所提供的亮点，它们只充分满足于自身，并不在意表达的思路和形式上的情节连接。正是在这一点上，预告片本身作为一个结构和一个作品，似乎像某些小说化电影一样与其最终产品有着同样的关系，后者将在影片的事实之后写作，稍后作为印刷的复制品出版，于是，电影的原作被复制。不同之处在于，在正片和它的出版物中，我们涉及的是相似类型的完整叙事结构，这两者的结构都会被新的发展所遗弃；而预告片就是这样一种新形式，一种新的最简约的形式，它所具有的满足感与过去是完全不同的。于是，这似乎就是肯·拉塞尔在他的预告中所作的不完善的预测：不是在 21 世纪，而是在当今已经出现；并且不是 15 分钟，而是仅仅只有两三分钟。

当然，他所考虑的是一些完全不同的东西，例如，正在兴起的 MTV，它们以视觉的方式想象性地再现了音乐，而这种样式在电视广告之类的节目中的出现超过了它们的先驱在迪斯尼和音乐动画片中的地位，并且它们还力求获得强化的美学品格。于是，在拍摄诺福克南方公司（Norfolk Southern）这个联合运输企业庆典的连续镜头中，屏幕上一匹骏马正从远处飞奔而来，背景是浩瀚的天空和飞逝的白云。借助转喻，天空本身代表一种运动，它所预兆的威胁不是这种视像制品的细微的神秘和随之而来淡出的变形：骏马现在和它的背景一起穿过早期工业背景而逐渐化为阿尔钦博托（Arcimbaldo）式的各种机件的装配，并以仿贾科梅蒂（Giacometti）或杜布菲的笔法，变成一种矿物质化的躯体，一种“无机生命”的形式（德勒兹），奇怪地与它背后的岩石表面一致，然后又回到由玉米穗和谷粒合成的有机体——又一次的阿尔钦博托！——镜头略过一片农田又化为由圆木和光秃秃的树干整合而成的集装箱，这又回到了有机体：整个连续的镜头无疑同时唤起某些制度的意象，它体现的是从工业到农业的产品，不过，它是对从农业、采集到重工业这一正常进化时序的颠倒。这是永恒存在的哪种类型？它是怎样从名为短暂的“新奇”的视像差异的震撼中摆脱对“相同”的存留的注意的呢？变形——扭曲的和震动的，然而也是静态的、变异的——无疑为我们提供了把握叙述时间线索的手段，同时允许我们忽视它，并且在此刻充分地享受视像。不过它的内容都是影像和套话：创造性的转化不是从繁茂变成凋零，而是从平庸转化成优美的视像，自觉地提供视觉的消费。值得注意的是，这个特殊的商业广告在一个小时的金融新闻电视节目中有规律地在荧屏上插播，与其他相伴的汽车和宾馆的推销宣传不同，这清楚地意味着指明一个投资机会——影像的投资促进资本的投资。

但是，这又似乎可以返回到一个更熟悉的方向，将碎片的一个纯粹美学实践与某些新近出现的后现代的东西并置起来。将盛行一时的布努埃尔（Buñuel）的超现实主义影片《安达卢西亚》(1928)、《黄金时代》(1930)，或斯坦·布拉克黑奇的完全不同的实验性影片制作《狗星人》(1965)，与德里克·贾曼的拼凑性的史诗性影片《英格兰的末日》(1987) 加以对照，这样做是很有启发的。

事实上，我们应顺便注意到贾曼对MTV这个新事物也表现出与拉塞尔同样的形式上的兴趣，但不同的是，他对这种新式样在时间上的限制感到惋惜，梦想将这种形象语言作恢弘的史诗规模的展开。在某些方面他已付诸实践，1987年以来他制作了一部长达90分钟的影片（还有一些较长如62分钟和75分钟的影片是由布努埃尔和布拉克黑奇分别制作的，但正是它们所表现的漫无止境的性质在这里应该被考虑）。然而，即使在现代，碎片的实践结果也形成了两种性质不同的、对立的趋向或策略：韦伯恩（Webern）或贝克特的极简主义是一方，作为其对立面的则是马勒（Mahler）或普鲁斯特的无休止的扩展。这里，在人们所说的后现代中，我们可以将拉塞尔的简洁的MTV的概念与贾曼的史诗般的展开或《万有引力之虹》这样冗长的文学文本并置在一起。

但是，对于金融资本的文化影响这种投机的讨论，我所要阐明的是这种形象碎片所具有的完全不同的特性。在这里将处于经典现代运动中心的布努埃尔的影片作为这种征兆的实践似乎是合适的。的确，德勒兹曾对这些影片作了非常精彩的描述，并以他特有的归类方式，将布努埃尔（还有斯特罗海姆［Stroheim］）

置于自然主义门下："自然主义的形象，作为力比多的驱动，事实上可分辨出两种符号：征兆型的和偶像型的。"[13]因此，布努埃尔影片中的形象碎片永远是不完整的，里面充满不可理喻的超自然的灾难，突然的狂乱，沉溺和迸发等各种标志，征兆以纯然的形式作为不可理解的语言不能被转换成其他任何语言。布拉克黑奇的实践则与此完全不同，也许因为处于不同历史时期并实质上运用了不同媒介的缘故，它是一种实验性影片（我在别处曾提到，它与其说是主流的电影还不如说是进入实验电视的一种概念的系谱学）。我们可以类比音乐来描述，把它作为四分音和分析的形象的切片的扩展，由此可以看出某些部分的视像在受过训练并习惯于西方视像语言的眼睛看来是不完善的：某些东西与其说像词素或音节，还不如说像音素。而这两种实践都具有用结构上的不完整来对抗我们的企图，而这样做又辩证地证实了它们在构成关系上的缺乏，有些别的东西没有提供也许也永远无法提供。

可是，在贾曼的《英格兰的末日》中，超现实主义之类的字眼已被随意搬弄，我们实际上面对的是一些陈词滥调。这里必然产生一种富有感情色彩的语调：可怜的主人公们正对那些压在他们头上的轻松表现出软弱无力的愤怒，同时对王室和传统的繁文缛节的上层英国生活方式感到厌恶，但是，这些情感本身又是陈词滥调和脱离现实的。在这里，如果这意味着是对某些极度痛苦的个人的主体性（如布努埃尔）的替代，或者是对某些有机的美学方向（如在布拉克黑奇的作品中）的一个福楼拜式的越过巨大的空洞的公众领域的"客观精神"的平庸环境中的自主生活的替代，人们可以肯定地宣布主体的死亡。但是，这里的每一件事从常规模式上看都是非人的，包括愤怒本身。一个黯淡的未来最熟悉和最平常的特征：恐怖分子，古典和通俗的唱片音乐，伴随着希特勒的演讲，预先戏仿的王室婚礼，所有这些都是借助那种画家似的眼睛来处理的，纯粹是出于视觉效果的需要而在黑白和彩色之间变换，以产生一组组令人遐思的镜头。叙述或伪叙述的部分显然比布努埃尔或布拉克黑奇的任何一个部分都长，不过，它们有时也会像《狗星人》中那样互相转换、摇移和叠印，其间产生一种梦幻般的感觉，这是一种真正的陈词滥调，它与布努埃尔那种对精确的迷恋有着根本的不同。

怎样说明这些性质上的差异无疑也包括结构上的差异呢？我本人觉得应回到罗兰·巴特在《神话学》中所表述的非凡的洞见上：贾曼的碎片都是富有意蕴的或具有可理解性的，布努埃尔或布拉克黑奇则不是。巴特的著名格言，即当代世界中意义与经验或存在主义之间存在着不相容性，这一点在他的《神话学》中得到了充分的运用。书中谴责了陈词滥调和意识形态中意义的过剩，并表示出对纯粹意义的极端厌恶。这样，权威的语言——形象——的实践力图坚持相信某些更基本的偶然性或无意义的东西——一个从存在主义或符号学立场出发所获得的命题。巴特同时试图通过内涵的观点作为一种临时从更字面的意义上建构的二级意义来说明套话中意义的过度使用。后来他放弃了这一理论工具，但是当我们现在回头考察这个问题时却对它充满兴趣，特别是在当今的语境下。

我要说明的是，在现代时期，也就是布努埃尔和布拉克黑奇生活的时代，独立存在的碎片的运作仍是无意义的：布努埃尔的表征本身显然是富有意义的，只是距我们有一定的距离，对我们没有意义，它无疑在我们永远看不见的地毯的另一边才是有意义的。布拉克黑奇所承继的形象的碎片状态也是无意义的，尽管他采用的是不同的方式。但是贾曼的总流量还是有点意义的，因为在他那里，碎片已被重新赋予了文化和中介的意蕴。这里我认为我们需要有一个将这些碎片重新叙述的概念，以补充巴特对大众文化最初阶段的内涵的判断。[14]这里所发生的是，叙事体中每一个原先的碎片若没有叙述语境作为整体，曾一度是难以理解的，而现在它能够自身就表达一个完整的叙述信息。它已变成独立的存在了，这不在现代主义进程这种形式感中，而是它重新获得了能量，因此它能够在某种直接反射中吸收内容并把它显示出来。由此，在后现代中情感正逐渐消失：疏离的偶然性或无意义的局面被从文化上重新叙述形象世界的碎片所替代。

到这里，人们也许要问，所有这一切都涉及金融资本吗？我认为，现代主义的抽象不是资本积累本身的功能，而是在资本积累的状况下金钱本身的功能。金钱在这里既是抽象的（使每一个事物等值），也是无实在意义的和无趣味的，因为它的趣味在它本身之外：于是它是不完善的，就像我曾提及的现代主义的想象一样，它直接注意别处，超出它自身，朝着被认为是完善（也是取消）它的方向进发，这就是产品和价值。自然，它是半自律而不是全自律的，在其间它将以自己的名义建构一种语言或一个维度。但那恰恰是金融资本造成的：金融系统的运作既不（像资本运作那样）需要产品，也不（像货币那样）需要消费，它高高在上，如同网络空间，能够凭借其自身内部的新陈代谢和循环来维持，而与过去的内容类型没有关联。在套话式的后现代语言中被叙述的形象碎片也是如此：它表现的是一个独立于原有的现实世界的新的文化领域或层面，但它绝不像现代（或甚至浪漫主义）时期，文化从现实世界里退出而进入一个自主的艺术空间，而是因为现实世界已经充盈着文化的气息并且被殖民化，以至于它已没有外部可言，由此它能够被看出匮乏。套话在那个意义上是从未匮乏的，金融投机的循环的总流量也是如此。它们中的每一个又都不知不觉地朝着崩溃的方向发展，这个问题我将留待另一时间在另外一本书中讨论。

【注释】

［1］Giovanni Arrighi，*The Long Twentieth Century*，London，1994.

［2］Rudolf Hilferding，*Finance Capital*，trans. London，1985.

［3］一本极好的书 David Harvey，*Limits to Capital*，Chicago，1982 是一个例外，书中包含着对马克思主义经济学所作的富有启发的阐述，即一个整体性的金融资本（或者说，如果你喜欢的话，对一个马克思本人没有完成的未言明的马克思主义的金融资本理论的重建）和地租的新理论，这一点没有得到应得的注意。阿里吉的历时描述与哈维的共时描述之间的张力无疑是非常重要的，这在本文中还未展开，我打算在别处讨论。

［4］Arrighi，*The Long Twentieth Century*，94.

［5］Ibid.，6.

［6］Fredric Jameson，*The Political Unconscious*，Ithaca，1982.

［7］C. B. MacPherson，*The Political Theory of Possessive Individualism*，Oxford，1962.

［8］Stéphane Mallarmé，“Le livre，instrument spirituel”，in *Oeuvres complètes*，Paris，1945，385.

［9］Harry Braverman，*Labour and Monopoly Capital*，New York，1976.

［10］Wilhelm Worringer，*Abstraction and Empathy*，New York，1963.

［11］关于最初的尝试，参见我的“Dualism and Marxism in Deleuze”，*South Atlantic Quarterly*，Summer 1997，vol. 96，no. 3。

［12］关于地产投机的详细情况，参见我的“One，Two，Three... Many Mediations”，in *ANYHOW*，edited by Cynthia Davidson，Cambridge，Mass. 即将出版。

［13］Gilles Deleuze，*Cinema 1*：*The Movement Image*，Minneapolis，1986，175.

［14］我有点儿机会主义地使用了贾曼的最后两章作为例子，但这绝不意味着我对这个严肃的颇富雄心的著作作出了任何确定性的评价，而只是在众多著作之中，贾曼悲剧性的早逝，加强了它的意义。这里我感兴趣的是这一章所概括的画家似的冲动与大众文化的视像发展之间的区别。我的印

象是，在贾曼的著作中，前者已经转向后者，以至于如果一个人要说这些影片太强调视觉了（在后现代的意义上），他必须加上它们都不是画家式的。在这里，我希望将此与印度的两位伟大的当代电影制作者玛尼·考尔（Mani Kaul）和古玛·沙哈尼（Kumar Shahani）的杰出作品加以对照，他们的电影采用了完全不同的方式来诉诸眼睛并愉悦眼睛。然而，在我看来他们从根本上说是现代主义的电影制作者，并且我希望人们清楚地看到，希望这些艺术家仅仅如此“返回”到“现代”，这与我对后现代性的探讨已相距很远了。

（胡亚敏　译）

砖头和气球：建筑，唯心主义与地产投机

我打算深入研究一个十分重要的理论问题——城市规划与建筑的关系——尽管这个问题对有些人来说不是非研究不可的，但鉴于其自身内在的旨趣和紧迫性，我认为它提出了一系列很有意义的理论课题。为了达到能够系统阐述更普遍的城市和建筑问题的目的，有必要提请各位关注这些问题以及我与之相关的著作。例如，对后现代文化产品的抽象的动力的调查，特别是对后现代主义中抽象的结构作用与现在还在起作用的我们称为现代主义（或许人们更愿意称它们为多样的现代主义）的抽象类型两者之间的根本差异的调查。这项调查将使我重新审查货币形式——所有抽象的基本来源——并考察近年来也就是我们中的一些人所指的后现代性这一不长的时期，货币的结构及其流通形式是否并无实质性的改变。自然，也就是说，在我们这个时代要再次提出金融资本及其重要性的问题，提出关于金融资本所特有的和专门的抽象与文化文本中发现的抽象之间关系的形式问题。我想每一个人都会同意，随着全球化的出现，金融资本已成为晚期资本主义的区别性特征之一，换句话说，也是当今事物的区别性状态之一。

但是，准确地说，正是这条调查线索为建筑自身的方向作了重新定位，启发我在这里寻求进一步深入。在空间的领域似乎存在着某种金融资本的对应物，事实上是一种与它密切相关的现象，那就是地产投机：过去它在农村可以找到得以施展的领域——随着自然资源的私有化进程，占据当地美国人的土地，攫

取铁路沿线大片的土地，扩大城郊区域；但是在我们这个时代，它却成为一种壮观的都市现象（不只是因为一切都城市化了），它返回大城市，到城市剩下的空间寻找机会。于是，如果今天采用的地产投机的特殊形式同我们在后现代建筑（这个术语在这里仅是在一般的时序意义上用的，在感情色彩上是中性的）中发现的同样的特殊形式之间有某种关系的话，这种关系会是什么呢？

我们经常看到，当今建筑的象征意义以及它的形式创新性在于它对社会的直接性和“它与经济的交合处”。这种直接性与其他开销很大且同样必须依赖投资的艺术形式——如电影和戏剧——的直接性相比有很大的不同。但正是这种直接性呈现出理论上的危险，这一点众所周知。例如，断定地产投机和对日益增加的建筑物的新要求开辟了新的建筑风格出现的空间，这似乎并非奇谈怪论。不过，使用一个惯用词，它似乎同样“简化”了根据新的投资类型对新风格所作的解释。据说这种简化论未能重视美学层面及其内在动力的自律和半自律的特性。事实上这种观点也遭到反对，认为这种粗暴的论断似乎从未下降到它们所蔑视的风格的细节之中，它们忽略了形式分析，仿佛事先就怀疑它的原则。

于是，人们可能试图通过介绍新技术的情况，展示它们如何在采用一种新风格的同时又充分回报投资的目的，使这种解释（关于“后现代主义的起源”）丰富和复杂化。这样就必须在经济层面与美学层面之间加上一个“中介”，并且必须提出自己的看法，说明为什么我们需要精心制作一系列介于经济与审美之间的中介的原因。换句话说，说明为什么我们需要一种具有新的活力的中介概念，以证明经济决定论这一论断的直接性。中介的概念被定位于我所指的“层面”，即（尼古拉斯·卢曼所说的）一个用于区别的社会功能，一个领域或地区，它存在于已发展到被自身内在的法则和动力所控制的社会之中。我想把这一领域称为“半自律”的，因为它显然仍旧是社会总体性的一部分，正如**功能**这个术语所暗示的那样。我故意使用一些含混的或自相矛盾的术语，就是为了暗示一条“双行线”，在这条双行线上，一方面可以强调上述领域的相对独立性、相对自主性，另一方面又可以坚持它的功能性和在整体中的基本位置：至少通过它在整体上而不是“功能”上的重要性，它被理解为一种物质利益和盲目的或从属的动机。由此，从卢曼的一些更明显的例子来看，政治是一个特殊的“层面”，因为自马基雅维利（Machiavelli）和自黎塞留（Richelieu）控制下的现代国家出现之后，政治作为现代社会的一个半自律的领域，拥有自己的机构和程序，自己的从业人员，自己的历史和传统或“先例”，等等。然而，这并不意味着由于许多事物在其所属范围之外，政治层面就不具有多方面的重要性。法律、法令和司法层面所属领域也是一样，它们在许多方面可视为这样一种专门的半自律领域的典范。我们中从事文化工作的人们毫无疑问也想坚持审美或文化上的某种程度的半自律性（尽管审美和文化这两者的关系可互换的说法如今再次成为一个很有争议的问题）：小说创作的规则，乃至电视连续剧的创作，肯定不能直接简化为议会的民主制度，更不用说股票市场的运作系统了。

股票市场本身又怎样呢？无疑，如果说 18 世纪以前这个市场还未成型的话，那么自 18 世纪以来，市场的出现，市场理论的出现，在此基础上形成的经济已进入半自律层面。至于金钱和土地，准确地说，这里它们都是与我们密切相关的现象，它们将允许我们去检验中介的概念及其相关的观念和半自律的实例或层面两者的适用性：它将事先被理解为由于在市场和经济这些更基本的系统或次系统中，金钱和土地二者显然只是功能性因素，因此都不能以自己的名义构成这一层面。

任何将金钱作为中介的讨论都必须面对乔治·齐美尔的《货币哲学》（1900）一书，这部厚实的著作是我们今天所说的对这一特殊存在的现象学分析的开山之作。齐美尔对 20 世纪各种思潮的潜在影响是不可估量的，这在一定程度上是因为他拒绝将他的复杂思想整合到一个单一的系统之中；同时，那些非黑格尔派的或去中心的辩证法式的复杂表述经常由于他那冗长乏味的文体而难以卒读。他最近的一些新观点将成为我在这里讨论的必不可少的准备。[1]无疑，齐美尔把经济结构本身归为一类，却又积极地暗示出一些可以描述和探讨金融资本的现象的和文化的影响的方式。很清楚，现在不是对这些问题作全面研究的时候，所以我的评论将仅限于他那篇富有创新性的论文《大城市与精神生活》，其中金钱仍扮演了主要角色。[2]

这基本上是对现代生活，尤其是城市生活（在 19 世纪后期的柏林）日益抽象的说明。不错，抽象确实是我的话题，而且一直是大家所关注的，有时它被冠以不同的名称（例如，安东尼·吉登斯［Anthony Giddens］的核心术语为**间离**［disembedding］，说的是同一个东西而指向的是这一过程的其他特征）。在齐美尔的论文中，抽象呈现出多种形式，从时间的体验到人际关系的新距离，从他所说的“唯理智论”到新的各式各样的自由，从漠不关心和“毫无兴趣”到新的焦虑、价值危机以及都市人群对波德莱尔和瓦尔特·本雅明的挚爱。认为金钱是所有这些新现象的根源，这一结论在齐美尔看来过于简单：不仅大城市用不同方法讨论这个问题，而且在我们现在的语境中，也可以肯定地说中介的概念是令人满意的。不管怎样，齐美尔的论文不仅将我们带到了现代美学的形式理论和对较早的知觉和生产的逻辑的抽象的理论的门前，而且也将我们带到了金钱本身的抽象的出现，也就是我们现在所说的金融资本的门前。[3]在本雅明式的现象拼贴的论文结构中，我们也找到了下面这些带有预言性的句子：在讨论抽象的新的内在动力时，其方式就像资本本身一样，开始是在自身那个时期扩展。齐美尔告诉我们："事实可以证明，仅仅通过增加交通，城市里土地租金的'自然增价'就将给它的所有者带来自行升值的利润。"[4]这足以表明，我们所探讨的这些东西都是相关的。现在让我们回过头来，从现代或后现代的建筑形式与那些大的工业城市的自行增殖的空间开发之间可能具有的亲缘关系开始讨论。

在这方面，我对一本结构上有些缺陷且重复较多的书有特殊的兴趣，它就像一本好的侦探小说一样，里面充满了令人激动的叙述和由发现与揭示所带来的兴奋感：罗伯特·菲奇的《纽约的暗杀》就是这样一本书，它不仅提供了考察城市建筑的机会，而且提供了评估地产投机的功能和比较各种理论的阐释意义（和中介在这些理论中的位置）的机会。大胆地说，像他自己通常所做的那样，菲奇将纽约的"暗杀"设想为一个过程，由此——蓄意地——将制造业迁出城外，以便为商业往来（金融、保险、房地产）腾出办公空间：这一策略被认为可以使城市复苏并获得新的增长点，然而闲置的待租楼层（所谓"一眼望穿"[see-through]的建筑群）所占的令人瞠目的比例证明了它的失败。这里菲奇的理论根据可能来自简·雅各布斯，她的学说是关于小型商业经营与街区产业的繁荣的关系的，菲奇通过将小型商业经营（商店之类）与小型工业（服装加工业之类）的关系置于同等重要的地位强化了这一学说。菲奇的理论比马克思主义的分析还要激进，其目的是倡导行动主义和党派倾向。因此，他把各种理论作为攻击的目标，包括一些马克思主义和后现代主义以及与之相伴的城市规划者的官方意识形态，我们感兴趣的主要就是这些争论（或更确切地说，是这些责难）。考虑到具有美国特点的反知识分子反学院派的立场，很明显，菲奇的主要理论目标是历史必然性学说。无论在哪种形式中我们都会发现，可以肯定地说，由于道德感的丧失和非政治化的缘故，要使人们信奉它并进行政治动员和政治抵抗，即使不是完全不可能的话，也是非常困难的。这种立场似乎很有道理也很中肯，但最终所有关于长期趋势和资本主义的有意义的逻辑的观念都变成与“必然性”的意识形态相等同，而且正如我们将看到的，这又回到了菲奇想倡导的实践形式。

不过，让我们再全部从头开始。首先被展示的不仅仅是纽约所经历的大规模的调整，其中 750 000 个制造业的员工失去了工作岗位，制造业与办公室工作（其缩写形式为 FIRE：金融［finance］、保险［insurance］、房地产［real estate］）的比从调整前的 2∶1 变为现在的 1∶2[5]，而且这一变化（并非不可避免！并非“资本的逻辑”！）是纽约权力机构有意推行的政策的结果。换句话说，它是今天人们广泛流传的所谓“阴谋”的结果，有些迹象确实极富暗示性。它表明在 1928 年没有实施的大城市分区计划与现有的分区状况完全一致：当年关于制造业迁移的安排如今已变成了现实，当年关于修建办公楼的预言也已实现。菲奇还通过引证去年和近年来的那些规划者的大量原始资料加以补充，例如，下面的文字就引自 20 世纪 20 年代颇具影响力的商界和政界人物的一次谈话：

> 一些最贫困的人就近居住在高价位地皮的贫民窟里。在富丽堂皇的第五大道，蒂芙尼和伍尔沃思连在一起，实质上同样的场所既提供珠宝又提供夜盗。儿童餐馆生意兴隆，而德尔蒙里克餐厅衰落破产。距股票交易所一箭之遥的地方空气中溢满烘焙咖啡的浓香，而离时代广场几百英尺的地方则

充斥着屠宰场传出的恶臭。就在这座“商业”城市最中心的地方，曼哈顿岛第 59 街的南面，在 1922 年，巡视员发现差不多有 420 000 工人在工厂做工。这种情况严重地破坏了人们的秩序感。每一件东西似乎都摆错了地方。人们渴望将事物重新安排，各就各位。[6]

这些文字显然强化了那个观点，即清除制衣街区和纽约港的目标是有意而为的，从 20 世纪 20 年代后期到 80 年代这 50 多年的时间里，精心搞出的若干策略取得了最终的成功，而城市却承受着在目前状态下的不断恶化。人们并不是特意要对这一结果的评价进行辩论，但是这个“阴谋”背后的动机现在有必要被置于应有的位置。毫不奇怪，它必然涉及地产投机和土地价格那诱人的增殖，这种增殖来源于占据各种小商店和小工厂的地盘所带来的房地产的“解放”。“工厂用地所收的租金与土地所有者从 A 级写字楼用地所得的租金之间相差 10 倍。而仅仅是改变了土地的用途，一个人的资本就可以增加若干倍。现在，一份长期的美国债券可获得相当于百分之六的收益。”[7]

正如我们将看到的，在这种更普遍的“阴谋的”解释背后，存在着一个更具体的局部的阴谋，它的调查者迟早将被指出。不过，在普遍性这个层面上，这一特殊的解释实际上倾向于证实一个更符合马克思主义的关于“资本逻辑”的见解，特别是这种直接的房地产的发展与金融资本时期的（相对循环的）观念的因果关系，在当今语境中这些都使我产生了兴趣。除了一个例外，它将在亚层次的阴谋理论中被指出，该理论将在后文提及。菲奇对这些发展的文化层面或伴随着金融资本的调拨而产生的建筑或建筑风格不感兴趣。这些大概是上层建筑的附带现象，在这类揭露式的分析中人们习惯于对它们不予考虑，或倾向于把这种分析视为掩饰真实过程的某种文化的和意识形态的烟幕（换句话说，是一种暗地的辩解）。稍后我们将回到艺术或文化与经济的关系这一核心问题上来。

这里要注意的是，“趋势”或资本逻辑的必然性这些概念都没有提供马克思主义对这些过程的看法的一个完整甚或充分的图景，所缺乏的是矛盾这一关键性的观念。就投资、资本抽逃的趋势这个概念而言，金融资本从制造业流向地产投机的变化不仅与造成整个领域不均衡投资可能性的矛盾分不开，而且尤其与这种状况的不可能消除分不开。实际上，这正是菲奇通过新的白领阶层写字楼一类投机性建筑的闲置率这一令人印象深刻的统计数据所揭示的：在那个领域，即使重新调整投资也解决不了任何问题，因为它正在摧毁最初那些空间里已经产生新的利润（并增加就业机会）的可行的城市结构。显然在这一结果中也存在着明显的叙述上的满足（“罪有应得”）。然而很清楚，从菲奇的观点看，对不可避免的矛盾的勘探——它也许强化了一个相当不同的政治行为的可能性概念——与他心目中的行动主义是不相容的。

在这一阶段，我们已经拥有了抽象的几个层面：在最末端，当今金融资本的优势的概念，乔万尼·阿里吉已为我们重新定义为资本本身历史进程的一个时期。[8]阿里吉实际上提出了三个阶段，首先是在一个新的地区资本的投资流向的输入；然后，根据工业和制造业的情况在那个地区从事生产的发展；最后，重工业资本去领土化，以便在金融投机中寻求增殖。此后，同样的资本又抽逃到一个新的地区，开始新的循环。阿里吉在费尔南·布罗代尔的俗语“经济膨胀的阶段总是秋天的征兆”中找到了他的出发点，于是他在分析时将金融资本描述成螺旋式的上升，而不是作为整个“资本主义”的恒久的相对稳定的因素而以静态的和结构的方式呈现出来。他并不认为里根—撒切尔时代经济上的惊人发展（这些发展也是文化的发展，下面我将要论证这一点）属于纯粹的幻景和附带现象；或如菲奇所做的那样，把它们视为阴谋的最纯粹最有害的副产品，而对其可能的条件不加解释。这种从生产投资到股市投机的转换，金融全球化和——这里我们特别关心的——房地产价格战的新层面，这些都是今天社会生活的基本现实（菲奇的书的后半部分戏剧性地说明了纽约这个公认的非常特殊的例子），而努力将这些新的发展加以理论化还远非学院派的事情。

现在我们可以回到菲奇的另一个基本抨击对象。他倾向于把它与丹尼尔·贝尔（Daniel Bell）的“后工业社会”的老学说联系起来，即在这个社会秩序中，资本主义的传统动力被科学技术的卓越成就所置换甚或被替代，它本身现在提供了一种对所谓从生产到服务经济的转化的不同的解释。于是，这里的批评集中于两个并无必然联系的假设上。一个假定经济上出现几乎是结构性的变化，它远离重工业，活跃于庞大的服务部门的体系中，由此，它为那些规划纽约的精英们提供了意识形态的支持，那些规划者希望纽约去工业化，因此能从旧有的生产历史性地不可避免地“结束”的主张中获得帮助和安慰。然而服务业的商品化在马克思主义的框架中也能得到说明（早在哈里·布雷弗曼 1974 年出版的《劳动和垄断资本》一书中就已预言性地作出了解释）。这里我不再就这个问题作进一步探讨，特别是考虑到菲奇心目中的发展主要涉及的是大厦里的上班族而不是服务行业的雇员。

与贝尔的“后工业社会”理论相关的第二个观念将要涉及全球化和控制论革命，在这个过程中，当代对新的全球化或信息城市的著名评述出现了一些不同的声音（特别是曼纽尔·卡斯特尔［Manual Castells］和萨斯基娅·萨森［Saskia Sassen］的文章）。[9]不过，可以肯定，对新的通信技术的强调并不意味着赞同贝尔关于生产方式中的变革的众所周知的假说。蒸汽机取代了水力，随后电力又取代了蒸汽机，这里包含着资本主义的空间动力以及日常生活的性质、劳动工序的结构和社会组织的构成等重大变革，不过在制度上仍是资本主义的。事实上，近年来出现了一个通信和控制论的整体多样化的意识形态，它值得受到理论的挑战与意识形态的分析和批判，有时甚至可以作彻底的解构。另一方面，马克思和他之后的许多人共同发展起来的对资本的论述完全可以涵盖上述变化。的确，辩证法最重要的哲学功能就是它能够协调我们对之缺乏充分思考的历史的两副面孔或两个方面，即同时出现的同一性与差异性。在这种状态下，事物可以既改变又保持统一，能够既经受最令人吃惊的变化和扩张，同时仍构成一些基本和持续的结构的运转。实际上，正如一些人已经做过的，人们可以论证，包括所有这些空间和技术的革新的当代社会，也许比马克思那个时代的半工业半农业社会更接近马克思的抽象模型。[10]然而，更谨慎地说，我只想指出，无论控制论革命这一假说的历史事实如何，都将足以表明一个对它和它的结果的普遍的信念，并且它不仅对部分精英而且对第一世界国家的所有人均产生了影响，由于这个信念构成了最重要的社会事实，它将不能作为纯粹的错误被消除。既然如此，我们也必须辩证地看待菲奇的著作，作为重建那句著名格言的另一部分的努力，它提醒我们，正是人民继续创造历史，即使他们“不是在他们自行选择的环境中”创造。

因此，我们必须更密切地关注创造纽约的空间历史的人这一问题，它将我们引到菲奇打算揭露的内部的更具体的阴谋，包括参与者的姓名和对他们的活动的描述。我们已经注意到运作的一个层面——纽约的规划者，他们同时也是纽约金融和商业精英圈子的一部分，这里菲奇已经明确地将他们的名单列了出来，并对这些人的经历作了简要的描述，但还停留在群体的层面上。在这个层面上，这些具体的传记人物仍然代表着某种普遍阶层的发展。再次使用辩证法来观察，这似乎并没有什么不合理的。就菲奇打算在他的重建纽约的政治方案中求助于个体的行动主义而言，在另一边他也被要求去识别具体的个体，并通过论证个体已经发挥了作用来有效地证明个体在历史上可以有所作为，从而通过作为个人（不是作为空洞的阶级）的代理人把我们带到了那令人遗憾的过去。

具有反讽意味的是，他本人反讽式地指出，关于针对城市的特殊的个体阴谋的描述有一个先例，即罗伯特·摩西（Robert Moses）作为主要的代理人和恶棍这一身份的转换，这一描述应归功于罗伯特·卡罗（Robert Caro）所写的杰出传记——《权力代理人》。我们很快就会发现菲奇要抵制这个特殊的叙述的原因，他认为这个叙述的作用是使摩西成为这些发展的替罪羊，“只要稍稍回顾一下就会明白，摩西最伟大的城市建设成就不是大剧院或琼斯海滩，而是为纽约规划失误的两代人承担责难”[11]。很清楚，每一个原因层面都可以更深地挖掘出另一个层面，并将我们送回到另一个台阶，以建构一个它背后更基本的“原因层面”：摩西真的是世界历史上的一个角色吗？他扮演的就是他自己吗？等等。事实上，在卡罗的多姿多彩的描述背后，一个纯粹的心理层面终于隐约显现出来，因为摩西就是那个样子，因为他渴望权力和活力，因为他有预见所有可能性的天赋，等等。不过，菲奇含蓄的批评更有效（他的表达反对他自身最终的叙述观点）：作为个体的摩西不足以作为承担事件的所有责任的代表，这个事件需要有一个既是个人同时又代表群体的代理人。

下面我们再看看纳尔逊·洛克菲勒（Nelson Rockefeller）：正是他或洛克菲勒家族本身作为一群个体，为这个神秘的故事提供了解释的关键，并成为菲奇的新版本故事的核心。我将匆匆概述一下这个有趣的新故事：它开始于洛克菲勒家族的部分成员（或者更确切地说，就是小约翰·D·洛克菲勒［John D. Rockefeller Jr.］）犯下的一个灾难性的错误，从哥伦比亚大学获得洛克菲勒中心现在坐落的那块位于住宅区与商业区之间的土地的为期 21 年的租约。菲奇告诉我们，自 1928 年以来，“直到 1988 年他们把洛克菲勒中心抛给日本人，可以理解为洛克菲勒家族所希望的是把握城市变化的先决条件”[12]。我们有必要把理解建立在两个事实的基础上。首先，洛克菲勒中心从一开始建造就是一个错误，也就是说 20 世纪 30 年代仅仅只有“百分之三十到百分之六十”[13]的使用率应归咎于它所处的位于住宅区与商业区之间的比较偏僻的地理位置。许多作为贵宾的承租人是洛克菲勒家族通过特殊安排吸引来的（实际上或许带有强迫的性质）。“正是纳尔逊受家族的委托通过对运输的研究找出了洛克菲勒中心闲置的原因。顾问们解释说，主要原因是洛克菲勒中心缺乏便利的交通。它离时代广场太远，离中央车站也太远。便利的交通是事业兴旺发达的关键，而总是需要乘汽车则遏制了它的发展。”[14]正如我们已经指出的，这类发展背后的动机在于对已建好的地产的巨大增殖的期待，但是，在大量房间空置与偿付哥伦比亚大学租金的双重压力下，洛克菲勒家族不可能对未来的前景作出乐观的估计。

按照菲奇的说法，第二个关键的事实可以从理查德森·迪尔沃斯（Richardson Dillworth）在 1974 年关于纳尔逊·洛克菲勒副总统的听证会上获得的证据中得到证实[15]，其中不仅揭示了“这个家族 13 亿美元财富的绝大部分来自住宅区与商业区的中间地带——洛克菲勒中心的价值”，而且揭示了家族财产“急剧下降”的程度，实际上到了 20 世纪 70 年代中期，“已缩减了三分之二”。于是这项地产投资标志着洛克菲勒家族财产的巨大危机。

这一危机只可能用四种办法加以补救：或者修改与哥伦比亚大学的租约以减少损失（可想而知，大学不会同意）；或者完全放弃，这意味着更大的损失；或者由洛克菲勒家族自己立即对中心周围的地区进行合理的开发，而这个解决办法意味着要投入更多的资金；再或者，既然“其他的障碍似乎都无法克服，只有改变城市的布局……而这正是这个家族一直在努力的。最终，事实证明市政官员比哥伦比亚大学的资产托管人或 20 世纪 30 年代的房地产市场容易控制得多”[16]。这是一个令人瞠目的普罗米修斯式的命题：改变整个世界以适应自我，甚至菲奇也有点发怵。“这个家族（他们在城市规划和文化上的成就已经历历可数）是怎样施展能量将那些热狗的经营者赶出第四十二大街的呢?”“必须承认，仅根据一个家族的行为作出解释，似乎缺乏力量。……教条主义的历史决定论者自然会坚持认为，没有洛克菲勒家族，纽约也‘同样如此’。”“把焦点放在这个家族身上也许激怒了学院派的马克思主义者。对他们而言，资本主义仅仅是抽象资本的体现。他们严肃地指出，在经济分析上对个体的任何讨论都是对民粹主义和经验主义的致命的让步。”等等。[17]

相反，在这里菲奇为我们提供了一本阐明“资本逻辑”的教科书，特别阐明了黑格尔所说的集体进程为了达到目的而利用个体的那种“理性的诡计”或“历史的诡计”。这个观念来自黑格尔早期对亚当·斯密的研究，实际上是后来常说的那句著名的市场的“看不见的手”的转义。对黑格尔这一学说的讨论通常认为这里的关键在于自觉的行动与不自觉的意图的区别。我想最好在个体（以及个体行为的意图和动机）与集体的或历史的制度逻辑之间作出根本的分离。从他们的观点——和菲奇自己的解释——来看，洛克菲勒家族对他们的规划是很清醒的，并且是相当理性的。自然我们也可以自由地猜想，至于这一系统性的后果，他们不可能预见出来，甚至他们当时并不关心。但是若辩证地看，那些后果，作为系统逻辑的重要组成部分，根本不同于个体的行动逻辑，后者仅仅偶尔地，并且要付出很大的努力，才能被包含在单一思想的或然性的限定中。

在这里，我有必要说远一点，冒险从哲学的角度谈谈这个问题。黑格尔非常自觉地意识到机遇，即我们今天所说的偶然性[18]，一个必要的偶然性总是在他庞大的系统叙述中被预见到，但是他的叙述又并不总是明确地坚持这一点，以致一些偶尔翻阅的读者忽略了黑格尔的这个观点，这也情有可原。然而，在机遇和偶然性的层面，系统的过程绝不是必然要进行的，它们会被中断，被扼杀在萌芽之中，被转向，被减缓，等等。应该注意的是，黑格尔采用的是一种回顾的视角，仅仅寻求重新发现必然性和已发生的事件的意义：一如黄昏时起飞的那只密涅瓦的猫头鹰。由于当代的历史学家已兴致勃勃地重新发现了历史上战争的构成因素，因此我们不妨作一个军事上的类比：“不是我们自己创造的条件”能够像军事部署、地形、兵力分布等一样被划分出来，于是个体在感觉的综合中将所有资料构成一个统一的领域，在这个领域中各种选择与机会变得显而易见。最后一步才是关于历史的个人创造领域，正如我们随后会看到的那样，它既适用于个体资本家也适用于艺术和文化上的创作。[19]虽然在那些著名的历史时期，个人领袖也具有对战略和战术上的可能性的洞察力，但集体的抵抗行动却处在稍微不同的层面上。不过历史的诡计总是有两面性的，如果个体资本家的工作有时有一定的破坏作用的话（纽约这个城市的堕落就是一个颇能说明问题的例子），那么，左翼运动有时也无意间为它们的对手提供了“推动力”（例如，驱使对手从事技术革新）。一个令人满意的政治概念应该要求系统和个人的某种协调（或者如果你愿意的话，这里可以用一个非奇经常戏仿的流行口号，即全球化和地区化的某种重新联结）。

不过，现在我们有必要立即更迅速地转向两个方向（也许这些确实都是系统与局部的问题）：一条路把我们引向单个的建筑群，另一条则通向对金融资本和地产投机的未来的质询，我们期望后者能将我们引向马克思主义传统中被称为“地租”的棘手的理论问题。这幢大楼更确切地说是复合式建筑群的赫然耸现，最好注意它的不可避免性。自然，它就是洛克菲勒中心：它既是所有这些策略中的标志，也是大量有趣的建筑分析的对象。菲奇在对建筑问题洗手不干之前对当下有关建筑的讨论感到茫然：他引用了卡罗尔·科林斯基（Carol Krinsky）的“与中世纪大教堂相当的现代建筑”之类的看法，同时又用道格拉斯·赫斯科尔（Douglas Heskell）将洛克菲勒中心视为“某个巨大的墓地”的感知修正了那个似乎肯定的评价，他认为：“没有什么方法可以确认或否认那些可感觉的符号的价值。”[20]我认为他对这个问题存在误解：肯定有根据社会和历史事实分析这些“可感觉的符号的价值”的方法（我不知道这里的“确认”或“否认”意指什么）。比较清楚的是，菲奇对这些不感兴趣，根据他自己的分析，文化外表的酥皮与焙烤蛋糕的配料成分（以及烤箱的效力等）几乎无关。奇怪的是，这种符号价值与经济活动的分离也被当代最敏锐最复杂的建筑理论家塔夫里在一本著作中提了出来，他用了整整一个专题阐述了评价洛克菲勒中心的来龙去脉。

塔夫里的解释方式可作如下描述：前提是，至少在这个社会中（资本主义制度下），一幢个体的建筑将总是处于与其城市背景及社会功能相矛盾的位置上。这些颇有意味的建筑试图通过或多或少精巧的形式和风格上的创新解决这些矛盾。这些解决方式是必定要失败的，因为它们仅仅停留在美学领域而脱离了产生这些矛盾的社会背景，也因为社会或系统的改变必定是整体性的而不是零碎的。因此，塔夫里的分析只是一连串失败的陈述，“想象的解决”经常在抽象的高层次上被描述，展示出各种主义或缥缈的风格的相互作用的图景，重建具体的感受和概念则留待读者完成。

然而，在洛克菲勒中心这个例子中，我们会再次面临这一情境：塔夫里和他的同事们似乎认为美国城市的情况（和城市里修建的建筑）也带有某种双重的矛盾。这里，我引用了他们合著的《美国的城市》一书。历史的缺乏，移民的浪潮，混凝土的建筑：可以预料，这些确定无疑的特征都是这位意大利观察者强调的。但是美国人对此却面临双重的矛盾，并双倍地注定要这样表达，因为他们形式上的素材都是借鉴欧洲风格，他们只能用各种方式将这些风格加以协调和混合，而似乎不可能发明任何新东西。换句话说，新东西的发明已经不可能，且与资本主义的总背景相矛盾。不过，美国通过对那些已经不可能运用的风格的折中主义的运作，使其在迁移中重现了那种不可能性和那些矛盾。

塔夫里对洛克菲勒中心的讨论夹杂在关于美国摩天大楼的符号价值的更大的讨论之中。一开始摩天大楼就构成了“一个本质上藐视一切均衡规则的有机体”，它希望高耸于城市之上并作为一个“独一无二的偶然事件”与城市相辉映。[21]可是，随着工业城市和企业机构的不断发展，“摩天大楼作为一个‘偶然事件’，一个‘无政府主义的个体’，通过将它的形象设计为城市的商业中心，创造了一个介于单个企业的独立性与集体资本的组织化之间的不稳定的平衡，从而不再像是一个完全适宜的结构”[22]。当我追随塔夫里勾勒的复杂而详细的历史（跨度从 1922 年《芝加哥论坛报》大厦的竞赛一直到 20 世纪 30 年代初期洛克菲勒中心的建造），我似乎感到在阅读某种辩证的叙述，摩天大楼从“独一无二的偶然事件”的形象逐渐演化为“飞地”这样一个新概念，身处城市之中又远离城市，现在又小规模地再生产着城市中的某些复杂性：“被施了魔法的山”，在它的失败的经营中，城市的结构又有了某些新的创新方式，于是，它注定把自己移进城中的小城，因而抛弃了需要解决的基本矛盾。洛克菲勒中心现在就代表着这种发展的高潮。

> 在洛克菲勒中心的建造中（1931—1940），沙里宁（Saarinen）的超前构想、纽约的区域规划方案、费里斯（Ferriss）的想象和胡德（Hood）的各种追求最后都被综合进来。这个说法并非夸张，尽管洛克菲勒中心完全脱离了地域的观念，忽略了城市的全盘考虑，在市郊的边远地带矗立起这个建筑群。事实上，它是一个有选择的综合，准确地说，其重要意义就在于它的选择和拒绝之中。从沙里宁式的芝加哥湖畔，洛克菲勒中心仅吸收了它的宏大的规模和由并列的摩天大楼建筑群的整体组合为公众提供服务的开放式空间。从近来形成的适应国际风格的时尚中，它接受了内空的纯净，但又没有放弃对繁复的装饰艺术的追求。从亚当的新曼哈顿形象中，它吸取了包容和合理的集中，形成一个井然有序的绿洲。而且，所有这些被接受的观念都被褪去了乌托邦的特征，洛克菲勒中心绝不与既成的体例或城市流行的时尚一争高下。事实上，它只是耸立在曼哈顿作为一个“均衡投机”的小岛，并处处强调其封闭的有限的干预，而其目的是起典范的作用。[23]

现在这个寓言式的解释越来越清晰了：洛克菲勒中心是“颂扬托拉斯的协调和城市规模的集体性的尝试”[24]。这不是文化上的炫耀，而是这些建筑物的符号意义。它对各种风格的折中运作——对塔夫里与对菲奇一样，都是表面意义上的装饰——对普通公众而言，具有表明“集体文化”和证明该中心致力于关怀公众的功能，从而确保了商业和财政目标的实现。

然而，在转向另一个关于洛克菲勒中心的更近的分析之前，回顾一下该中心对现代传统本身的象征意义是很有价值的。事实上，这突出地被包括在这些年来建筑上的现代主义的一个重要文本和意识形态陈述中，即西格弗莱德·吉迪恩（Siegfried Giedion）的《空间、时间和建筑风格》，该书在仿效科布西耶的基础上创立了新的时空美学，以创立一个生机勃勃的当代建筑来替换过去城市规划的巴洛克传统，吉迪恩把洛克菲勒中心的14幢大楼组成的建筑群视为城市设计的新观念在曼哈顿的弹丸之地（对他而言是无法忍受的）扎根的一次独一无二的尝试。这颇具创意的14幢大楼占据了“大约3个街区（约12英亩）的面积……从纽约纵横交错的道路中分离出来”。这些错落有致的大楼，其中至少有一个——RAC大厦——一幢用混凝土盖成的70层高的摩天大楼，“空间被设计得非常宽阔，还围起一块空地，即洛克菲勒广场，它冬天被用作滑冰场”[25]。

根据已经提到的材料，至少在美国的社会背景下，将吉迪恩的时空观描述为一种罗伯特·摩西的美学，并没有什么不妥，他的主要例子是首批大型的车辆专用道（在这一时期是崭新的），并且他盛赞这种动力的体验：“乘车沿着连绵的斜坡来回急驶，产生的兴奋是双重的，与大地紧密相连又在大地上方翱翔，这种感觉就像高山滑雪那样仿佛从山的一侧飞驰而下。”[26]

塔夫里的解释的苍白表现在他的著作对任何可能的未来美学、任何对资本主义城市窘境的幻想的解决办法，和任何希望为世界的变革作出贡献的先锋派艺术缺乏基本的原则。这里世界的变革在他看来仅仅是政治的和经济的。显而易见，现代运动本身准确地说就意味着所有这些东西，而现在已离我们较远并令人想起往日时光的吉迪恩的时空观就是一个综合了各种趋势的有影响的尝试。

在汽车和飞机的世界里，这意味着对个体经验的超越，也可假定为允许个人经验的扩展。因而，关于洛克菲勒中心，吉迪恩这样说道：

> 粗略地扫过大楼的分布图之后就会感到没有什么新的或有意义的东西可以看了。土地规划没有揭示出任何东西……实际的安排和大楼的布局完全让人捉摸不透。一幅鸟瞰图显示了各种各样的高层建筑的开放式分布……就像风车的叶面一样，不同体积的建筑在光线的照射上都安排得互不影响……在楼群的中间横穿着洛克菲勒广场……人们会意识到它们之间一些新的异乎寻常的关联。它们不能从任何单一的位置或单一的视角来理解和把握……［这产生了］一个不同寻常的新效果，有点类似舞厅里那个有多面镜片的旋转球，能够从所有方向和所有层面反射出旋转的光点。[27]

这不是全面评价现代主义美学的地方，而是观察它的时机——无论吉迪恩的美学热情有多大的价值，它似乎已经被遍及整个曼哈顿的这些大楼和空间浇灭了。或许人们应该用否定的态度谈这些，并揭示现代主义的自我陶醉依赖的正是这些相对罕见的新的规划、空间和建筑物：洛克菲勒中心在 20 世纪 30 年代，由此也在吉迪恩的那个时代是适宜的，是一种新奇的事物，但现在看来有些东西已不再适宜了。

当这个空间被塞入过多的建筑物时，则像现在一样，需要提出一种完全不同的美学，但正如我们所看到的，塔夫里拒绝提供。不过塔夫里感到哀叹的和吉迪恩没有预见到的——过量修建和拥挤的状况——正是雷姆·库哈斯（Rem Koolhaas）所欢呼和拥护的独创性。因此，《疯狂的纽约》热情地欢迎着塔夫里所谴责的这些矛盾，并创造了一个完全不同于吉迪恩的具有坚定的不可解决性的新美学。不过，这种美学使洛克菲勒中心再次成为一个特有的核心教程。

自然，库哈斯对洛克菲勒中心的解释夹杂在他就曼哈顿街区的可能性结构提出的更全面的主张中。但这里我想强调的是，他归纳的塔夫里的理论特征仍是对基本矛盾的非常抽象的阐述（就我所见，这两个讨论完全独立地各自发展，并且没有互相参照）。现在它成了雷蒙德·胡德所表达的内在的“精神分裂”，例如，在俄亥俄州哥伦布市，他把一个巨大的停车场与一个肃穆的大教堂捏合在一起，这使他一跃成为关于曼哈顿“理性的诡计”的最适合的黑格尔派的工具，使他“同时既从曼哈顿得到非理性幻想的能量和灵感又按照一套严格合理的步骤建立起前所未有的原理”[28]；或者采取一个略微不同的说法，他完成一件艺术制品（如麦格劳－希尔［McGraw-Hill］大厦），这个制品“仿佛是冰山中的烈焰：现代主义冰山中的曼哈顿式的烈焰”[29]。

但是，更明确的相反的看法提出了**密集**这个术语，与胡德的“城中之城”的不同寻常的解决方式一致，即“通过制造更大的密集来缓解密集”，并将其内化进建筑复杂性本身。[30]密集的概念现在浓缩了多种不同的含义：使用、消费、城市、零碎的商业开发、与土地租赁相伴的交通，还有团体和民众的关注重心、民粹主义者的呼吁。我们发现它是迄今为止所有这些现象的突出特征和问题之间的中介，犹如将库哈斯那更一般化的说明作为塔夫里的抽象性与用建筑学或商业的术语所描述的具体的建筑群之间的中介一样。相对的另一个术语则很少被明确地表述出来，可能因为它有赞同洛克菲勒中心的品位或美学的危险：有时在库哈斯的描述中它仅仅是“美”（“最大限度的密集同最大限度的美相结合的悖论”）[31]，就像在塔夫里的著作中它经常仅仅是“精神性”一样。不过很清楚，这种姿态是朝向文化领域的，它的功能就像巴特的“标志”或内涵一样，本身能够被延长和不断地被界说。关键的运作是建立能够向任一方向转换的中介：使它能够在于城市建筑中起决定因素的经济层面上起作用，同样也能够为美学分析和文化解释提供方向。

换个角度而言，这些分析似乎是对传统的美学上的学术问题——审美价值——的追问和回避。作为艺术作品，洛克菲勒中心怎样被评价，当然，这个问题在当今语境下提出是否恰当还是个问题。塔夫里和库哈斯都将他们的讨论集中在建筑师本身的实践上：关于他所面对的地点，且不说原材料和形式；关于为了建造大楼他必须解决的更深层的矛盾——特别是城市结构或总体布局与个别建筑或有纪念价值的建筑（这里指摩天大楼的特殊作用和结构）之间的张力。这个分析能够中断任一通路，就像现实花园中想象的癞蛤蟆这个由来已久的程式一样；或如肯尼思·伯克（Kenneth Burke）喜欢做的那样，“符号行为”这个口号的有意思的特征正是你只能和必须在必要的二元中选择重点。于是，作品也许就是一种符号**行为**，一种符号领域中的现实的实践形式；但它也可能证明仅仅是一种**符号**行为，一种在现实领域不可能并且本身不存在的行动的尝试。我因而有这样的感觉，对塔夫里而言，洛克菲勒中心是最后的——也是仅存的一种符号行为，它必然不可能解决它的矛盾；而对库哈斯来说，具有符号意味的创作和生产行动这一事实才是审美刺激的来源。不过，由于这两者的关系，也许问题在于我们研究的是一批糟糕的或最多只是中等的建筑，因此价值问题一开始就不在我们讨论的范围之内。然而，在这个语境下，单个的建筑寻求的是设法保证它在城市里并且是在一个已经存在的现实的城市里的位置，在这个意义上，是否意味着所有的建筑都很糟糕或至少是失败的产物？或者说，单个建筑的美学意义与城市的问题，由于它们每一个提出的问题仍然属于分隔的建筑群（或者分离的部门），是否它们就完全脱节了？

不过，在对建筑风格与当今金融资本之间的关系作出某些假设之前，现在我想暂时转向另一个基本的问题，即“地租”问题。土地价值问题充其量只为古典政治经济学提出了一些几乎难以逾越的障碍，这尤其是因为在那个时期（18 世纪和 19 世纪初期）西方资本主义的发展相当不完善，由传统和群体支撑的进程正逐步商品化和私有化：这包括基本的历史和结构趋势正向着农场劳动的商品化转变，换言之即从农民到农业工人的转变，这是一个远比马克思的时代——不必说李嘉图（Ricardo）的时代——更为完整的过程。可是农民这个封建阶级或社会群体的消失并不等于土地价值和地租的问题就不存在了。这里我必须感谢大卫·哈维（David Harvey）的《资本的限度》一书，它不仅是最近出版的概述马克思经济思想的著作中最透彻和最充分的一本，而且也许是唯一一本探讨马克思的地租难题的著作。马克思关于地租的研究因他的离世而中断，遗作由恩格斯修订出版。我不打算深入探讨这一理论，只想提出这些问题。根据哈维颇具权威的评论和理论重构（他为我们提供了似乎可行的更复杂的方案，马克思如果活着，也许会精心制定），地租和土地价值对于资本主义的发展动力以及它的矛盾的根源来说都是必不可少的：如果太多的投资滞留在土地上，就会出现问题；如果土地的投资被设想为抽逃出来，同样在另一方面也是非常严重的问题。因此，地租的问题，以及聚集在它周围的金融资本的问题，都是系统中的持久的结构性要素，有时，它们处于无关紧要的次要位置，有时，如在我们这个时代，尽管它们曾是资本积累的基点，如今又处于显著的地位。

不过，关于哈维的书，我想提请各位注意的是他对土地价值的性质的描述。我们还记得，或很容易推断出来，如果土地具有价值，则它不可能通过任何劳动价值理论来解释。劳动能够以不断改进的方式增加价值，但劳动不可能如同它在工业生产中的价值一样被想象为土地价值的来源。但是土地仍具有价值，如何解释这个悖论呢？哈维认为，在马克思看来，土地价值就像某种结构性的必要虚构。哈维简明扼要地把它称为“虚拟资本”——“货币资本的流动不受任何商品交易的牵制”[32]。这是可能的仅仅因为虚拟资本可以适应未来价值的期待，由此一举揭示出土地的价值与普遍的信用制度、股票市场和金融资本的密切关系：“在这种条件下，土地被作为一种根据它的租金可以买进卖出的纯粹的金融资产来对待。像所有这种形式的虚构资本一样，用来交易的是未来收益的所有权，也就是根据土地的使用获得的预期利益的所有权，或更直接地说，未来劳动的所有权。”[33]

现在，我们的一系列的中介就完整了，或者至少比以前更完整：时间和与作为必要的收益期待和资本积累的未来空间的新关系——或者，若愿意承认的话，时间本身通过结构上的重组进入某种期货市场——这是从金融资本经由地产投机，到美学和文化产品即我们时代的建筑这一长串链条的最后环节。所有那些有思想的历史学家都不知疲倦地向我们谈论这一点，其中现代主义的各种未来形态的出现不仅取代了过去和传统的老经验，而且建构了我们这个时代历史性的新形式。在历史观念中，其影响是显而易见的，而且，我们会发现，在叙述本身的结构中，影响更直接。所有这些难道能够在其对建筑和空间领域的影响中被理论化吗？就我所知，只有塔夫里和他的哲学上的合作伙伴马西莫·卡西亚里（Massimo Cacciari）论及了“未来的规划方案”，然而他们的讨论却限于凯恩斯主义，换句话说，即限于自由资本和社会民主的范围。不过，我们已把这种未来的新殖民化作为资本主义本身的基本趋势，并认为它是金融资本和地产投机不断重现的持久的源泉。

我们确实可以带着一个问题进行恰当的美学上的探讨：具体的“期货”——现在指在金融和时间的意义上——成为更新的建筑的结构特征的方式。这类似于人为的商品废弃，如果你愿意这样说的话，可以确定，建筑不再有任何恒久的感觉，并且在原材料中含有它未来的自我损坏的必然性。

但我至少需要作出一种履行我最初计划的姿态——设立从基础结构（地产投机、金融资本）到上层建筑（美学形式）的中介链。我打算走捷径，借用查尔斯·詹克斯在他的符号学中所作的对“后期的现代性”（late modernity）（在当前语境下这个区分与我们并无特别关系）的精彩描述。詹克斯首先让我们看到不这么做的情形，即主题的自我参照，就像安东尼·拉姆斯登（Anthony Lumsden）的分行在巴米达亚（Bumi Daya）进行的项目，它“暗指白银标准和银行资金可能倾向于投资的领域”[34]。

不过随后他又找出了至少两个特征（非常基本的特征），它们也许可以很好地被用来说明晚期金融资本主义特有的形式意涵。正如他所论证的，它们是现代特征的极端发展、充满活力的变形，最终将这一工作与现代的精神对立，这仅仅强化了一般的论争：现代主义的第二动力完全不再像现代主义，而是全然处在另外的空间。

我所考虑的两个特征是“极端等距空间”[35]和无疑更容易推测出来的不仅是玻璃外壳而且是它的“含壳体积”[36]。等距空间不管它从现代主义的“自由规划”中获得多少，现在已成为精神错乱的等价物本身的要素，甚至货币媒介也不存留其间，并且，不仅内容，甚至框架现在都可以自由地作无穷的变形："密斯（Mies）的无边无际的宇宙空间逐渐变成现实，短暂的作用转瞬即逝，没有陷入绝对建筑的困境"[37]。"含壳体积"说明了晚期资本主义抽象的另一个方面，一个使它去物质化而没有表示任何传统方式中的精神性的途径，正如詹克斯所提出的，"将一幢 50 层的大楼分解成质量、密度和重量"[38]。幕墙的变化"减少了数量和重量，同时增加了空间和轮廓线——这正是砖块和气球之间的区别"[39]。就发展而言，重要的是这些原则——现代特征被投射到整个新的富有独创性的空间世界中——不再按照老的现代的二元对立运作。随着重量或具体化的逐渐减弱，它们不再将非实体或精神视为对立面；以同样的方式，自由规划假定老的资产阶级的空间将被取消，而非限定性的新的等距类型则不取消什么，仅仅是像新层面在它自身的推动下有所发展。这里我们不打算作过多的说明，它给我留下的最深的印象是：抽象的层面或金融资本的唯物主义升华具有与网络空间同样的半自律性。

"就第二动力而言"：这是根据我们设想的超越现代的新的文化逻辑所产生的一个大概的公式，这个公式肯定能够通过许多不同的方式得到具体阐述，例如，巴特式的内涵，或关于反映的反映——提供不是像在数学级数中那样逐渐增加的"第一动力"的重要性的解释。也许齐美尔与窥淫癖的比较并非是恶作剧[40]，特别是他只研究"最初"或"标准"的金融资本主义，而不研究从当前的多样性中产生的抽象的强化形式，由此，甚至那些易受偷窥快感影响的对象也消失了。无疑，由此，古老的影像说的复活，犹如某种抽象是对已被抽象的形象的超越。让·鲍德里亚的著作显然是对悖论和余像这个事物的新层面的最富创造的探索，然而我认为他没有将它们与金融资本相等同。我曾经提到过网络空间，这是一种对不能被表现的东西的完全不同的表现形式，然而——至少在像威廉·吉布森（Willam Gibson）那种电子朋克的科幻小说（SF）中——它比老的现代主义的立体派的抽象或古典科幻小说更具体。

然而，鉴于我们被这个古怪的幽灵纠缠，也许正是在这个幽灵故事本身中，特别是它的后现代的多样性中，一些暂时的类比能够在结论中被发现。幽灵故事实际上是一种非常杰出的建筑类型，它既是事实上的房间和大楼，又是无法消除的那些可憎的事件和过去"梦魇般压在心头"的物质结构。不过，正如由于缺乏能够把完整的事件传授给下一代的讲述故事的长者，过去和历史的感觉就会随着家族的繁衍渐渐被遗忘，城市的革新也是如此，到处似乎都处在一个消除古老的幽灵出没的走廊和卧室的进程中。(一些露天场所令人难以忘怀，诸如执行绞刑的斜坡或神圣的墓地，仿佛展示出一幅更早的依旧处于前现代的场景。)

可是，时间仍然是"脱节的"：德里达恢复了幽灵故事，恢复了以前也许从未有过的新的现实的哲学尊严这个难以释怀的问题，为海德格尔的存在论（海德格尔出于他的考虑，也引用了哈姆雷特的同样的字眼）推荐了替代物，一种新的"鬼魅学"(hauntology)，过去氛围中那种不易察觉的焦虑正被社会和群体所消除，不过它仍试图努力再生（颇有意味的是，德里达在幽灵中包括了未来)。[41]

这一切是如何被想象出来的？通常人们很难将高层建筑与幽灵联系起来，尽管我曾听说香港多层公寓大楼有鬼怪作祟[42]；然而关于"第二动力"的幽灵故事和相应的后现代的幽灵故事的更基本的叙述，则是受金融资本的幽灵而不是那种老的具象性的幽灵控制的，这种叙述要求探寻出最初有鬼魂出没的建筑的记载。《胭脂扣》里肯定保存了传统幽灵故事的历史内容[43]：将过去与现在对照，在这个例子中要正视的是当代的生产方式——香港今天（也可以说是昨天，即 1997 年以前）的公务和商务——仍是一个充塞着富有的寄生者和色情场所的旧制度（如果不是十足的封建主义的话），到处是赌博、自助酒会和色情里手。在这一明显的并置中，现代人——官僚和秘书——充分意识到他们的资产阶级劣势，为爱情而自杀和 20 世纪 30 年代颓废的浪漫一样并不代表任何基本的叙事张力。只是说花花公子没有死，他意外地得救了，而最终勉强追随他那迷人的伴侣进入永恒的来世。可以这么说，他并不希望被纠缠。的确，像现实中被抛弃的老人一样，他几乎不可能被置于首要的位置。传统的幽灵故事肯定不需要相互征得同意才探访——这里也是如此。而且鬼怪作祟的成败在相当程度上不依赖当今观察者的中介，香港现在的情况也是这样。梦想与幽灵相遇，渴望现在拥有只存在于过去的强烈情感，自然，也包括幸存在资产阶级的现实中的仅仅作为异国情调的化妆品和服饰，作为纯粹后现代的“怀旧”的饰物，作为在老套空洞的形式中可任意选择的内容。首先是从具体对象中抽象出来的“古典的”怀旧之情；紧接着第二或更“后现代”的是为怀旧本身而怀旧，一种对抽象过程再度成为可能的情境的渴望——这是我们情感的来源；更新的时期是现实主义的回归——情节、和谐的建筑、装饰、美妙的曲调等等——然而，事实上它仅仅是所有那些事情的空泛的陈规的回放，一个对现实主义的丰富性的模糊记忆。

【注释】

［1］更全面的讨论，参阅我即将发表的论文“The Theoretical Hesitation: Benjamin's Sociological Predecessor”。我还想提及 Richard Dienst 讨论债务作为一种后现代现象的相关文章（see “The Futures Market”, in *Reading the*

Shape of the World, ed. H. Schwarz and R. Dienst, Boulder, CO, 1996)，以及 Christopher Newfield 关于当今企业文化的文章（see *Social Text* 44 and 51, Fall 1995 and Summer 1997）。

[2] Translated in Georg Simmel, *On Individuality and Social Forms*, ed. D. N. Levine, Chicago, 1971, 324-339.

[3] 参见我在本书《文化与金融资本》中的论述。

[4] Simmel, *On Individuality and Social Forms*, 334. 对此我想补充如下：

金钱的灵活性，和它的众多特性一样，在股票交易中最为清晰有力地表现出来。股票交易中的货币经济被视为一个独立结构，就像国家中的政治组织一样。交易价格的波动常常显示出主观心理上的动机。在不成熟的状态和独立的运作中，它们与相应的客观因素完全不成比例。然而，认为价格波动与股票性质的真正变化很少相符，并以此解释上述现象，肯定是肤浅的。对市场而言，这一特性的重要意义不只体现在政府或酿酒厂、煤矿或银行的内部状况中，而且与市场上所有其他股票及行情有关。因此，它不影响它们的实际基础，例如，阿根廷的大量亏空压低了中国债券的价格，虽然中国债券的安全性不受影响，就像这是发生在月球上的事件一样。为了这些股票的价值，为了它们外部的稳定性，人们依然依赖这个市场的总体情况，以及在任何一点可能造成这些投入的未来利润减少的波动。即使它们预示着某一对象与其他对象的合并仍旧是客观造成的，但股市的波动还是存在着一个源于投机自身的因素。在一种股票的未来报价上的这些赌博本身就拥有对此价格最巨大的影响。举例而言，一旦一个强大的金融集团对其感兴趣，原因与股票品质无关，它的报价也会上升；相反，一个集团仅仅由于操纵的失误就可能导致报价的下跌。此时对象的真实价值似乎是不相关的浮云，在它的上面，市场价值的升降仅仅因为它必须依附一些事物甚至一些名称。对象真正的最终价值与其经由债券表现出的价值之间的关系，完全失去了稳定性。这清楚地显示出价值这种形式的绝对的灵活性，显示出这是一种通过金钱获得客体对象的形式，一种与其真正基础相分离的形式。现在，价值几乎毫无抵抗地追随着由情绪、贪婪欲望，以及毫无根据的想法引起的心理冲动，而且自从这些客观环境存在能够提供估价的准确标准以来，它就以这种惊人的方式运行。这样价值以货币形式使自身独立于其根本和基础，使之完全听从主观的精神。这里，投机本身可以决定投机对象的命运，在这个最严格的意义上，价值的货币形式的渗透力和灵活性通过主观性发现了投机最有效的方式。

Simmel，*Philosophy of Money*，trans. D. Frisby and T. Bottomore，London，1978，325 - 326.

［5］Robert Fitch，*The Assassination of New York*，London，1996，40.

［6］Ibid.，60.

［7］Ibid.，xii.

［8］参见他的著作 *The Long Twentieth Century*，London，1994；要对此有更多了解，请参阅我的《文化与金融资本》一文。

［9］这两部著作详细论述了存在于他们分析的信息发展与当代城市中不断增加的结构性失业和贫民区之间的因果关系。See Manuel Castells，*The Informational City*，Oxford，1989，228；Saskia Sassen，*The Global City*，Princeton，1991，186.

［10］最著名的著作是 Ernest Mandel，in *Late Capitalism*，London，1975.

［11］Fitch，*The Assassination of New York*，149.

［12］Ibid.，xvi - xvii.

［13］Ibid.，86.

［14］Ibid.，94.

［15］Ibid.，189.

［16］Ibid.，191.

［17］Ibid.，189，226，xvii.

［18］See Dieter Henrich，"Hegels Theorie uber den Zufall"，in *Hegel im Kontext*，Frankfurt am Main，1971.

［19］普鲁斯特在军事策略上的兴趣就是与此相关的最有启迪作用的例子，参见他服兵役后期访问圣卢普的描述，见 *Le Côté de Cuermantes*，from *A la recherché du temps perdu*，Paris，1954。

［20］ Fitch，*The Assassination of New York*，186－187.

［21］ In Francesco Dal Co et al.，*The American City*，Cambridge，Mass.，1979，389.

［22］ Ibid.，390.

［23］ Ibid.，461.

［24］ Ibid.，483.

［25］ Siegfried Giedion，*Space*，*Time and Architecture*，1941；reprint，Cambridge，Mass.，1982，845. 我十分感激 Charles Jencks 提醒我注意到这一基础文本。

［26］ Ibid.，825.

［27］ Ibid.，849－851.

［28］ Rem Koolhaas，*Delirious New York*，Oxford，1978，144.

［29］ Ibid.，142.

［30］ Ibid.，149.

［31］ Ibid.，153.

［32］ David Harvey，*The Limits to Capital*，Chicago，1982，265.

［33］ Ibid.，347.

［34］ Charles Jencks，*The New Moderns*，New York，1990，85.

［35］ Ibid.，81.

［36］ Ibid.，86.

［37］ Ibid.，81.

［38］ Ibid.，86.

［39］ Ibid.，85.

［40］ See Simmel，*Philosophy of Money*，327：

这样，金钱带来了个性的一种独特的膨胀，它不打算用占有商品来装饰自己。这样一种个性对控制对象不感兴趣，它只满足于对它们施用一下短暂的权力，仿佛避免与客体发生任何实质的关系，不会向个人提供任何事实上的膨胀和满足，而购买行为本身就是一种满足感的体验，这是因为客体绝对服从于金钱。由于金钱和作为货币价值的东西随着个人冲动的实现，他沉浸在一种象征性的控制而不是实际拥有对象的满足中。这种纯粹的象征性带来的享受已近乎病态，如一位法国小说家所描写的情形。有个英国人是波西米亚团体的成员，他生活中的快感就是赞助最野蛮的纵欲活动，尽管他自己从不参加这类活动，但他却总是为每个人付账——他来了，不说什么，不做什么，付清每一笔账，然后离开。这些令人疑惑的事件的一个侧面——为每一件东西付款——在这个男人的体验中，想必代表了这些事物本身。人们也许会猜想，这是一个近乎性变态的某种不正当满足的例子。与普通的放纵相比，它仅止于占有、享受和浪费金钱的最初阶段。这个男人的行为特别怪异，因为这种如此强烈和直接地诱惑他的快感在这里是通过其货币等价物的形式表现出来的。一方面缺乏对事物绝对的拥有和使用，另一方面是购买行为仅仅作为个人与事物的关系，作为一种个人的满足被体验。人们将这种现象解释为消费行为给个人带来的膨胀。金钱在人与物之间搭起了一座桥梁。跨过这座桥，即使事实上没有获得，心灵也体验到占有的快感。

[41] 参见我在“Marx's Purloined Letter”，*New Left Review*，vol. 209，no. 4，1995，86－120中的讨论。

[42] Kevin Heller在未发表的论文中考察了*Gremlins* 2（Joe Dante，1990）中更复杂的类比，而并非巧合的是，该片也拍摄于特朗普大厦。

[43] Hong Kong，Stanley Kwan，1987. 这一资料的使用得益于Ray Chow的建议。

（胡亚敏　陈源　译）

附录 德勒兹与二元论*

我们从黑格尔开始，大家一般都以他作为起点，尽管不是一定要这样（只有天知道我们会不会在同一个地方结束）。我们的座右铭是黑格尔对现代时期思想环境的睿智分析，他将这一环境与哲学在古希腊刚开始出现时的环境进行了对照：

> 古代的研究方式与现代不同，因为前者形成了严密完整的自然意识。它将自己放在其存在的任何一个点上进行检验并且将它遇到的任何事情哲学化，从而使自己成为渗透于事物之中的普遍性。然而，在现代时期，个体发现了现成的抽象形式；理解它和挪用它的尝试更多的是直接将内在的东西外化出来，将普遍的东西截取出来，而不是使后者从形形色色的具体存在当中出现。因此，今天的任务与其说是让个体摆脱直接的和感性的理解方式，使之成为被思想和思想的实体，不如说恰恰相反，是要将确定的思想从其固定性当中解放出来，从而给普遍的东西以真实性（actuality）并赋予其精神生命。但是，使固定的思想处于流动状态比让感性存在处于流动状态要困难得多。[1]

所以在这里，在《精神现象学》的开头，令人震惊的是我们看到

* 本附录选自 Fredric Jameson, *Valences of the Dialectic* (London: Verso, 2009), pp. 181—200。

了一个关于物化的成熟且敏锐的反思：物化带着自由漂浮的思想，不仅存在于日常生活世界当中，存在于思维当中，而且也存在于我们同已有概念的交叉当中，这些思想像诸多书籍或图画一样有名称和署名。黑格尔认为，古希腊人有一个任务，将抽象的思想（“一般概念”）从感性流中拧绞出来：将“野性思维”改造成抽象概念系统，从当前的困境中重新拥有**理性**（或自我，弗洛伊德会这么说）。之后，这一切都实现了，而且现代时期的思想家被大量繁殖的抽象概念压得喘不过气来，我们在这些抽象概念中就仿佛在一个独立存在的元素中游泳，它让我们的个体意识充满了抽象的范畴、概念和各种各样的信息。从这个新的陷阱中能重新获取或重新占有什么？它与希腊人在他们的“模糊嘈杂的困惑”中遇到的东西极为不同。又是谁不明白这一点对于我们自身而言，在后现代性和晚期资本主义中，在一个幽灵社会和网络王国中，比在黑格尔生活的那个信息仍然相对贫乏的世界中更要真实一千倍？是否希腊人将他们感官上的直接性变成了普遍性，变成了普遍性本身可以被改造成的东西？黑格尔的回答一般被解释为自反性、自我意识、辩证法以及它与那些概念的距离，辩证法运用那些概念而且就存在于它们当中：这样的解释或许也没错，但在当下的环境中却没有什么用处（不过，他自己用的是“真实性”［actuality］这个词）。马克思有一个更好的公式化表述：资产阶级思想，他说（我们也可以解读为希腊哲学），竭力要从特殊上升到一般；我们的任务是从一般上升到——注意他一直用的是这个动词——具体。[2]

吉尔·德勒兹的伟大——或至少是他自称的伟大之一——是他以广纳百川的态度面对由所有思想和出版物构成的巨型场。没有人能够在阅读两卷本的《资本主义与精神分裂症》（*Capitalisme et schizophrénie*）时，或者换一本，在阅读《电影》（*Cinéma*）各卷时不被那无休止的参考洪流搞得头晕目眩，它们不知疲倦地滋养着这些文本，被加工成内容并且被组织成各种二元论。正是在这种意义上，你可以称德勒兹是一位综合思想家，他通过吸收和挪用掌握了思想及概念的大量衍生物。（如果你确实喜欢各种二元论，以及巨大的宇宙或形而上学的对立，那么，你可以说德里达在这方面是他的对立面，他乐此不疲地消解那些他在传统中遇到的所有物化思想，一直回溯到最初导致它们发生的不可能性或谬论。）所以，在我看来要在德勒兹那里寻找一个系统或一个中心思想是一种误导：事实上，有很多系统或中心思想。观察这个精彩的过程更加可取，他用他的知识对这个过程中被过度充塞的概念环境进行重写和换码，并将其组织成各种力场。但是，那种组织通常是一目了然的图式，它的目的不是给我们真理，而是给我们一系列非凡的陈述：它是一种虚拟的图像，利用各种伟大神话中的二元论作为其表现语言，例如**精神分裂症**和**妄想症**，**游牧**和**国家**，空间和时间，克分子和分子。

我想进一步考察那一组织过程，但我想从一个特别的问题开始。《资本主义与精神分裂症》（尤其是第一卷）中贯穿始终的对弗洛伊德的攻击已经比为马克思作出的辩护和部署更加声名远播，后者也同样是一个一以贯之的特征。但我们知道，德勒兹在他最后的几年里计划写一本关于马克思的著作，而且我们也怀疑，在这本著作里，较之《政治经济学批判大纲》里那冗长的一章，马克思被歪曲的程度可能有过之而无不及，那一章的标题有时是《前资本主义的经济构成》（“Precapitalist Economic Formations”），它在《反俄狄浦斯》（*L'Anti-Oedipe*）中占了大量的篇幅。我认为在那些所谓后结构主义的伟大思想家中间，只有德勒兹在他的哲学中赋予马克思一个绝对重要的角色——这是在与马克思的邂逅中，他为自己后期的作品找到的最充满活力的事件。

让我们首先来考察一下《反俄狄浦斯》关于马克思的宏大一章中那些事件的顺序，不管怎么说，尽管它们的能量和连贯性可以看作关于马克思主义的一组注解，而非关于后者的一种新的哲学，也不是在某种意识形态意义上对它的全新读解。这一章本身是对更大一章的颠覆，类似于德勒兹/迦塔里的历史哲学，标题很奇怪：《野人，野蛮人，文明人》（“Sauvages，barbares，civilisés”），一个有其古代根源的分类（例如在亚当·佛格森[Adam Ferguson]那里），但是在近代，自路易斯·亨利·摩尔根（Lewis Henry Morgan）1877年出版了《古代社会》（*Ancient Society*）之后，这种分类迅速传播开来（得到了马克思本人的热情赞许）。关于这个有着巨大吸引力的人物，我必须多说几句，列维-施特劳斯称其为亲缘系统的发明者和现代人类学的奠基人[3]；但是，我在这里只想说说那个非常了不起的方法，正是因为摩尔根，所有现代的和现代性的理论都据此方法得到了增补并知晓了它们被隐匿的真相。“现代”在这里无疑就是“文明”；可是，无论这是谁说的，他都同时假设有一个**他者**和一个前现代性或前资本主义的先在阶段。对大多数现代理论家而言，那可能仅仅是传统的理解，是传统的蒙昧无知，但对其他人而言，它可能提供了一个黄金时代的力比多投入，即**高贵的野人**和**自然的状态**（State of Nature）的力比多投入。摩尔根很独特的地方是他同时采取了两种立场——巴黎公社的支持者和被易洛魁部落接受的一名族人，他终生崇拜土著美国人的社会组织形式，这种组织形式从其远古时代的对等物起就被称为**宗族**（the *gens*）。“野蛮人”一词因此在摩尔根那里没有任何贬义：它骄傲地直面“文明化”工业资本主义的非人化（dehumanization）和异化，是一枚充满荣耀和蔑视的勋章。但是，以这种方式同现代化的社会秩序决裂所需的能量本身也是必须付出的代价；所以，摩尔根对文明的否定生成了一种否定之否定——一种第二位的、增补的、**野人**形式的**他者**——类似于残存物或废品，某种“分裂”（splitting）活动很容易导致的结果，从分裂开始，关于易洛魁人，所有令人讨厌的不文明事物都可以被去掉并将其归于那些“真正”原始的或部落的人们。摩尔根对于“野人”的力比多恐惧可以从它自己的表达中感觉得到，“惊人的杂交系统”，它不仅意味着在乱伦禁忌前无所顾忌的性行为，而且意味着一种已经成为一般系统的流动（flux）：没有书写，没有固定的居所，没有组织起来的个体，没有集体记忆或历史，没有向下传延的习俗——可能标明这种绝对混乱的这份想象出来的清单没有尽头。很清楚，在德勒兹/迦塔里的系统中，所有这一切的效价（valence）都改变了：野性最接近我们认为能从精神分裂症中获得的田园般美好的解放，而在关于野蛮的论说中，隐含的**宗族**等级被有效地利用并被阐发为原始国家（ur-state）、最初的专制统治、皇帝和能指本身的统治。

那么，很显然，这个历史的宏大叙事与其说是关于马克思主义的大量论述的一个案例，不如说它将重新确立从封建主义向资本主义过渡这个经典问题，它也可能强调这两个早期阶段的残存形式以及它们重新出现的可能性问题。在关于野蛮主义的论述中，权力的中心地位——国王或皇帝的圣体取代了地球的身体，强调等级以及**国家**是一种历史力量——将膨胀成为《千座高原》（*Mille Plateaux*）中交替用于大二元论的术语。与各种第一印象相反，这种对于权力的强调（与福柯书中的情形不同）在这里并未断言自己可以替换马克思的经济分析；相反，后者本身在德勒兹/迦塔里的历史叙事中被一般化，他们的历史叙事较之大多数马克思主义讨论更充分、更具说服力地论证了经济决定论是原初的（或“野性的”）方式。的确，在这里，分支与结盟之间的张力连同被赋予“代码”和铭刻的原始价值，这种价值似乎可以为原始社会提供相对而言仍然是结构主义的解释，重新介入经济中，并且在马克思的意义上，一直持续到资本主义，在那里变成了金钱本身的两种用途的内在对立：既是资本，又是购买力；既是投资力，又是交换尺度。

但是我们需要返回到代码问题以掌握德勒兹/迦塔里关于资本主义的论述的创造性。后者的确被他们看作由一种“公理”组织起来，它与早期的代码大为不同，因为同金钱本身的情形一样，它让人怀疑“代码”这个概念的功能之一首先是引发了与公理的巨大差异，而另一个功能则是从内部保证将自己确定为一个概念，它被描述（而非定义）如下：“一种流（flux）被编码，因为对束缚的打破和对流的预选相互作用，相互包含，相互结合。”[4] 流这个比喻见于路易斯·叶尔姆斯列夫（Louis Hjelmslev）的语符学（glossematics），它在《千座高原》中得到高度的赞扬是由于它的每一个平台的内容相对而言没有差异，同时，又绝对要求两个平台之间有某种形式上的协调（另外一个系统将其描述为双重铭刻［double inscription］）。

将“代码”描述为有意义的，而将公理描述为无意义的或武断的，以此来标示这一显著差别应该不会有什么不妥之处，因为意义这个概念就其传统而言正是德勒兹意欲清除和取代的东西。我们也可以说，代码的性质就是在不产生差别的情况下可以被另一个代码取代，这另一个代码看上去同样会是“有意义的”或有机的；但如果换了公理，你就被难住了——你不能改变它，至多你可以增加另一个公理，直到公理性变得像那些法律系统一样，在其中既可以找到大量先前的惯例，也可以找到以前的判决。在数学中，按照我的理解，公理是起点，它本身无法被放在一个稳定的基础上或者被证明，而仅仅是成为其他所有步骤和命题的基础或理由："对公理的选择包含对基本的、不会再被界定的技术术语的选择，因为对所有术语进行界定的企图只会导致无休止地回到从前"（*L'AO*，294；247）。[5]我自己的理解是，现代关于公理的讨论基本上离不开这个前提问题和各种武断的起点。不管怎么说，德勒兹和迦塔里绝对是将资本当作一个公理来开始他们关于资本的讨论的。我冒昧地做如下概括：代码有一种暂时的自足性，无论它们是以装饰（例如文身）还是以习俗和神话的形式存在，甚至在历史的物换星移中，它们会转变成为另外的代码。另一方面，公理是拿来用的；它们不提供任何可供评论或注释的东西，相反，它们只是一套可以发挥作用的规则。正是在这一意义上，资本主义通过增加新的公理来修复其自身并克服它的种种矛盾：你应该相信一个纯粹的市场系统，这就是说，有一个非常简单的公理，它假设所有的交换都是不受干扰的。可是当自由贸易或全球标准出现危机时，你就将更为复杂的凯恩斯主义的公理增加进来：那些公理并不修改资本主义的公理，而仅仅是将构成资本主义的各种运作变得更加复杂化。在这里，不可能回到资本主义任何更加简单的公理或更加纯粹的形式；只是增加了更多的规则和条件（规则对规则，例如，要逐渐取消凯恩斯主义，就必须使用后者的结构和制度来实现对它的取消）。无论如何，我认为，这个神秘却是十分重要的术语必须从一种所谓德勒兹式符号学的角度来理解，而且实际上，如果我们自己已经接受了一种代码的符号学，那么我们现在便迫切需要一种公理的符号学。即便如此，关于这个特征的创造性问题依然挥之不去：它是否远不仅是用新颖的术语重述了机械与有机之间、"社区"（*Gemeinschaft*）和"社会"（*Gesellschaft*）之间的古老对立？

《反俄狄浦斯》本身所给出的答案是绝对"文本性的"：代码被铭刻——在最极端的外部被铭刻在肉身上（文身，疤痕，涂面），而不是铭刻在世界的身体上。可是公理不是一种书写，它不留下任何那样的痕迹。如果你更喜欢将这个特征用另一种方式演示，我们可以说“代码不是经济性的而且永远不可能是”（*L'AO*，294；247），这个观察慢慢将我们引回到马克思本人关于前资本主义形态的论述，它们虽然“最终”是围绕自身当中某种特殊的经济生产类型来组织的——但是，与人们对资本主义的看法不一样——它们受到某种“经济外动机”（extra-economic instance）的保护：“宗教对中世纪的保护，政治对古代城邦的保护”，对此，沿用摩尔根的说法，传统增加了“部落社会或原始共产主义中的亲属关系”。在非资本主义社会中，这种权力同生产的分离被阿尔都塞主义者理论化为决定因素——始终是一种经济形式——和统治因素之间的区别，这在已经提到的社会形态中就是经济外的：两者只有在资本主义中才会是一致的。（关于社会主义的一个非常关键的理论论点今天毫无疑问也离不开这个特征，即是否社会主义和其他资本主义的替代物，如宗教激进主义，并不同样也要求某种“经济外的”动机。）

关于代码的疑议是这一小节的三个主要特征之一。有关亲属关系的精彩部分将这一概念重新组织为分支和联盟之间的张力，使该主题获得了第二次发展的机会，同时，这一张力作为金钱的两种功能在资本本身内部重新出现。最后对俄狄浦斯情结的讨论基本没有引起我太大的兴趣，但是它假设公理社会（或资本主义）中有一种特有的、独一无二的表现形式，也对其中形象的生产和功能做出了假设，在这个社会中，原始情景和俄狄浦斯式家庭成为第一形式和样板。同时，两位作者一次又一次地回忆起他们最初的计划并且自问如何将欲望投入到这类体系当中；他们求助于“降低利润率”并对此进行了重新诠释；对所有政治读解最有意义的是，他们将这一体系的各种趋势理论化：在一个值得注意的片段里，他们断言资本主义的解辖域化总是伴随着再辖域化，或至少伴随着再辖域化的冲动和诱惑（*L'AO*，306－307；257）。[6]这些趋势要重新创造私人乐园或宗教的飞地，要一连几个小时将圣事（the sacred）作为一种爱好一样地操练，或者试图将金钱力比多化为一种激动人心的游戏——换言之，试图将零散的公理重新变成诸多代码——很显然与某种方式相一致，前资本主义的不同形式（编码和过度编码［overcoding］，专制国家，亲属系统）借此方式在资本主义中幸存下来，在形式上与它们的传统对应物相似，但实际上有着决然不同的功能。公理或资本主义无法向其主体提供真正的力比多投入——它的内部迫切需要重新使用比较古老的编码形式来替补它已经枯竭的结构——这确实是《反俄狄浦斯》中的“马克思主义”所提供的最有趣也是最有前景的调查线索。

不过，伴随着这一争论的是两卷本的大标题《资本主义与精神分裂症》所提出的另一条线索，它断言尽管该标题中的两个术语之间存在同源关系，理想的精神分裂症仍然相当于资本主义的一个替换物并且是它的外部极限。我更喜欢从更低的理论化层面，即通过对阶级更具经验性的讨论这一方式来得出这个结论。因为在这里，这些断言更具启迪性：“从资本主义公理的视角看，只有一个具有一般职责的阶级，那就是资产阶级”（*L'AO*，301；253）。德勒兹和迦塔里认同这个不愉快的结论，萨特在《辩证理性批判》中说服自己接受了这个结论，即社会各阶级都只有一种连续的存在，而且只有团体单位才能提出极为不同的和积极的原则。如果是那样的话，无产阶级就不可能真正拥有进行大型系统性改造的历史使命，而且，的确，一种真正的游击潜力是属于那个“特别阶级”（*hors-classe*）（可能是理想的精神分裂症患者）的（*L'AO*，303－304；255）。

这些思考继续出现在《千座高原》中献给国家的《用来捕获的工具》（“Appareil de Capture”）这一章（尤其是命题14），在这些地方，公理的概念及后果得到进一步的阐发和运用。不变资本（机器、技术、自动化以及公理本身）的增长和利润率的降低之间的关系在这里被很有效地用作对资本主义内部矛盾的进一步阐释（*L'AO*，585；468）。但是，对我们而言，这一章最有趣的特征很显然是德勒兹和迦塔里对“特别阶级”这一概念的详细阐述，他们将这些特征置于当代意大利政治思想的基础之上，希望能够阐发出一种思想，即有一种革命运动完全发生在**国家**之外。正是在这一点上，我们最生动地领会到德勒兹术语的经验价值，这些术语换一种方式可能仅仅是诗意的或思辨的：“解码”，“解辖域化”，用新的资本主义公理取代比较古老的代码，新的资本主义公理引发并释放出种类齐全的“流”（fluxions）（布莱恩·马苏米［Brian Massumi］将这个词译为“flows”，不过，这个比较古老的词或许在医学方面更有用）。这些到目前为止看起来似乎相对而言是结构性的；但是，现在，我们有了真材实料。

> 相应地，仍然有更多被解码的流（decoded flows）进入某个中心公理，它们倾向于更远地逃离边缘［即，第三世界］并且提出这个公理无法控制，更不用说解决的难题（即使利用那些补充进来以解决边缘问题的特殊的、额外的公理）……令世界经济或这个公理的代表备受折磨的四个主流是：能源问题流［即，石油和其他物资］，人口流，食品流，城市流。（*MiP*，579；463）

同时，劳动阶级的定位问题依然是中心问题：

> 只要劳动阶级仍然是要通过获得一种社会地位来定义，甚或是由一个其本身已经在理论上获得胜利的国家来定义，它就依然只能扮演“资本”的角色，是资本的一部分（可变资本），没有逃离资本的**平台**。这个平台至多变成了官僚的［即，像在社会主义国家那样］。但是，只有离开资本的平台，无休止地退出这个平台，群众才能完全具备革命性并摧毁少数整体的统治性平衡。(*MiP*，589；472)[7]

无论这一判断使《反俄狄浦斯》中的政治在 1972 年的冷战局势中处于怎样捉摸不定的状态，在当前形势的背景下，引人注目的是巨大的结构性失业和最近出现的众多社会主体，他们不能如人们期望的那样通过对生产“杠杆”进行战略性控制来承担起迄今为止仍然是分配给工业劳动阶级的政治角色，这个分析还是有先见之明的，是有预言性的。如果我们要探求德勒兹和迦塔里的著作在今天的政治相关性，毫无疑问，我们应该探求的正是这种洞察和判断。对于随之而来的关于金钱、金融以及银行的讨论也是如此，因为一种新式“金融资本”在今天的复兴清楚地确定了这个已开展了二十五年的老行当的日程：“银行控制着整个系统，包括欲望的投资”（*L'AO*，272；230）。[8]那么，这就是对资本主义公理进行解码和解辖域化这种庞大的分析所揭示的两个方向：一方面，是主体性的贫化和老的主体本身的灭绝（用一个非德勒兹的术语）；另一方面，金钱本身和金融逻辑被赋予巨大的权力，在日常生活中，在资本主义作为一个系统发挥作用的过程中，这种公理采用了怪诞和矛盾的形式。

因此便出现了理论问题，与其说它们与德勒兹/迦塔里的文献中关于资本主义的讨论有关，不如说它们假设有资本主义**他者**的存在，不管后者是被看作工业劳动阶级（如传统上那样）还是次等和下层阶级，还是被看作失业者或少数人，他们都完全处于资本和整个社会之外。换言之，我们是否面临一种真正的二元论？在这种二元论中，资本主义和**国家**所遭遇的绝对不是它们自身，这种东西与它们极为不同并处于它们之外。或者，这是否是一种更具辩证性的对立？在这一对立中，**他者**，即劳动阶级，在某种程度上还是**国家**和资本的一部分，因此便隶属于**国家**和资本，这种地位在一元论中似乎是要被终止的，在一元论中，最终只存在**国家**，只存在资本。我们很快会再回到这些问题。

在这一点上，我想稍停片刻来澄清一下我自己对我们刚刚完成的分析所持的立场。我感觉，它不是一个决定德勒兹（或德勒兹/迦塔里这个合成主体）是否是一名马克思主义者的问题。形形色色的马克思主义无疑都是意识形态，它们也像其他意识形态一样容易受到分析的影响。马克思主义作为一种学说，无论怎样——我不愿意提“科学”这个词——是某种我更愿意称之为问题意识的东西。在当下的语境中，对我而言更重要的似乎是确定在什么程度上德勒兹的思想在那个问题意识中运动并赞同这一框架；或者换个方式，在什么程度上德勒兹的问题意识包含了马克思的问题意识并且承认马克思的难题和问题在其自身的探究领域同样是亟待解决的难题和问题。目前这种向古典自由主义的回归——以及那些传统学科的回归，如伦理学、美学、政治哲学，它们同样是当前学术气候的特征——因为确信马克思的问题意识对晚期资本主义已经不再有效，已经表现出退回到前马克思的立场和难题的趋势。这种诊断的关键特征不在于马克思主义对那些难题的所有答案和解决办法整体缺席，而在于对这些难题本身的压制，在于探索的消失，即不再设法确定今天社会生活的逻辑（商品化）所处的位置，不再掌握全球化金融资本在各类描述中的新的运行情况，我们需要将这些描述理解为美学生产，理解为意识形态的功能，理解为知识分子的作用和他们的概念性创新。

但是，在我看来，德勒兹的研究对这类回归趋势而言没有任何助益；的确，他的工作的全部功能已经不是将这些学科同社会、政治以及经济阻隔开，而恰恰是要使它们向那个更大的力场开放。德勒兹的分析不是试图包含那些现实，换言之，不是将它们送回到冠冕堂皇的专门学科那了无生气的相应位置，而是展示了一个巨大的多形编码的王国。在这个王国中，欲望不断地越界投资；的确，性欲望不可能局限在资产阶级思想称之为主体性或心理（甚或心理分析）这个较为狭小的王国里，而是表明社会也是幻影组织之一，狭义的性欲望本身是一张社会和政治表现的网。像这样突破主体——欲望和力比多，甚至性的狭隘概念——和所谓的客体——社会的、政治的和经济的——之间的界限是德勒兹最重要的成果之一，它被理解为还有其他的方式来做这些事。（拉康思想在当代的某些发展——我认为超过了具有里程碑意义的斯拉沃热·齐泽克［Slavoj Žižek］的研究——它们试图通过其他的方式，以其他的形式达到这个目的。）然而，至于德勒兹和迦塔里，我来演绎一下《反俄狄浦斯》中记录的一个较引人注目的时刻，这一时刻见证了为摧毁主体与客体之间的传统高墙所做出的决定性努力：

> 谵妄是如何开始的？或许电影可以捕捉到疯癫的运动，恰恰是因为它不是分析性和回溯性的，而是探索了一个共存性质的全球场。看一下尼古拉斯·雷（Nicholas Ray）的影片，它应该是表现了一种可的松谵妄（cortisone delirium）的形成过程：一个劳累过度的父亲，他是一位中学教师，同时为一家出租车广播电台工作，他还被认为有心脏病。他开

> 始疯狂地宣讲**一般意义上的**教育制度，宣扬恢复某种纯粹**种族**（*race*）的需要，声称应该拯救社会和道德的**秩序**，然后他又转到**宗教**上，认为已经到了回归《圣经》，回归亚伯拉罕的时刻。但是，亚伯拉罕事实上做了什么呢？现在，他杀了或想要杀了他的儿子，也许上帝唯一的错误在于他住手了。但是，难道这个人，这个影片的主人公，有一个自己的儿子吗？嗯……这部影片展现得非常好的、令精神病医生都感到惭愧的是每一个谵妄都首先是某个领域的投资，即社会、经济、政治、文化、种族和种族主义、教育以及宗教等领域：这个谵妄的人将某种谵妄用到他的家人和儿子身上，他们到处都不经意地听到这些谵妄。（*L'AO*，326；274）

在谵妄例子里，具有戏剧性而且在叙事上被凸显出来的东西在欲望本身的微观活动中也发挥着作用，而且一般而言，是在日常的基础上。这不再是某种弗洛伊德—马克思主义流派，它的每一方都保持了自己的党派结构（如精神的人民解放阵线政府）而且在有争议的地带相互配合，派送专家彼此进行咨询。确切地说，它强调了德勒兹的一元论意图（我很快会回到这个问题）和一种方式，借此方式，我们由黑格尔开始的观察中所暗示的学科多样性被一场巨大的解差异化（dedifferentiation）运动所战胜：这场运动无疑是从某个较早的历史时刻获得了巨大的力量，因为学科和专业建立起来而且被制度化，但这也标志着在那些相互隔绝的事物之间重建多种联系的新意图。这就是我在上文所呼唤的德勒兹的综合精神，因此，欲望的一元论露出另一副面孔就不足为奇了，我们一直在思考这副面孔，它恰恰提供了多种多样的参考，说明所有领域的所有文本和研究永远处于无休止地相互结合状态，这一定令所有的读者感到震惊，而且它在《千座高原》中比在《反俄狄浦斯》中更具戏剧性：语言学、经济学、军事战略、大教堂的修建、数学、现代艺术、亲属系统、技术与工程、伟大的古典王国的历史、光学、革命理论、革命实践、音乐模式、水晶结构、法西斯主义、性、现代小说——所有这些都成为供给磨坊的原材料，它不再是建立简单的、机械的同源关系，而是使一种无法想象的多维现实运动起来，有系统地进行轮换。

所有这一切都让我们回到哲学的表现这个中心问题，不过，我们现在必须为它补充一个新问题：在马克思主义传统上，什么是所谓的意识形态批判（或 *Ideologiekritik*）？德勒兹在《千座高原》中似乎突然给出了一个替换性选择，他们称之为精神学（noology），或者如他们所言，是“对思想形象及其历史性的研究”（*MiP*，466；376）。精神学分析的程序——作为一种基于德勒兹/迦塔里的意识形态二元论（**游牧**对**国家**）对文本进行区分和含蓄评判的方式——在我看来，较之“块茎”（the rhizomatic）和“树状”（the arborescent）（相对于等级，向所有的方向生长）之间的形式区别，似乎更有内容，后者的形式区别已经是广为人知，但它似乎想要表现一套更加抽象、更纯粹哲学意义上的松散特征。因为作为《千座高原》的开篇章节，“块茎”（也独立发表过）具有某种类似宣言的霸气；对精神学方法的揭示——在后面章节非常密实的内容中——更加具体，而且从“皇家科学”（royal science）和“小科学”（minor science）（我们稍后会谈到）之间的对立作出了论证。无论这个新坐标是否表明德勒兹和迦塔里的研究从经济——在《反俄狄浦斯》中占主导地位的生产方式——悄悄滑向某个更容易作出判断，也更容易发生偏袒的政治构想，它都一定是一个我们借以接近新材料的开放性问题。

首先，精神学是围绕一个简单的清单组织起来的，两位作者独有的创新性在于不是直接从哲学思想中，而是从各种工程中提炼出精神学：熟练工人建筑大教堂，相对于将建筑方法和工程标准符码化，其后再由国家强制推行这些方法和标准，前者的特点是它的确是一种“**不精准但有活力**”的方法，是一种“本质上就不精准，而不是偶然不精准”的方法（*MiP*，454；367）。但是，可以由此导出一种根据其“与借自国家机构的某个样板”是否一致来判断思想的方式：

> 思想的古典形象，以及它在思想空间所留下的**擦痕**（*striage*）自以为拥有一般性。事实上，它利用了两个“一般概念”总体性作为存在的终极基础或作为一个无所不包的视域；主体作为将存在转化为为我之物（being-for-us）的法则……［一个］关于存在和主体的双重观点，被置于某个“一般”方法的指导之下。（*MiP*，464，469；374，379）

我认为这种划分已经成为我们这个时期的某种信念，根据这一信念，反对马克思主义的反动分子已经提出了大量重生的无政府主义。以我的观点，这种精神学最受欢迎的结果与其说是以**国家**为导向的思想这一结论，不如说是它充满热情地认同了处于其对立面的游牧思维——这就是一种二元论，如果曾经有过二元论的话——而且它还冒险与形形色色的种族主义建立了一种联系，原因是有些术语使得游牧的情境性（nomadic situationality）受到吹捧：它们是种族、部落、民族主义。但是在这里作者有一件重要的事要说：

> 部落—种族只有在受压迫种族这个层面上才存在，而且它在经受这种压迫；只有劣等种族，少数种族，没有占主导地位的种族，一个种族不是依据其纯粹性，而是依据一个统

治系统被定义。

以此类推，直到在高潮处必须引用兰波（Rimbaud）的《地狱一季》（*A Season in the Hell*）（*MiP*，470；479）。[9]我认为每个人都会对此表示赞同；因为德勒兹和迦塔里的更深层真理只有在对立一方才能找到，在他们思想中那次要的非凡的直觉当中才能找到（而且它在现在看来已属古典的——现在很不幸成为古典的——思想中找到了它的符码化形式，这些思想是对小文学［minor literature］以及卡夫卡的书中具有内在颠覆性的语言的思考，对这本书而言是一个遗失的章节，在这里就是要添加一个孤立的平台[10]）。

因此，我们正是期待在对游牧文本和微逻辑战争机器的分析中发现最有趣的篇章。（关于**国家**，正如相应章节的标题所暗示的，确切地说，它是一个活动，包括“捕获”、挪用和合并，**国家**将这类活动施加于它的卫星部门，施加于与它同时存在的游牧民或游击队组织，它们将成为相关分析所关注的东西。）正是在这个关于铁匠和冶金学的重头部分，我们看到了德勒兹一个全面的意识形态分析，一个基于叶尔姆斯列夫的语言学二元论的分析，它在德勒兹和迦塔里对外在性（exteriority）的坚持上获得了自己的力量。不仅战争机器对**国家**而言是“外在的”；在某种意义上，《千座高原》中所有被理论化了的事物都是外在性的某种现象，因为内在性、主体性、同一性的语言，那个“所有的牛都是灰色的”温暖夜晚，它们每一个都是德勒兹思想中的争议对象。但是，外在性现在突然意味着“关系”，它将一种给定现象与外部连接起来。那么这就将个体现象——无论它是某种类型的一个文本，还是这种或那种社会个体性——与更大的外部力量联系起来。

毫无疑问，意识形态分析的传统词汇是相对而言的词汇，在这种词汇中，对任何个体现象——文本、思想甚或社会阶级——而言都要找到对等物，而且有意在上层建筑的这个或那个方面与基础设施的基础条件之间建立一种关联。外在性原则将所有这些都进行了换码，这很有帮助，并且给我们提供了一个更加灵活的、暂时的方式来处理换码过程，在这一过程中，已经不是在两个已经存在的实体（例如文学和社会，举个例子）之间建立某种简单的、一对一的关联这样一个问题了，而是要说明任何给定文本如何认识超越了其自身的飞离路线，很显然这种飞离运动是自主的，但在其基本结构内还是有一种指涉性（referentiality），有一种脱离其自身去往其他事物的运动。

叶尔姆斯列夫的语言学较之任何其他广为接受的符号学或语言学分析形式，如索绪尔的语言学，是更适合这一过程的模型，因为它的两个平面包括四个概念，而且它们都通过外在性，通过某种特殊的或偶然的交叉，而非通过某种更深层的、预先建立起来的和谐相互发生联系。因此内容和表达这两个平面本身就被各自安排为形式与实质之间的对立：形式与内容之间的古老差别被陌生化，并通过在语言学现象内部被强行分配到不同区域而得到更新。内容现在与表达一样有其自身的逻辑和内部动力学：内容有形式和实质，如同表达有形式和实质。这两个平面的相互配合产生了一个模型，在这个模型中，德勒兹的流（flux）（内容）现在可以用一种给定的代码（表达方式）及时表现出来，但是，其表现方式是它们可以被分别分析为截然不同的时刻，在这些时刻，它们发现自己被历史性地结合为一个事件而非结构。德勒兹的确强硬地坚持在连接（connexion）和“联合”（*conjugaison*；conjunction）之间有一个明显的特征：后一个概念属于**国家**一方，并且预示了一种有机的捕获，由此这两个平面的自主性最终遗失；然而，“连接”则可能标明这种结合是暂时的，并且可能指定每一个平面继续保留在彼此外部的方式，尽管它们之间仍然有生产性的相互作用（*MiP*，636；510）。

这是一个通过解释和例证可以得到最佳表达的复合模型，尤其是通过引人注目的冶金学例子，它第一次也是唯一一次在实际中再现了一个准确的叶尔姆斯列夫图表（*MiP*，518；416）。

因为这个问题诱发了一般的游牧战争机器（它既存在于成吉思汗的社会机构中，也存在于各种科学和艺术中）同传统社会中铁匠这个特殊现象之间的关系的性质。真是够奇怪的，正是铁匠这个社会现实被指定为内容平面，而战争机器则是表达平面，或许是因为战争机器是统治铁器生产这个特定社会现实的组织形式。

然而，铁匠和冶金学——据推测是一种固定在某处的“职业”（*métier*），类似于现代社会中的职业，而不像，例如，打猎等活动——如何能以游牧为其特征呢？我们不得不看一下这种特别的物质中所隐含的物质关系，对它的提炼不同于对其他元素如木材和石料的开采，不要求有连成一片的场地、群山、森林和沙漠。正是原材料这种独一无二的特殊性既赋予它高于其他自然元素的相关特权，同时也给予从事这项工作的匠人一种社会特权。的确，这些篇幅里还包括了一种非同寻常的对铁本身的“赞美”，赞美它“让人们意识到某种隐藏在或埋没在其他原材料和其他活动当中的东西”（*MiP*，511；410）。铁因此被看作最卓越的物质，是机械物种（*machinic phylum*）本身，威廉·沃林格尔的“非有机生命”（nonorganic life）（它也将在《电影》［*Cinéma*］第一卷[11]中发挥重要的作用）这一思想的源头。金属加工必然不仅仅是一门技术；它是与各种特性（singularity）的一种关系，是原材料的偶然“事件”。而铁匠一定在某种程度上“顺应了”

那些可能性——正是在那种意义上，他比其他工种的工人更具游牧性。游牧主义，换言之，就是一个跟随偶然事件、重大事件、"此间"（*haecceities*）（采用一个中世纪的说法，德勒兹对此作过详细的注解）穿过地球身体的过程：铁匠的工作因此正是这个更具一般性的过程之特殊"对等物"或相似物（*analogon*），他在所有部落社会中的魔力和威信就是由此产生的。

但是，叶尔姆斯列夫模式恰恰在这里成为一个障碍，这是因为有这样一个事实，铁匠的工作和游牧战争机器的功能都有其独特的外在性，也就是说，两者都是在与某个元素、某种原材料、某种地理语境的基本关系中来界定的。因此，如果它们都是关于其特殊内容和表达层面的形式项（form-term），那么它们也都有各自的实体项。于是，冶金家的实体一端就在于金属本身，是这一门（phylum）的缩影，是物质的流动；战争机器的实体项是平整的空间（后来被延伸到沙漠或海洋，而且被远离点与点之间的运动的某个运动特征所控制，德勒兹将其特征描述为涡流——旋涡［vortices］，漩涡［whirlpools］，涡旋［eddies］——一个涡流是一个事件，而不是在两个地方之间画一条线）。这些篇幅有丰富的细节，它们属于《千座高原》中那些最激动人心的时刻，应该得到更细致的分析；我只是想说明，在社会形式和特殊的社会制度之间，意识形态的协调性在德勒兹那里是什么样，只是想说明站在游牧生活一边，这一特别分析何以比相应的与**国家**有关的精神学阅读形式更加复杂和有趣。

现在，我想从与马克思的关系这个比较狭隘的问题转向同**历史**的关系这个更宽泛的问题，对它的理解是，对这样一种关系的检验将与德勒兹的概念机器（conceptual apparatus）一道而来，后者要记录（在这个情况中，因为我们处理的文本是 1972 年和

1980年的，是**预测**）晚期资本主义的小说结构——或者换言之，我们自己的真实性。不过，精神学的探索不是如当代一些非常著名的历史研究对历史文本提出质询以获得它们更深层的叙事范式那样来完成关于表现的问题，而是要获得使德勒兹的元历史首先成为可能的更大的非叙事结构。你已经开始怀疑在这些非叙事结构中，最主要的是二元论本身，或二元性的非叙事结构：它已经以革命和法西斯主义之间的巨大对立这一形式隐含于《反俄狄浦斯》当中，革命与法西斯主义构成了该书的起点，也是它最重要的概念困惑之一。但是，《反俄狄浦斯》的机制将这一特殊的对立复杂化了，并且在每一步都增加了新项，否定它拥有代表神话对照或宇宙论对照的地位，在《千座高原》中，**游牧**与**国家**之间的巨大对立似乎随处都可能作出这种断言。但这种张力是否是欲望机器和宇宙论那种无器官身体之间的张力呢？如果我们把它翻译为关于分子和克分子之间的巨大对立这样的术语，回答看起来是肯定的。精神分裂症患者是什么样子（在《反俄狄浦斯》中）？作为一个零度，它似乎并不真的按照二元论的方式与任何事物对立，甚至不与它在政治上的反对方偏执狂对立。

事实上，我相信《资本主义与精神分裂症》的统一愿望（unifying will）正是朝向一元论的驱动力，却荒谬地成为后面二元论的源头。因为欲望本身的原则将是一种一元论：所有的事物都是力比多投入，所有的事物都是欲望；没有什么事物不是欲望，没有什么事物在欲望之外。当然，这意味着法西斯主义是一种欲望（我们已经十分了解了，但它在当时更多的是一个诽谤性的断言），官僚主义是欲望，**国家**是欲望，资本主义尤其是欲望，甚至被极度中伤的俄狄浦斯情节也要对某种欲望作出回应以成为根深蒂固的权威。

但是，二元论如何从一元论中产生出来？因为一元论的重要责任似乎就是反驳所有那些传统的二元论而且用单一的原则取代它们。最终，这是一个命理学问题，德勒兹的命理学，或至少命理学重新贯穿于这些篇幅，可以提供一个答案。如果**一**的使命是使所有类型虚幻的对或双这类对立处于从属地位，那么，结果是我们依然处于二元论当中，因为设计这个任务就是要解决对立——二元论——二元论与一元论之间的对立。**一**或许战胜了**二**，但它也产生了**二**：它可能从这个系列的另一端发起反击并试图用**多**，或用多元性本身——很多的多（一、二、三……很多越南）来破坏**二**，来反对**多**本身当中的这个**一**。[12] 的确，如果我们走得更远一些（像我们的作者在《千座高原》中一样）并且提出**数**本身在**不可数**中有其对立面，那么整个辩证法就变得紧张起来。这就是它们对资本主义内部的少数群体问题的非凡解决办法，对这一点的理解是这个解决办法与在这部《千座高原》中推演出来的多数与少数之间（皇家科学对小科学，举个例子）甚至更加基础的对立也有关系，而且正如我说过的，在语法意义上，对它的最佳理解是卡夫卡书中对次要文学和次要语言的表述。原文如下：

> 定义少数的因此不是数，而是数内部的各种关系。少数也许可以是无数的甚至无限的：就像多数一样。将两者区分开来的是数内部的关系在多数（majority）的情况下构成了一个整体，一个完成了的或无限的整体，但也是一个一直可以被解数字（denumerate）或可数的数，而一个少数则被定义为一个不可解数字（non-denumerable）的整体，不管它的元素的实际数目是多少。不可解数字的特征既非整体也非元素：是**连接**（*connection*）[正如我已经说过的，德勒兹现在希望将它与接合（conjunction）截然区分开来]，而且在元素之间和整体之间产生的“和”却不属于它们任何一个，它

> 逃离它们并构成一条逃离的路线……少数的作用产生不可解数字的权力，即使它只存在于一个数当中。（*MiP*，587，588；469，470）[13]

这是一个独出心裁的解决办法，它强化并且理论化了系统之外的事物（少数，特别阶级）相对于仍然在其内部的事物（劳动阶级）的优先权；就这点而论，它或许更适宜于当前认同政治的气候，同时，它附着于关于颠覆和论证的某个更古老的政治价值，旨在对其进行重写并给它一个新的理论证明——“在语言本身内部出现一种异质的语言”（*MiP*，638；512），是少数提出的另一种表述。但是，与此同时，是谁没有看到不同事物从数（一，二，多，诸多多样性）这个棘手的系统之外辩证地产生，也重新恢复了二元论的地位？因为它假设出**数**和**不可数**（Nondenumerable）之间新的对立。

现在，我想根据这些问题对《千座高原》再最后说几句，这些问题当然不是靠这本书中那些异常复杂又抽象、严谨又规整的结论可以讲清楚的，在这本书中，理论性材料（矿层［strata］，装配［assemblage］，块茎，无器官身体，解辖域化，抽象机器）都按照这样一种方式排列，以使一元论和二元论的问题无法确定。我确实想要更正一个印象，即**国家**与**游牧**之间的对立是在这里占主导地位的二元论：当然，它是最具戏剧性和神话性的（如果我可以那样说的话，由此也意味着它最容易受叙事的影响）。我也怀疑这些章节因为更明白易懂或许会被更广泛地阅读并且比其他章节产生更大的影响。但即使在这里，这个问题也由于一个术语上的变动而变得复杂化了，这个变动有时用“战争机器”取代了“游牧主义”，尽管称这个战争机器的目的和目的因（telos）绝对不是常规意义上的“战争”有些极端而且引起了剧烈的争议。

但这可能提供了一个机会，可以说明为什么这种或那种二元论的出现一开始应该是产生抱怨或批判的原因。我相信，二元论是意识形态的稳固形式，它当然可以用大量的复杂替换物将它的二元结构伪装起来。之所以这样，我坚持认为，是因为它是伦理二元的终极形式，它因此始终在意识形态内部隐秘地发挥着作用。所以，你可以说，由于尼采，**善恶**之间的对立（它本身就起源于**自我**和**他者**之间的对立）始终具有毒害性，要从根源上将其清除就必须进入另一种思维模式，即“超越善与恶”。这并不像那些神经脆弱者或资产阶级自由派所相信的那样，不是一般意义上的道德要被清除掉，而且从此以后任何事情都是被允许的，而是**他者**的观念——总是通过各种恶的概念进行传播——要被清除掉（或许连同**自我**的观念一道被清除掉，如同众多宗教所教导的那样）。顺便提一下，你甚至可以更强烈地反对诸如今天的伦理学这类学科的复活，现代时期逐渐退出之后，这类学科已经证明是完全矛盾的、没有结果的，是一种坏的学术。

现在，伦理二元论对于其他的二元论而言意味着总是诱惑我们将善/恶这个轴重新插入应该不受它制约的概念领域，并且要求我们做出判断，而在那个领域，所有的判断都是不合适的。这一点在任何地方都不像在德勒兹和迦塔里的二元论中那样明显，在他们的二元论中，读者感觉到自己永远被要求同**精神分裂症患者**站在一起反对**偏执狂**（或无器官身体），同**游牧民**站在一起反对**国家**。但是，战争机器的例子或许会表明这样的认同是多么具有误导性。德勒兹的论证的确需要先承认游牧战争机器并不是以战争为其最终结局或内容，这是一个从保罗·维里利奥对当代“军事工业综合体”（military-industrial complex）的分析中产生的命题，后者令人信服地提出军事技术——不变资本——作为当代资本主义一个新的轴心介入进来，当代资本主义现在要求将它作为一种经济功能，而不再是一种防御手段结合进自身当中（*MiP*，583－584；467－468）。[14]我们已经熟悉这个论点了，即军事开销本身（没有任何实际的用途或者类似战争的目的）成为最主要的应对大萧条的后凯恩斯方式之一。然而，在判断层面上，甚或在力比多投入的层面上，晚期资本主义战争机器的优点是解决经济危机而非通过新战争带来繁荣，这恐怕与要求我们支持**游牧民**不是一回事，因为我们将他们隐蔽的使命解释为抗拒**国家**，而非“危害上帝”，也不是为了自己的利益而成为进行血腥掠夺的源头。超越二元论，“超越善恶”的行动步骤将我们提到什么样的冷冰冰的历史思考层面肯定是一个开放性的问题；但这个例子至少说明了二元论一贯在伦理方面是如何进行教唆鼓动的，甚至在不同现象之间最复杂的连续体内部进行这方面的鼓动。

尽管如此，我们此刻正在考察的二元论——**游牧**反对**国家**——是这本书中出现得非常晚的一个主题，在以大约四百多页讨论完其他问题后才出现（那些问题不太具有二元性，无法归纳，更不用说在这里进行考察了）。这种材料很大程度上离不开资本主义公理激发出来的不同形式的再辖域化，而且在关于占据中心地位的叶尔姆斯列夫语言学系统的一个很长的理论性开头之后，这本书就是以该语言学系统为基础的，这些材料表现为对强度生产的不同论述，对现象性质经受变化的能力的说明，等等；强度和变化的确类似于我们自己语言中的“异质语言”，它神秘地从表面掠过（像一个少数，像一架战争机器），然后又消失。我认为这个巨大的、神话性的**国家**/**游牧**对立的最终表象是一种可以重新容纳所有这些复杂的异质材料的方式：好比叙事就像一个意识形态框架，甚至如我已经提出的，使我们能将它重新整理为更加简单的形式。我不确定这在概念上是否可能：这本书结论部分的众多篇幅也没有透露任何机密，暗示这项任务曾经有过令人满意的结论。这就是我为什么认为这项工作本身便包含了其独有的方法论线索的原因，我还不愿意称其为一种美学性质。（但我们应该注意到，德勒兹和迦塔里本人在关于“平滑”［*lisse*］和“条纹”［*strié*］那一章用类似于美学的缓慢运动结束了《千座高原》。）这里的线索是基于皮埃尔·布列兹（Pierre Boulez）理论的对音乐的繁复讨论，在这一讨论中，一种缓慢和速度的二元论本身是作为一种范式出现的，该讨论极不愿意我们将整部书看成是一个巨型乐谱，其中可以相互替换的二元论和一元论也必须要理解为该文本的脉动，是各种写作模式的一次广泛的相互作用，因为它们建议阅读尼采，在尼采那里

> 在很大程度上，这不是一个碎片化写作的问题。相反是迅速和减速的问题：不是写得慢或快，而是写作本身及其他任何事物，都应该是粒子之间高速和慢速的产物。没有什么形式可以抗拒它，没有什么人物或主体能在其中幸免。查拉图斯特拉只知道快或慢的速度，永恒的回归，永恒回归的生命是对没有脉搏的时间第一个伟大的、具体的解放。（*MiP*，329；269）

这是对时间的两个伟大形式，**永恒时间**（Aion）和**生成时间**（Chronos）（*Mip*，320；262）[15]之间的差异的一次重述，它在《电影》各卷中还会颇有效果地反复出现。

得出二元论是一个不稳定的结构这个结论是很有诱惑力的，它最终的完成一定是实用的而非认识论的，是行为性的而非假定的。想将我们诱陷其中的伦理二元在伟大的预言中超越了其自身，那个预言号召一个完整的集体起来进行改变和转变（尼采对

伦理学的超越始终使二元结构返回来对抗其自身)。然而，在结构主义和符号学中，在意义本身最微小的或分子的细胞中还是发现了对立的结构：这条飞离路线使我们参与了对稳定实体及其物化概念进行分解的整个过程，继而经历了德勒兹的流动或不断变化。最后，还有纯粹是矛盾的二元的内在能量：我们在克劳塞维茨（Clausewitz）这儿稍作停留，他断言战争就是搏斗，在人们轻率地涌向黑格尔关于矛盾是宇宙的内在法则和马克思关于阶级斗争是历史本身的动力等思想之前是这样的：冲突，这个古人心中的厄里斯①已经成功地将自己的对立面吸收进由各种对立组成的统一体中。

【注释】

［1］G. W. F. Hegel，*Phenomenology of Spirit*，trans. A. V. Miller，Oxford：Oxford University Press，1977，19—20.

［2］Karl Marx，*Grundrisse*，in *Marx and Engels Collected Works*，Vol. 28，New York：International Publishers，1986，38.

［3］关于摩尔根，更多内容参见我的 *Archaeologies of the Future*，London：Verso，2007，326—327。

［4］Gilles Deleuze and Félix Guattari，*L'Anti-Oedipe*，Paris：Minuit，1972，174；这里的译文为本人所译。英文版 *Anti-Oedipus*：*Capitalism and Schizophrenia*，trans. Robert Hurley，Mark Seem，and Helen Lane，Minneapolis：University of Minnesota Press，1983，149。后面对该书的参考均标注为 *L'AO*；所有的页码均先标注法文版，后标注英文版。

［5］*The Harper Encyclopedia of Science*，Vol. I，ed. James R. Newman，New York：Harper and Row，1963，128. 亦见 Gilles Deleuze and Félix Guattari，*Mille Plateaux*，Vol. 2，*Capitalisme et schizophrénie*，

---

① 不和之神。——译者注

Paris：Minuit，1980："资本主义的公理显然不是理论的命题或意识形态的公式，而是构成**资本**之符号形式的操作性陈述，它们也构成了生产、流通以及消费这些集合［*agencements*］的各个元素。这些公理是最重要的陈述，它们既非出自其他陈述，也非依赖其他陈述。在某种意义上，一个给定的流可以同时是一个或几个公理的目标（这类公理的总体构成了流的结合）；但它也可以没有他自己的任何公理，因此，对它的处理仅仅是其他公理的影响；最后，它可以完全一直留在外部，可以无限进化，在系统中保持'自由'变化［*sauvage*］的状态。资本主义始终有一种添加公理的趋势"（577）。英文版，*A Thousand Plateaus*：*Capitalism and Schizophrenia*，trans. Brian Massumi，Minneapolis：University of Minnesota Press，1987，461－462。这一公理学说的源头似乎是 Robert Blanché，*L'Axiomatique*，Paris：PUF，1959。后面对 *Mille Plateaux* 的参考均标注为 *MiP*；所有的页码均先标注法文版，后标注英文版。

［6］"［现代社会］一方面在解辖域化，另一方面在再辖域化。"

［7］参考 Tronti and Negri 的著作。

［8］德勒兹的逃离路线概念是通过分散资本主义社会的人口来消解资本主义社会，这在《资本论》第一卷的最后几页上已经有所预示，trans. Ben Fowkes，London：Penguin，1976。我认为，它也是 Hardt 和 Negri 的 *Empire* 和 *Multitude* 中的基本冲动；亦见 Paolo Virno，*A Grammar of Multitude*，trans. Isabella Bertoletti，James Cascaito，and Andrea Casson，New York：Semiotext［e］，2004。

［9］引文——"Il m'est bien evident que j'ai toujours été race inférieure"——出自 Arthur Rimbaud，"Mauvais sang"，*Une saison en enfer*，in *Oeuvre complètes*，Paris：Pleiade，1963，220。

［10］Gilles Deleuze and Félix Guattari，*Kafka*：*Pour une littérature mineure*，Paris：Minuit，1975.

［11］See Gilles Deleuze，*Cinéma 1*：*L'Image-Mouvement*，Paris：Minuit，1983，75－76.

［12］但我们也应该记下德勒兹对这类公式的异议，见 *Foucault*，

Paris：Minuit，1986："这一思想的最基本特征在于这样一个事实，即像'多'这样一个实词的建构不再是与一对立的一个谓语，或不再归因于一个等同于一的主语。多样性必须对多与一的传统问题完全视若无睹……没有一，也没有多样或多……只有罕见的多样性，以及它们单一的点，它们那种空虚的、作为其内部主体谁都可以临时发生作用的空间……既不是公理性的，也不是类型的，而是地志性的。"(23) 在此之后，提出多样性这种新型"对立"很可能最终是二元论，这是否就不恰当呢?

[13] 关于英语的"and"，见第 124 页注释 26。

[14] 关于 Virilio，见第 479 页注释 64。

[15] 对德勒兹的时间与历史概念有一个不同凡响的、具有开创意义的解说，见 Jay Lampert，*Deleuze and Guattari's Philosophy of History*，London：Continuum，2006。

（俞嘉　译）

The Cultural Turn: Selected Writings on the Postmodern 1983—1998 by Fredric Jameson

First published by Verso 1998

Copyright © Fredric Jameson 1998

Simplified Chinese edition © 2015 by China Renmin University Press.

All Rights Reserved.

图书在版编目（CIP）数据

文化转向/（美）弗雷德里克·詹姆逊著；王逢振主编；胡亚敏等译. —北京：中国人民大学出版社，2018.5
（詹姆逊作品系列）
ISBN 978-7-300-25515-6

Ⅰ.①文… Ⅱ.①弗…②王…③胡… Ⅲ.①后现代主义-文化理论-研究 Ⅳ.①G02

中国版本图书馆 CIP 数据核字（2018）第 026100 号

詹姆逊作品系列
王逢振　主编
文化转向
［美］弗雷德里克·詹姆逊（Fredric Jameson）　著
胡亚敏　等　译
Wenhua Zhuanxiang

出版发行	中国人民大学出版社		
社　　址	北京中关村大街 31 号	**邮政编码**	100080
电　　话	010－62511242（总编室）		010－62511770（质管部）
	010－82501766（邮购部）		010－62514148（门市部）
	010－62515195（发行公司）		010－62515275（盗版举报）
网　　址	http://www.crup.com.cn		
	http://www.ttrnet.com（人大教研网）		
经　　销	新华书店		
印　　刷	涿州市星河印刷有限公司		
规　　格	150 mm×228 mm　16 开本	**版　　次**	2018 年 5 月第 1 版
印　　张	16.75 插页 2	**印　　次**	2018 年 5 月第 1 次印刷
字　　数	194 000	**定　　价**	58.00 元

版权所有　侵权必究　　印装差错　负责调换